Schriften zum Insolvenzrecht

Herausgegeben von

Prof. Dr. Ulrich Ehricke, Universität zu Köln und
Prof. Dr. Florian Jacoby, Universität Bielefeld

Band 84

Martin von der Ohe

# Der Tabelleneintrag im Forderungsfeststellungsverfahren

## Relevanz und Dimension der materiellen Rechtskraft

Nomos

Onlineversion
Nomos eLibrary

**Die Deutsche Nationalbibliothek** verzeichnet diese Publikation in der Deutschen Nationalbibliografie; detaillierte bibliografische Daten sind im Internet über http://dnb.d-nb.de abrufbar.

Zugl.: Kiel, Univ., Diss., 2021

ISBN 978-3-8487-7900-0 (Print)
ISBN 978-3-7489-2301-5 (ePDF)

1. Auflage 2021

# Vorwort

Die vorliegende Arbeit wurde im Sommersemester 2021 von der Rechtswissenschaftlichen Fakultät der Christian-Albrechts-Universität zu Kiel als Dissertation angenommen. Rechtsprechung und Literatur wurden bis einschließlich Januar 2021 berücksichtigt.

Mein herzlicher Dank gilt *Herrn Prof. Dr. Stefan Smid* für die Betreuung dieser Arbeit und die besondere akademische Förderung, die er mir schon während meines Studiums zuteilwerden ließ. Nicht nur für die äußerst zügige Erstellung des Zweitgutachtens, sondern insbesondere für die jahrelange Begleitung meiner juristischen Ausbildung danke ich *Herrn Prof. Dr. Haimo Schack*.

Für unzählige fachliche Diskussionen, wertvolle Anregungen aus der insolvenzrechtlichen Praxis und nicht zuletzt moralische Unterstützung möchte ich mich ganz persönlich bei *Herrn Dr. Daniel Wozniak* bedanken. Großen Dank schulde ich ferner meinem ehemaligen Referatsleiter, *Herrn Ministerialrat Helge Tonnus*, der meine nebenberufliche juristische Ausbildung durch uneingeschränktes Entgegenkommen bei der Gestaltung meiner Arbeitszeit und seine zugewandte, stets loyale Art und Personalführung erst ermöglicht hat.

Für den großen persönlichen Rückhalt während meines Studiums danke ich meinen Eltern und meinen Freunden.

Mein Dank gilt schließlich der Studienstiftung *ius vivum*, die diese Dissertation durch einen großzügigen Druckkostenzuschuss gefördert hat.

Kiel, im April 2021 Martin von der Ohe

# Inhaltsübersicht

# Inhaltsverzeichnis

# A. Einleitung

Die von Eintragungen in der Insolvenztabelle ausgehenden Bindungswirkungen ergeben sich in erster Linie aus zwei Normen des fünften Teils der InsO: Nach § 178 III InsO wirkt die Eintragung in der Tabelle für die festgestellten Forderungen gegenüber dem Insolvenzverwalter und allen Insolvenzgläubigern wie ein rechtskräftiges Urteil. Die Regelung des § 201 II S. 1 InsO betrifft hingegen das Verhältnis zwischen den Gläubigern und dem Insolvenzschuldner. Nach ihrem Wortlaut bewirkt die Vorschrift nur eine Titulierung von Insolvenzforderungen, um die Realisation der Nachhaftung im Wege der Einzelzwangsvollstreckung zu erleichtern. Gleichwohl erblickt die herrschende Auffassung[1] in § 201 II S. 1 InsO eine zureichende gesetzliche Grundlage, um den Tabelleneintrag auch mit einer materiellen Rechtskraftwirkung auszustatten.

Obwohl der konzeptionelle Grundstein der §§ 178 III, 201 II S. 1 InsO bereits in der Reichskonkursordnung von 1877 gelegt wurde, bietet deren systematische Vernetzung und die daraus folgende Komplexität nach wie vor Anlass für diverse rechtswissenschaftliche Publikationen.[2] Der umfangreiche Diskurs in der Literatur resultiert nicht zuletzt daraus, dass die Bindungswirkung des Tabelleneintrags eine hohe praktische Relevanz aufweist und in der jüngeren Vergangenheit wiederholt im Fokus der höchstrichterlichen Rechtsprechung stand.[3] Den Gegenstand einer kontroversen Debatte bildet derzeit eine Entwicklung, die sich nicht nur in der ordentlichen Gerichtsbarkeit, sondern ebenso in der Finanzgerichtsbarkeit abzeichnet: Die zunehmende inhaltliche Bindung von „Dritten" an die Ergebnisse des insolvenzrechtlichen Feststellungsverfahrens. „Dritte" sind in diesem Kontext vornehmlich Personen, die nicht oder nur mittelbar am Feststellungsverfahren beteiligt sind.

---

1 Aus der höchstrichterlichen Rspr. s. nur BGH NZI 2018, 442; BFHE 257, 515; BFHE 259, 221; aus der Literatur: *Hintzen*, MüKo-InsO, § 201 Rn. 25; *Jungmann*, Schmidt-InsO; *Nicht*, BeckOK-InsO, § 201 Rn. 16; *Pehl*, Braun-InsO, § 201 Rn. 11; *Wegener*, Uhlenbruck, § 201 Rn. 19 *Westphal*, NR-InsO, §§ 201-202 Rn. 9.

2 Siehe nur *Ahrens*, NJW-Spezial 2018, 725 f.; *Berner/Willmer*, NZI 2015, 877; *Dahl/Engels*, NZI 2018, 435; *Fuchs/Masarwah*, NZI 2019, 401; *Schmerbach*, ZInsO 2016, 375; *Schoppmeyer*, ZInsO 2016, 2157; *Thole*, ZGR 2019, 301.

3 Leitentscheidungen: BGHZ 223, 123; BGH NZI 2018, 442; BGHZ 165, 85; BFHE 257, 515; BFHE 259, 221; BFH ZIP 2020, 186.

## I. Grundlagen der materiellen Rechtskraft

Nicht nur das Problem der Drittwirkung kann ohne Rekurs auf das dogmatische Fundament der materiellen Rechtskraft nicht sachgerecht beurteilt werden. Die Wirkungsweise der materiellen Rechtskraft bildet in mehreren Abschnitten dieser Arbeit einen wiederkehrenden Bezugspunkt.

Wie sich die „inhaltliche Bindung" an einen mit Urteilswirkung ausgestatteten Erkenntnisakt konkret vollzieht, ist seit jeher umstritten. Aus dem vielfältigen Meinungsspektrum in der Literatur haben sich zwei Fronten herausgebildet, die einander scheinbar unversöhnlich gegenüberstehen:[4] Die materielle Rechtskrafttheorie[5] (in ihrer strengsten Form) sieht in jedem Urteil eine Einwirkung auf das materielle Recht. Durch den Richterspruch werden also materielle Ansprüche begründet oder zum Erlöschen gebracht. Die prozessuale Rechtskrafttheorie[6] besagt demgegenüber, dass ein Urteil lediglich als Akt der Erkenntnis über streitiges Recht zu qualifizieren ist. Die materielle Rechtslage wird also nicht beeinflusst. Dies bedingt ggf. ein Nebeneinander von materieller und formeller Rechtslage, die einander widersprechen können. *Gottwald* sieht in dieser Duplizität „die Stärke aber zugleich die Schwäche der prozessualen Rechtskrafttheorie"[7], da „sie keine Aussage über die Richtigkeit des Urteils und bei seiner objektiven Unrichtigkeit über das Fortbestehen der früheren Rechtslage macht"[8].

Welche Wirkungen die materielle Rechtskraft im Einzelnen zeitigt, ergibt sich grundlegend aus den Regelungen der ZPO (allen voran §§ 322, 325 ZPO) und im Übrigen aus anderen gesetzlichen Bestimmungen (z.B. § 178 III InsO, § 166 AO), die wiederum der Auslegung bedürfen.[9] Die Rechtskrafttheorien dienen im Wesentlichen dazu, die aus den gesetzlichen Bestimmungen extrahierten Wirkungen anschaulich und wi-

---

4 Vgl. *Rosenberg/Schwab/Gottwald*, Zivilprozessrecht, § 152 Rn. 3 ff.; *Althammer*, Stein/Jonas, § 322 Rn. 18 ff. m.w.N.

5 Vertreten wurde eine materielle Deutung der materiellen Rechtskraft etwa von *Pagenstecher*, Zur Lehre von der materiellen Rechtskraft, S. 303 ff. und *Kohler*, Prozess als Rechtsverhältnis, S. 74, 111 ff.

6 Grundlegend *Hellwig*, System des Zivilprozeßrechts, S. 776 ff., insb. S. 779; grundsätzlich zustimmend *Rosenberg/Schwab/Gottwald*, Zivilprozessrecht, § 152 Rn. 7.

7 *Gottwald*, MüKo-ZPO, § 322 Rn. 13.

8 *Gottwald*, MüKo-ZPO, § 322 Rn. 13.

9 *Althammer*, Stein/Jonas, § 322 Rn. 24.

derspruchsfrei zu erklären.[10] Unter dieser Prämisse können gegen beide genannten Rechtskrafttheorien Einwände vorgebracht werden: Nach der prozessualen Theorie ergibt sich die inhaltliche Bindung der Parteien (vermeintlich) nicht unmittelbar aus dem materiellen Recht, sondern nur reflexartig aus der Bindung des Gerichts an eine frühere Entscheidung; sie lässt die Parteien „mit einer Art doppelten Rechtsordnung leben“[11]. Die materielle Theorie scheint eine solche Diskrepanz zwischen formeller und materieller Rechtslage zu vermeiden, indem sie den materiellen Rechtszustand weitestgehend dem Urteilstenor angleicht. Um insbesondere die subjektive Rechtskraftdimension sowie gesetzlich vorgesehene Rechtskraftdurchbrechungen korrekt abzubilden, sind jedoch erhebliche Modifikationen vonnöten.

*Binder*[12] hat dagegen den Versuch unternommen, „die Antinomik der formellen und materiellen Rechtskraft [-theorie]“[13] zu überwinden. Er lehnt die ggf. bestehende Dichotomie zwischen formeller und materieller Rechtslage, die beiden Rechtskrafttheorien immanent ist, ab und verweist stattdessen auf den „organischen Zusammenhang“[14] der Rechtsordnung. Laut *Binder* steht die Durchsetzung des materiellen Rechts a priori unter dem Vorbehalt der Zuerkennung des jeweiligen Anspruchs durch ein Gericht: „Wird daher die Klage wegen mangelnden Beweises abgewiesen, so wird dadurch freilich nicht ein an sich bestehender Anspruch vernichtet, aber dieser [...] ebensowenig unberührt gelassen, sondern er hat [...] infolge des Fehlens von Beweismitteln von vornherein nur eine äußerst prekäre Geltung gehabt“[15]. Daraus folgert *Binder*, dass ein prozessordnungsgemäß ergangenes Urteil notwendigerweise im Einklang mit der Rechtsordnung steht, weil es den Tatbestand des durchzusetzenden Anspruchs erst vervollständigt.[16] Das Erkenntnisverfahren wird somit zum Bindeglied zwischen abstrakt-generellen Rechtssätzen und der individuellen Rechtsnormbetroffenheit, die für das Vollstreckungsverfahren maßgeblich ist.

Obgleich die Ergebnisse des insolvenzrechtlichen Feststellungsverfahrens nicht notwendigerweise auf einem gerichtlichen Erkenntnisverfahren beruhen, hat der Gesetzgeber auch den Tabelleneintrag mit einer

---

10 *Althammer*, Stein/Jonas, § 322 Rn. 24; *Büscher*, Wieczorek/Schütze, § 322 Rn. 28; *Roth*, R.L.R. No. 33 (2016), S. 83 (90 ff.).
11 *Gottwald*, MüKo-ZPO, § 322 Rn. 13.
12 *Binder*, Prozeß und Recht, insb. S. 310 ff.
13 *Binder*, Prozeß und Recht, S. 310.
14 *Binder*, Prozeß und Recht, S. 310.
15 *Binder*, Prozeß und Recht, S. 314.
16 *Binder*, Prozeß und Recht, S. 314.

urteilsgleichen Wirkung ausgestattet. Der Tabelleneintrag fungiert daher ebenfalls als Bindeglied, indem er den „Tatbestand“ des mit der Forderungsanmeldung geltend gemachten individuellen Anspruchs zum Zwecke der (insolvenzmäßigen)[17] Haftungsverwirklichung komplettiert. Folgt man diesem Gedanken, so reduziert sich das umstrittene Problemfeld der „Drittwirkung“ auf die Frage, ob der Tabelleneintrag gegenüber „Dritten“ eine individuelle Rechtsnormbetroffenheit herzustellen vermag. Deren Beantwortung ist ein Hauptanliegen dieser Untersuchung.

## II. Gegenstand der Untersuchung

Obgleich die höchstrichterliche Rechtsprechung zur Drittwirkung der Forderungsfeststellung allein schon genügenden Anlass für eine wissenschaftliche Aufarbeitung bietet, sind die Rechtswirkungen des Tabelleneintrags im Rahmen dieser Arbeit ganzheitlich zu betrachten. Denn eine Erweiterung des Kreises der Rechtskraftbetroffenen kann nicht losgelöst von der objektiven Reichweite der Rechtskraft beurteilt werden. Diesbezüglich wird an die profunden Ausführungen *Spellenbergs* anzuknüpfen sein, der in seiner Dissertation „Zum Gegenstand des Konkursfeststellungsverfahrens“ (1973) für eine konkursspezifische Deutung der objektiven Rechtskraftdimension eintritt.[18] Zwar ist seit *Spellenbergs* Veröffentlichung knapp ein halbes Jahrhundert vergangen; die zwischenzeitlich erfolgte Ablösung der Konkursordnung durch die Insolvenzordnung hat die grundlegende Struktur des Feststellungsverfahrens indessen nicht wesentlich verändert. Die oben zitierten Judikate der Bundesgerichte[19] belegen eindrücklich, dass die schon damals von *Spellenberg* aufgeworfenen Rechtsfragen kaum an Aktualität verloren haben.

Seit der Dissertation *Spellenbergs* finden sich kaum monografische Abhandlungen, welche die von Tabelleneinträgen ausgehende Bindungswirkung isoliert behandeln.[20] Die umfangreiche Kommentarliteratur ist

---

17 Ob die inhaltliche Bindungswirkung des Tabelleneintrags sogar über die Verwirklichung der insolvenzrechtlichen Haftungsordnung hinausreicht, wird unter B.II. sowie C.II. erörtert.

18 *Spellenberg*, Gegenstand, insb. S. 81 ff.

19 S. oben Fn. 3.

20 Folgende Veröffentlichungen enthalten sehr umfangreiche Ausführungen zur Rechtskraftwirkung des Tabelleneintrags: *Eckardt*, KS-InsO, S. 533 ff.; *Henckel*, FS Michaelis, S. 151 ff.; *Jaeschke*, Anmeldung und Feststellung, S. 208 ff.; *Smid*, Forderungen, S. 150 ff.; *Smid*, FS Beck, S. 483 ff.

verständlicherweise auf die Insolvenzverwaltungspraxis ausgerichtet. Die vorliegende Monografie bietet dagegen Raum für eine vertiefte Auseinandersetzung mit den dogmatischen Strukturen und teleologischen Erwägungen, die der Rechtskraft des Tabelleneintrags zugrunde liegen. Ein besonderes Augenmerk liegt auf der Frage, inwiefern die im allgemeinen Zivilprozessrecht anerkannten Grundsätze der materiellen Rechtskraft auf das Ergebnis des insolvenzrechtlichen Feststellungsverfahrens übertragen werden können. Darüber hinaus wird auf die Parallelen zu anderen bindenden Rechtserkenntnisakten des Zivilverfahrensrechts und des Öffentlichen Rechts einzugehen sein: Die endgültige Klärung eines streitigen bzw. ungewissen Rechtsverhältnisses wurde nicht nur im insolvenzrechtlichen Forderungsfeststellungsverfahren von einer (obligatorischen) richterlichen Rechtserkenntnis gelöst. So erzeugen beispielsweise auch Vollstreckungsbescheide oder Verwaltungsakte eine inhaltliche Bindungswirkung, ohne dass deren Regelungsgehalt zuvor einer materiell-rechtlichen Prüfung durch einen Richter unterzogen wurde.

Die Vielschichtigkeit des Untersuchungsgegenstands bedingt Überschneidungen mit anderen Themenbereichen. Um den Umfang der Ausführungen in einem angemessenen Rahmen zu halten, ist eine inhaltliche Eingrenzung unumgänglich. Diese Arbeit beschäftigt sich daher schwerpunktmäßig mit der Interpretation und Anwendung der §§ 178 III, 201 II S. 1 InsO. Andere Vorschriften der InsO, welche die Titulierungs- und Bindungswirkung des Tabelleneintrags zumindest tangieren bzw. modifizieren (insb. §§ 183 I, 257 I, II InsO), sollen hier ausgeklammert werden und einer weiteren Untersuchung vorbehalten bleiben.

## III. Gang der Darstellung

Im ersten Hauptteil dieser Monografie wird die von § 178 III InsO angeordnete Rechtskraftwirkung des Tabelleneintrags untersucht (B.).

Der zweite Hauptteil widmet sich § 201 II S. 1 InsO. Dort wird unter Bezugnahme auf deren Entstehungsgeschichte zunächst herausgearbeitet, welche Rechtsfolgen die Norm nach der aktuell herrschenden Lesart zeitigt (C.I.1. und C.I.2.). Dies schließt eine detaillierte Darstellung der höchstrichterlichen Leitentscheidungen ein (C.I.3.). Es folgt eine Auseinandersetzung mit der Frage, ob sich aus § 201 II S. 1 InsO überhaupt eine materielle Rechtskraftwirkung herleiten lässt (C.II.1.). Die grundsätzliche Legitimität einer solchen Bindungswirkung wurde bislang - soweit ersichtlich - weder in der Literatur noch in der Rechtsprechung diskutiert. In einem nächsten Schritt wird die von der höchstrichterlichen Judikatur im Wesentlichen auf § 201 II S. 1 InsO gestützte „Drittwirkung“ von Tabelleneintragungen kritisch hinterfragt (C.II.2.).

# B. Rechtskraftwirkungen des Tabelleneintrags gemäß § 178 III InsO

Die Rechtskraftwirkungen des Tabelleneintrags nach § 178 III InsO lassen sich auf verschiedene Arten systematisieren. Einerseits ist eine funktionale Betrachtung denkbar, die vor allem praktisch bedeutsame Fallkonstellationen in den Blick nimmt. Andererseits können die Wirkungen der rechtskräftigen Feststellung abstrakt erörtert werden. Diese Arbeit beschreitet einen Mittelweg: Zunächst wird die objektive Reichweite der materiellen Rechtskraft abstrakt behandelt (I.). Da viele der dort thematisierten Aspekte für verschiedene Fallkonstellationen relevant sind, werden die Grundlagen der Feststellungswirkung gewissermaßen „vor die Klammer" gezogen. Auf dieser Basis ist es möglich, im nachfolgenden Unterabschnitt zur subjektiven Rechtskraftdimension einzelne Fragestellungen im direkten Zusammenhang mit den jeweils betroffenen Personengruppen zu untersuchen (II.).

## I. Objektive Rechtskraftdimension

Im kontradiktorischen Parteienprozess erwächst nach § 322 I ZPO grundsätzlich nur die Entscheidung über den Streitgegenstand in Rechtskraft. Da die Eintragung in die Tabelle für die festgestellten Forderungen „wie ein rechtskräftiges Urteil" wirkt, wird die durch § 178 III InsO erzeugte inhaltliche Bindung ebenso nach Maßgabe des § 322 I ZPO ausgeformt.[21] Zwar ist umstritten, ob der Rechtskraftumfang eines Feststellungsurteils nach denselben Maßstäben zu beurteilen ist wie der eines Leistungsurteils.[22] Obwohl die Tabelleneintragung einen feststellenden Charakter aufweist, kommt es auf diesen Streit für § 178 III InsO nicht entscheidend an. Denn die Forderungsanmeldung gemäß § 174 InsO zielt letztlich auf die Auszahlung einer (absoluten) Quote. Der anmeldende Gläubiger begehrt weniger die deklaratorische Feststellung eines „Haftungsrechts", sondern

21 BGH NZI 2012, 323 (324); Die Anwendbarkeit des § 322 I ZPO folgt - wenn nicht unmittelbar aus dem Wortlaut des § 178 III InsO - jedenfalls aus der Verweisung des § 4 InsO.

22 Vgl. zum Streitstand *Musielak*, NJW 2000, 3593 (3597 f.).

vielmehr die Befriedigung seiner Forderung aus der Masse („Leistung").[23] Ein durch den Tabelleneintrag vermittelter Leistungsbefehl ist allerdings entbehrlich, weil bereits der Eröffnungsbeschluss den Zugriff auf das schuldnerische Vermögen ermöglicht.[24] Deshalb ist es für die Zwecke des Insolvenzverfahrens ausreichend, die Forderungen der erfolgreichen Prätendenten zur Tabelle „festzustellen".

In der Literatur haben sich insbesondere *Spellenberg*[25] und *Henckel*[26] ausführlich mit dem Gegenstand der Forderungsfeststellung beschäftigt. Deren Abhandlungen erörtern im Kern jedoch nur einen von mehreren Gesichtspunkten, der für die materielle Rechtskraftwirkung der Forderungsfeststellung von Bedeutung ist. Trotzdem ist die dort untersuchte Materie von zentraler Relevanz für die Anwendung des § 178 III InsO: Denn es wird der in Rechtskraft erwachsende Subsumtionsschluss bestimmt. Anders als im allgemeinen Zivilprozessrecht (vgl. § 308 I ZPO) wird dieser Subsumtionsschluss im Feststellungsverfahren nur in abgeschwächter Form der Disposition des anmeldenden Gläubigers überlassen. Zwar kann dieser entscheiden, ob und mit welchem Betrag einer Forderung er die Befriedigung aus der Masse verlangt. Die weiteren inhaltlichen Anforderungen an das Begehren des Gläubigers werden wegen des multipolaren Charakters des Insolvenzverfahrens als Konkurrenzregelung jedoch gesetzlich determiniert. Dementsprechend kann im Feststellungsverfahren nicht isoliert um eine Entscheidung über den Grund des Anspruchs i.S.d. § 304 I ZPO oder die Verfolgbarkeit einer Forderung im Insolvenzverfahren nachgesucht werden.[27] Die Dispositionsmaxime wird also gewissermaßen in ein insolvenzrechtliches Korsett gezwängt.[28] Das Feststellungsverfahren dient nur einem spezifischen Rechtsschutzbegehren, nämlich der insolvenzmäßigen Befriedigung einer Forderung. Dazu, wie der Verfahrensgegenstand zu bestimmen ist, der diesem Rechtschutzbegehren entspricht, existieren unterschiedliche Auffassungen, die im Folgenden darzustellen sind.

---

23 *Spellenberg*, Gegenstand, S. 9.

24 *Spellenberg*, Gegenstand, S. 12 f.; ähnlich *Gerhardt*, Jaeger-InsO, § 178 Rn. 29 sowie *Vuia*, MüKo-InsO, § 80 Rn. 96j.

25 *Spellenberg*, Gegenstand, insb. S. 24 ff.

26 *Henckel*, FS Michaelis, S. 151 ff.

27 *Henckel*, FS Michaelis, S. 153.

28 Ähnlich auch *Smid*, Forderungen, S. 263.

### 1. Gegenstand der Tabellenfeststellung

Der Bedeutungsgehalt des § 178 III InsO geht aus dessen Wortlaut nicht eindeutig hervor: „Die Eintragung in der Tabelle wirkt für die festgestellten Forderungen ihrem Betrag und ihrem Rang nach wie ein rechtskräftiges Urteil [...]“. Daraus ergeben sich drei divergierende Deutungsmöglichkeiten. Naheliegend erscheint es, die Forderung selbst als Gegenstand der rechtskräftigen Feststellung anzusehen (a)[29]. Bei näherer Betrachtung des Gesetzestextes sind daran erste Zweifel angebracht. Denn der Gesetzgeber hat die Feststellungswirkung nicht nur für die Forderung als solche angeordnet, sondern auch den Rang im insolvenzrechtlichen Haftungssystem als weiteres Element der inhaltlichen Bindung benannt. Diesen Umstand berücksichtigt die früher vertretene Lehre vom Konkurs- bzw. Insolvenzteilnahmerecht. Ihr liegt die Annahme zugrunde, dass der öffentlich-rechtliche Anspruch auf „Gewährung prozessualischen Rechtsschutzes"[30] mit dem Ziel der „konkursmässigen Befriedigung“[31] den Gegenstand der Feststellung bildet (b)[32]. Ein weiteres, alternatives Konzept wurde maßgeblich von *Spellenberg* entwickelt. *Spellenberg* begreift das Haftungsverhältnis im Konkurs bzw. in der Insolvenz als isoliertes, materielles Rechtsverhältnis und erhebt deshalb das Haftungsrecht des Gläubigers an der Masse zum Gegenstand des Feststellungsverfahrens (c).[33]

#### a) Die Forderung als Gegenstand der Feststellung

Ihren Ursprung findet die Auffassung, wonach der Bestand der angemeldeten Forderung den maßgeblichen Bezugspunkt des Feststellungsverfahrens bildet, in den Motiven zur Konkursordnung. Danach „ist jede einzelne Forderung sowohl nach ihrer Verität, als nach ihrem etwaigen Vorrecht zu prüfen“.[34] Auf diese beiden Elemente müsse sich somit die Rechtskraftwirkung beziehen.[35] Das Reichsgericht hat diese Ansicht inhaltlich bestätigt: Die Vorschriften der §§ 145 ff. KO gäben keinen Anhalt dafür,

---

29 *Spellenberg*, Gegenstand, S. 33 bezeichnet diese Ansicht treffend als eine *„natürliche“*.

30 *Wach*, Handbuch, S. 19.

31 *Wach*, Handbuch, S. 21.

32 Ebenso *Langheineken*, Urteilsanspruch, S. 45.

33 *Spellenberg*, Gegenstand, S. 91 ff.

34 Motive zur KO, S. 362.

35 Motive zur KO, S. 363 f.

die Feststellungswirkungen auf das Konkursverfahren zu beschränken.[36] Der Gegenstand der Feststellung sei nicht bloß das Teilnahmerecht am Konkurs, sondern die Forderung selbst.[37] Zur Begründung verwies das Reichsgericht auf § 164 II KO (heute: § 201 II S. 1 InsO).

Dem ist zuzugeben, dass die erfolgreiche Tabelleneintragung den Gläubigern im Verhältnis zum Schuldner in der Tat zu einer Titulierung der Forderung selbst verhilft.[38] Sonst wäre der Tabellenauszug als nachinsolvenzlicher Vollstreckungstitel untauglich. Unter der Prämisse, dass die objektiven Rechtskraftgrenzen des § 178 III InsO den Gegenstand dieses Vollstreckungstitels kongruent abbilden müssen, ist das vom Reichsgericht gefundene Ergebnis folgerichtig. Allerdings ist die genannte Prämisse fragwürdig. Schon die verschiedenen Normadressaten indizieren eine unterschiedliche Zweckrichtung von § 201 II S. 1 InsO und § 178 III InsO. § 201 II S. 1 InsO dient der Verwirklichung der Nachhaftung gegenüber dem Schuldner.[39] Demgegenüber soll § 178 III InsO die Haftungsordnung bzw. die Konkurrenzverhältnisse innerhalb der Gläubigerschaft fixieren.[40] Ein inhaltlicher Gleichlauf von § 201 II S. 1 und § 178 III InsO ist demnach keineswegs zwingend.[41]

Im Hinblick auf das Telos des § 178 III InsO ist vielmehr entscheidend, ob es überhaupt genügt, als Ergebnis des Anmeldungs- und Prüfungsverfahrens ausschließlich die Verität der Forderung festzustellen. Denn der materielle Bestand der Forderung ist nur eine notwendige, jedoch keine hinreichende Voraussetzung für die erfolgreiche Teilnahme am Insolvenzverfahren als einfacher Insolvenzgläubiger mit dem Ziel der Partizipation an der Masse im Verteilungsverfahren. § 38 InsO bestimmt, dass nur persönliche Gläubiger, die einen zur Zeit der Verfahrenseröffnung begründeten Vermögensanspruch gegen den Schuldner haben, als Insolvenzgläubiger zu qualifizieren sind. Der Zeitpunkt der Begründung sowie die Art der Forderung sind daher weitere Faktoren, von denen eine Haftung der Masse für den geltend gemachten Anspruch abhängt.[42] Folglich wäre eine

---

36 RGZ 55, 157 (160); diesem Gedanken folgte jüngst auch der BFH in ZIP 2020, 186.

37 RGZ 55, 157 (160); ebenso *Pape/Schaltke*, KPB-InsO, § 179 Rn. 11a.

38 Dies gilt nur bei Fehlen eines wirksamen Schuldnerwiderspruchs, vgl. §§ 184, 201 II S. 1 InsO.

39 *Pehl*, Braun-InsO, § 201 Rn. 1.

40 *Fuchs/Masarwah*, NZI 2019, 401 (403); *Kießner*, FK-InsO, § 178 Rn. 23; *Spellenberg*, Gegenstand, S. 88 ff.; *Thiele*, KK-InsO, § 178 Rn. 67.

41 Vgl. auch *Schoppmeyer*, ZInsO 2016, 2157 (2160).

42 *Häsemeyer*, Insolvenzrecht, S. 614, 624; *Henckel*, FS Michaelis, S. 152.

durch § 178 III InsO erzeugte Rechtskraft, die ausschließlich die Verität der Forderung erfasst, nicht ausreichend, um das Konkurrenzverhältnis der Gläubiger in Bezug auf ein gemeinsames Haftungsobjekt (Insolvenzmasse) zu manifestieren.[43] Das Ziel einer „Fixierung der Gläubigerschaft"[44] würde verfehlt. Eine andere Beurteilung wäre nur dann plausibel, wenn die Insolvenzberechtigung ein in der Forderung materiell verbürgtes Recht darstellte.[45] Solch eine Deutung überdehnt allerdings den Inhalt des materiellen Anspruchs,[46] zumal die Insolvenzberechtigung nur in der besonderen prozessualen Situation der Gesamtvollstreckung von Relevanz ist.[47] Die Forderung als solche ist mithin nicht als Gegenstand der Feststellung anzusehen.

### b) Lehre vom Insolvenzteilnahmerecht

Die von *Wach* entwickelte Position, nach der ein öffentlich-rechtlicher Rechtsschutzanspruch gegen den Staat den Streitgegenstand im Zivilprozess bildet[48], könnte auch für das Insolvenzverfahren fruchtbar gemacht werden. *Spellenberg* hat die Anwendung der Lehre *Wachs* auf das gesamtvollstreckungsrechtliche Feststellungsverfahren prägnant als „Lehre vom Konkursteilnahmerecht" bezeichnet.[49] Den Gegenstand der Feststellung nach § 178 III InsO in der öffentlich-rechtlichen Beziehung zwischen Gläubiger und Staat zu suchen, ist indes nur überzeugend, wenn das Rechtsverhältnis zwischen den beteiligten Akteuren ansonsten dogmatisch nur unzulänglich abgebildet werden könnte. Wenn aber der sog. Rechtsschutzanspruch inhaltlich vollumfänglich an die Grenzen des materiellen Rechts gebunden ist, bietet eine „Lehre vom Insolvenzteilnahmerecht" keinen entscheidenden Vorteil.[50] Da das materielle Recht unmittelbar inter partes wirkt, ist nicht ersichtlich, warum das Verhältnis zum Staat in den Verfahrensgegenstand einbezogen werden sollte.[51] Es soll im Rahmen dieser

---

43 *Eckardt*, ZIP 1993, 1765 (1769); *Henckel*, FS Michaelis, S. 152.

44 *Kohler*, Konkursrecht, S. 549.

45 *Spellenberg*, Gegenstand, S. 42.

46 So wohl auch *Pohle*, MDR 1966, 181, der zwischen den Eigenschaften eines Rechts und den daraus resultierenden Rechtsfolgen unterscheidet.

47 *Spellenberg*, Gegenstand, S. 42.

48 *Wach*, Handbuch, S. 19 ff.

49 *Spellenberg*, Gegenstand, S. 27.

50 So im Hinblick auf den allgemeinen Zivilprozess *Roth*, Stein/Jonas, vor § 253 Rn. 17.

51 *Hellwig*, Anspruch, S. 157 ff.

Arbeit genügen, die beiden zentralen Argumente gegen eine verfahrensrechtliche Fokussierung des Rechtsschutzanspruchs vorzubringen. Eine weitere Erörterung brächte keinen Mehrwert, zumal *Wachs*' Konzeption in Rechtsprechung und Literatur - soweit ersichtlich - nicht mehr vertreten wird.

#### c) Das Haftungsrecht als Gegenstand der Feststellung

Der Feststellungsgegenstand ist vielmehr aus dem bereits genannten Telos des § 178 InsO herzuleiten. Ausgehend von dieser Maxime haben *Spellenberg*[52] und *Henckel*[53] eine Ansicht entwickelt, nach der das Haftungsrecht des Gläubigers an der Masse den Gegenstand des Feststellungsverfahrens konstituiert. Dieses Haftungsrecht bildet damit zugleich den Bezugspunkt der von § 178 III InsO angeordneten Rechtskraftwirkung.

##### aa) Ausgangspunkt: Rechtsschutzbegehren der Insolvenzgläubiger

*Henckel* geht in seinem Beitrag zunächst vom Rechtsschutzbegehren des anmeldenden Gläubigers aus. Diesem sei daran gelegen, dass neben dem Bestand der angemeldeten Forderung auch der Schuldner als Anspruchsgegner sowie die (ggf. bevorrechtigte) Verfolgbarkeit der Forderung im Konkursverfahren festgestellt werde. Nur unter diesen Voraussetzungen sei eine Konkursteilnahmebefugnis zu bejahen. Die Basis des Feststellungsverfahrens bilde die Rechtsbehauptung des Gläubigers, eine im Konkurs verfolgbare Forderung mit einem bestimmten Nennbetrag zu besitzen. Der Verfahrensgegenstand sei demnach mit dem Forderungsrecht des Gläubigers als Rechtsbehelf zur Realisierung einer anteiligen Haftung der Masse zu identifizieren.[54]

##### bb) Entwicklung eines materiellen Haftungsrechts

*Spellenberg* hat den Gedanken *Henckels* aufgegriffen und präzisiert. Die Voraussetzungen einer insolvenzmäßigen Befriedigung des Gläubigers hat

---

52 *Spellenberg*, Gegenstand, insb. S. 83 ff.
53 *Henckel*, FS Michaelis, S. 151 ff.
54 Für den gesamten Absatz: *Henckel*, FS Michaelis, S. 152 ff.

er unter dem Begriff des „Haftungsrechts“ als Verfahrensgegenstand zusammengefasst. Die dogmatische Herleitung *Spellenbergs* ist jedoch deutlich komplexer als die ergebnisorientierte Deduktion *Henckels*. Denn es wird zunächst die Frage aufgeworfen, ob die Figur des materiellen Haftungsrechts schon dem allgemeinen Zivilrecht inhärent ist.[55] Dann wäre die Feststellung eines solchen Rechts im Konkurs- bzw. Insolvenzverfahren kein Spezifikum der Gesamtvollstreckung. Vielmehr ließe sich der Verfahrensgegenstand lückenlos in die allgemeine Zivilrechtsdogmatik einfügen.

(1) Begrifflich führt *Spellenberg* zunächst eine Differenzierung zwischen Schuld und Haftung ein. Das Haftungsrecht stehe eigenständig neben dem Recht des Gläubigers, die Erfüllung der jeweiligen Verpflichtung vom Schuldner persönlich einzufordern. Haftung bedeute insofern nur das Unterworfensein eines Vermögens unter den (zwangsweisen) Zugriff des Gläubigers. Zwar sei die Haftung im Verhältnis zur Schuld in ihrer Entstehung akzessorisch. Im Übrigen folge die Haftung der Schuld jedoch nicht zwangsläufig „wie ein Schatten“[56] nach.[57]

Diese Überlegung lässt sich schon mit Blick auf die Unpfändbarkeit bestimmter Gegenstände nachvollziehen. Ein Schuldner kann die Forderung des Gläubigers aus seinem gesamten Vermögen freiwillig befriedigen und so seine Schuld begleichen. In den Fällen des § 185 I BGB kann er sogar Gegenstände, die dinglich einem anderen Vermögensinhaber zugeordnet sind, zur Erfüllung einsetzen. Dagegen steht für die zwangsweise Realisierung einer Haftung im Wege der Vollstreckung nicht das gesamte schuldnerische Vermögen zu Verfügung. Die §§ 811, 850a ZPO haben insoweit eine begrenzende Funktion, die ein Auseinanderfallen von Schuld und Haftung bewirkt.[58]

Nach *Spellenberg* ergeben sich aus den Regelungen des BGB sogar Konstellationen, in denen eine Haftung ohne Schuld bestehen kann. Geläufig sei eine isolierte, gegenstandsbezogene Haftung bei dinglichen Pfandrechten, deren Bestand nicht unmittelbar von einer persönlichen Schuld abhängt.[59] Das BGB kenne eine isolierte Haftung aber nicht nur in Bezug

---

55 *Spellenberg*, Gegenstand, S. 42 f.

56 *Larenz*, Schuldrecht I, S. 24 f.

57 Für den gesamten Absatz: *Spellenberg*, Gegenstand, S. 43 ff.

58 *Brox/Walker*, SchuldR AT, § 2 Rn. 19 f.

59 Das bekannteste nicht-akzessorische Pfandrecht ist die Grundschuld gemäß § 1191 BGB, wiewohl seit Einführung des § 1192 Ia BGB bei Sicherungsgrundschulden bisweilen eine *„faktische Einredenakzessorietät“* angenommen wird (*Rümpker*, Forderungs- und Grundschuldzession, S. 215; krit. *Lieder*, MüKo-BGB,

auf einzelne Vermögensgegenstände, sondern auch in Bezug auf Vermögensgesamtheiten: So gibt § 1990 I S. 2 BGB dem Erben bei Dürftigkeit des Nachlasses eine Einrede, die ihn zur Leistungsverweigerung berechtigt. Die persönliche Leistungspflicht des Erben wird folglich suspendiert. Nach § 1990 I S. 3 BGB ist es dem Gläubiger allerdings weiterhin möglich, die Zwangsvollstreckung in den Nachlass zu betreiben. Der Erbe bleibt insoweit zur Herausgabe der Nachlassgegenstände verpflichtet.[60] Diese Pflicht deckt sich jedoch nicht mit der vom Erblasser übernommenen und nach § 1967 I BGB auf den Erben übergegangenen Schuld. Vom Erben kann nämlich nicht mehr in persona die Befriedigung der ursprünglichen Verbindlichkeit verlangt werden. Es besteht demnach eine mit Mitteln der Zwangsvollstreckung realisierbare Vermögenshaftung, die nicht mit einer korrespondierenden persönlichen Schuld einhergeht.[61]

(2) In der Insolvenz verhindert § 87 InsO zunächst für die Dauer des Insolvenzverfahrens eine individuelle Rechtsverfolgung gegenüber dem Schuldner, sofern damit eine Befriedigung aus der Insolvenzmasse begehrt würde.[62] Die Gläubiger können ihre Insolvenzforderungen grundsätzlich nur noch nach den Vorschriften über das Insolvenzverfahren durchsetzen. Die „suspendierte" Leistungspflicht des Schuldners wird keineswegs durch eine äquivalente, persönliche Leistungspflicht des Insolvenzverwalters ersetzt. Die Pflichten des Verwalters gegenüber den Insolvenzgläubigern betreffen ausschließlich die (zwangsweise) Verwirklichung einer Haftung im Rahmen des Gesamtvollstreckungsverfahrens.[63] Die Insolvenzmasse als Sondervermögen wird zum primären Haftungsobjekt der Insolvenzgläubiger. In Bezug auf die Masse besteht damit eine Haftung ohne Schuld.[64] Ungeachtet der strukturellen Unterschiede zwischen Insolvenz- und Er-

---

§ 1192 Rn. 12). Eine isolierte Haftung besteht ferner bei der „forderungsentkleideten" Hypothek, vgl. *Baur/Stürner*, Sachenrecht, § 38 Rn. 25 (nach a.A. erwirbt der Zessionar in diesen Fällen eine Grundschuld, s. *Lieder*, MüKo-BGB, § 1138 Rn. 16).

60 *Küpper*, MüKo-BGB, § 1990 Rn. 13.

61 Zum gesamten Absatz: *Spellenberg*, Gegenstand, S. 61 ff. Eine vergleichbare Rechtslage bestand vor dem 01.01.1999 in den Fällen der Vermögensübernahme gemäß § 419 BGB a.F., dessen zweiter Absatz auf § 1990 BGB verwies. Vgl. dazu ebd., S. 64 ff.

62 Zum zeitlichen Anwendungsbereich des § 87 InsO vgl. *Sternal*, Schmidt-InsO, § 87 Rn. 7.

63 *Mock*, Uhlenbruck, § 80 Rn. 92; *Vuia*, MüKo-InsO, § 80 Rn. 46; zur Rolle des Insolvenzverwalters i.Ü.: *Jauernig/Berger*, ZwangsvollstreckungsR, § 43 Rn. 1, 8 ff.

64 *Spellenberg*, Gegenstand, S. 86 f.

benhaftung[65] eröffnet sich insoweit eine Parallele zur Regelungswirkung des § 1990 BGB.

(3) Die Ausführungen *Spellenbergs* haben gezeigt, dass im materiellen Zivilrecht ein von der persönlichen Schuld unterscheidbares „Haftungsrecht“ existiert. Dieses Recht kann im Rahmen der bestehenden dogmatischen Strukturen zum Gegenstand des Feststellungsverfahrens erhoben werden. Ein Haftungsrecht an der Insolvenzmasse setzt das Bestehen einer im Insolvenzverfahren verfolgbaren Forderung mit einem bestimmten Betrag und Rang voraus. In Rechtskraft erwächst nach § 178 III InsO nur der Subsumtionsschluss, also das Bestehen oder Nichtbestehen des Haftungsrechts sowie dessen Umfang. Die Verität der Forderung wird so zu einer (tatbestandlichen) Vorfrage. Das Konzept *Spellenbergs* steht mit dem Telos des § 178 III InsO in Einklang und weist im Gegensatz zu den vorgenannten Ansichten keine systematischen Schwächen auf.

#### cc) Keine Aufspaltung eines einheitlichen Verfahrensgegenstands

Inzwischen hat sich eine beachtliche Anzahl von Autoren in der Literatur *Spellenbergs* Auffassung angeschlossen.[66] Daneben hat sich eine Ansicht entwickelt, die nicht das Haftungsrecht, sondern die einzelnen Voraussetzungen einer erfolgreichen Verfahrensteilnahme (als Insolvenzgläubiger) zur Bestimmung des Verfahrensgegenstands heranzieht. Nach dieser Auffassung bilden drei „Rechtsbehauptungen“[67] den Gegenstand des Feststellungsverfahrens: das Bestehen der Forderung, deren Eigenschaft als Insolvenzforderung sowie die Einbeziehung des Prätendenten in die „wechselseitige Ausgleichshaftung“[68] aller Insolvenzgläubiger.[69] Ein individuelles Recht auf eine insolvenzmäßige Befriedigung könnte nach Feststellung der

65 Hervorzuheben ist insbesondere, dass die Regelung des § 1990 BGB - anders als die Eröffnung des Insolvenzverfahrens - keine reale, sondern nur eine „fiktive“ Vermögenssonderung bewirkt; vgl. *Herzog*, OGK-BGB, § 1990 Rn. 3.

66 *Eckardt*, KS-InsO, S. 555; *Gerhardt*, Jaeger-InsO, § 178 Rn. 31 ff.; *Herchen*, HaKo-InsO, § 179 Rn. 17; *Schumacher*, MüKo-InsO, § 178 Rn 61; *Sinz*, Uhlenbruck, § 178 Rn. 28; *Smid*, RSZ-InsO, § 178 Rn. 3 ff.

67 *Häsemeyer*, Insolvenzrecht, S. 614.

68 *Häsemeyer*, KTS 1982, 507 (521).

69 Insbesondere *Häsemeyer*, Insolvenzrecht, S. 614; OLG Frankfurt KTS 1983, 602 (605 f.); *Graf-Schlicker*, GS-InsO, § 178 Rn. 5; *Jaeschke*, Anmeldung und Feststellung, S. 215 ff; *Wagner*, AGR-InsO, § 178 Rn. 4.

genannten Merkmale nicht mehr mit Erfolg in Abrede gestellt werden. Dem Rechtsschutzanliegen des Prätendenten würde also vollumfänglich entsprochen. Allerdings ist zumindest im allgemeinen Zivilprozessrecht anerkannt, dass gemäß § 322 I ZPO nur der richterliche Subsumtionsschluss als Ganzes in Rechtskraft erwächst, nicht jedoch seine einzelnen Glieder.[70] Wer im Zivilprozess - gestützt auf das Eigentumsrecht - die Herausgabe einer Sache vom Besitzer verlangt, kann grundsätzlich nicht isoliert die Feststellungen begehren, dass er Eigentümer (1) und der Beklagte Besitzer (2) ohne Recht zum Besitz (3) sei.[71] Denn dem Kläger ist es möglich, sein Rechtsschutzanliegen mit einer Leistungsklage direkt und ohne die vorherige Feststellung der Tatbestandsvoraussetzungen zu verfolgen. Der Umstand, dass ein hoheitlicher Leistungsbefehl in der Situation der Gesamtvollstreckung entbehrlich ist,[72] erfordert es nicht, abweichend vom zivilprozessualen Schema einzelne Voraussetzungen eines einheitlichen Rechtsschutzbegehrens einer rechtskräftigen Feststellung zuzuführen.[73] Dem spezifischen Partizipationsinteresse des anmeldenden Gläubigers kann mit der Anerkennung eines materiellen Haftungsrechts bereits vollumfänglich entsprochen werden. Überdies führt die gegenteilige Ansicht, die kein einheitliches, gegenstandsbestimmendes Haftungsrecht anerkennt, bei näherer Betrachtung der subjektiven Rechtskraftdimension zu systematischen Widersprüchen, auf die im weiteren Verlauf dieser Arbeit näher einzugehen ist.

### 2. Zur Anwendung des zweigliedrigen Streitgegenstandbegriffs

Im allgemeinen Zivilprozessrecht legt § 322 I ZPO die objektive Reichweite der materiellen Rechtskraft eines Urteils fest. Danach erwächst nur die Entscheidung über den erhobenen (prozessualen) Anspruch in Rechtskraft. Der prozessuale Anspruch als Streitgegenstand[74] wird nach herrschender Auffassung durch den Antrag des Klägers und den zugrundelie-

70 *Lüke*, JuS 2000, 1042 (1044 f.); *Büsche*, Wieczorek/Schütze, § 322 Rn. 72; *Musielak*, Musielak/Voit, § 322 Rn. 16; *Saenger*, Saenger-ZPO, § 322 Rn. 23.

71 Zum Verhältnis von Leistungs- und Feststellungsklage s. *Becker-Eberhard*, MüKo-ZPO, § 256 Rn. 54 ff.

72 S. oben Fn. 24.

73 So auch *Schumacher*, MüKo-InsO, § 178 Rn. 15.

74 *Musielak*, Musielak/Voit, § 322 Rn. 16.

genden Lebenssachverhalt (Klagegrund) konkretisiert[75]. Welche Kriterien wiederum zur Spezifikation des Lebenssachverhalts heranzuziehen sind, bleibt in der höchstrichterlichen Judikatur mitunter unklar.[76] Abgesehen von diesen Unstimmigkeiten sind zum Klagegrund nach der Rechtsprechung des BGH alle Tatsachen zu rechnen, die bei einer natürlichen, vom Standpunkt der Parteien ausgehenden Betrachtungsweise zu dem durch den Vortrag des Klägers zur Entscheidung gestellten Tatsachenkomplex gehören.[77] Dies gilt unabhängig davon, ob einzelne Tatsachen des Klagegrundes von den Parteien vorgetragen worden sind oder nicht.[78]

Doch damit ist die objektive Rechtskraftdimension noch nicht abschließend erfasst.[79] Denn der bereits unter der Konkursordnung geführte Streit über den Gegenstand des Feststellungsverfahrens[80] bezieht sich nur auf die Formulierung des Rechtsfolgenausspruchs, der gemäß § 178 III InsO in Rechtskraft erwächst.[81] Mit der sog. SKL-M-Entscheidung[82]vom 05.07.2007[83] hat der IX. Zivilsenat des BGH die Diskussion um die Reichweite der Feststellungswirkung zumindest implizit um einen weiteren Aspekt erweitert. Konkret ging es mit Blick auf den zweigliedrigen Streitgegenstandsbegriff um die Frage, wie weit der Lebenssachverhalt reicht, der den mit der Tabellenfeststellung einhergehenden Rechtsfolgenausspruch trägt.

Der BGH ist in der SKL-M-Entscheidung von der statischen Bestimmung des Lebenssachverhalts auf Grundlage einer „natürlichen Betrachtungsweise“ abgewichen. Neben den inhaltlichen Konturen dieser Modifi-

---

75 Aus der Rspr. z.B. BGH NJW 2017, 892 (894); BGH NJW 2019, 2308 (2310); Aus der Lit.: *Musielak*, Musielak/Voit, Einl. Rn. 69, 74; *Saenger*, Saenger-ZPO, Einf. Rn. 109; *Becker-Eberhard*, MüKo-ZPO, Vor. § 253 Rn. 32 ff. m.w.N.; a.A. insb. *Schwab*, Streitgegenstand, S. 183 ff.

76 *Musielak*, NJW 2000, 3593 ff. unter Hinweis auf BGH ZZP 89 (1976), 330 sowie BGH NJW 1990, 1795 (1796).

77 BGH NJW 1996, 3151 (3152); ebenso BGH NJW 1999, 3126 (3127); BGH NJW 2000, 1958.

78 BGHZ 123, 137 (140 f.); BGHZ 157, 47 (50).

79 In BGHZ 168, 112 (120) = BGH NZI 2006, 520 (522) wurde die generelle Anwendbarkeit des zweigliedrigen Streitgegenstandsbegriffs im Feststellungsverfahren bestätigt.

80 *Spellenberg*, Gegenstand, S. 25 ff.

81 So konstatiert auch *Jaeschke*, Anmeldung und Feststellung, S. 218 f., dass im Feststellungsverfahren ein „prozessualer Anspruch“ geltend gemacht wird. Seine Ausführungen beschränken sich jedoch auf den in Rechtskraft erwachsenden Subsumtionsschluss.

82 Zu ihr *Smid*, Forderungen, S. 258.

83 BGHZ 173, 103 = NJW-RR 2007, 1693 = ZIP 2007, 1760.

kation (a) sind die Motive für eine Abweichung von der Rechtsprechung zu § 322 I ZPO näher zu untersuchen (b). Vor einer Bewertung (d) muss die Korrelation zwischen dem „Grund der Forderung“ und der materiellen Rechtskraft des Tabelleneintrags anhand einer Folgenbetrachtung in den Blick genommen werden (c).

#### a) Der „Grund der Forderung“ im Spiegel der Rechtsprechung

##### aa) Erste SKL-M-Entscheidung

Für den Zweck dieser Arbeit genügt es, die SKL-M-Entscheidung unter Aussparung ihrer europarechtlichen Implikationen zu resümieren:

Die Klägerin, eine Bundesanstalt, hatte im Insolvenzverfahren über das Vermögen der SKL-M-GmbH u.a. Rückzahlungsforderungen aus zuvor gewährten (Gesellschafter-)[84] Darlehen zur Tabelle angemeldet. Nachdem der Insolvenzverwalter den Rang der Forderungen vorläufig bestritten hatte, stellte die Europäische Kommission die (teilweise) Unionrechtswidrigkeit der ausgereichten Darlehen fest. Die Kommissionsentscheidung offenbarte die Nichtigkeit der betroffenen Darlehensverträge und veranlasste sodann die Klägerin im Feststellungsprozess gegen den Verwalter dazu, ihre Rückzahlungsforderungen materiell auf Bereicherungsrecht zu stützen. Eine Neuanmeldung der Rückzahlungsforderungen in Ansehung der Kommissionsentscheidung unterblieb. Der BGH hatte über das Ergebnis des Feststellungsprozesses letztinstanzlich zu befinden.

Die Klage war nach Ansicht des BGH unzulässig, soweit sie der Sache nach die rechtsgrundlos ausgereichten Valuten betraf. Der mit der Klage geltend gemachte Kondiktionsanspruch beruhe auf einem anderen (Lebens-) Sachverhalt und sei rechtlich wesentlich anders zu beurteilen als eine Rückzahlungsforderung aus Darlehen. Die Klägerin habe aber lediglich eine Darlehensforderung zur Tabelle angemeldet. Eine auf das Bereicherungsrecht gestützte Forderung sei dagegen nicht in der rechtlich gebotenen Form angemeldet worden. Ohne komplementäre, vorhergehende Forderungsanmeldung fehle es an einer zwingenden Sachurteilsvoraussetzung.

Eine flüchtige Betrachtung des Urteils könnte zu der Annahme verleiten, der BGH identifiziere in den Entscheidungsgründen den „Grund der Forderung“ mit der materiellrechtlichen Anspruchsgrundlage. Solch

84 Die Klägerin war mittelbar an der SKL-M-GmbH beteiligt.

eine Gleichsetzung würde die grundlegende Unterscheidung zwischen materiellem und prozessualem Anspruch nivellieren. Allerdings hat *Rimmelspacher* zutreffend bemerkt, dass sich in der höchstrichterlichen Judikatur bisweilen Formulierungen finden, die an ein materiell-rechtliches Streitgegenstandsverständnis erinnern, ohne damit eine bewusste Rückkehr zu einem „materiellen" Streitgegenstandsbegriff einzuleiten.[85] In diesem Sinne ist auch die SKL-M-Entscheidung zu deuten. Es geht im Kern darum, den Grund der Anmeldung bzw. Klage, also den (streit-) gegenstandsbestimmenden Lebenssachverhalt, nach insolvenzrechtlichen Grundsätzen unter Berücksichtigung der Schutzzwecke des § 181 InsO zu begrenzen. Im Einklang mit dieser Lesart begründet der BGH die These, dass Darlehensforderung und Bereicherungsforderung auf verschiedenen „Gründen" beruhen, mit den unterschiedlichen „tatsächlichen und rechtlichen Voraussetzungen"[86], von denen die Ansprüche abhängen.

bb) Zweite SKL-M-Entscheidung

Das Konzept einer insolvenzspezifischen Begrenzung des (streit-) gegenstandsbestimmenden Lebenssachverhalts hat der BGH im zweiten SKL-M-Urteil[87] inhaltlich bestätigt:[88] Nachdem die in der ersten SKL-M-Entscheidung unterlegene Klägerin konsequenterweise die Bereicherungsforderung zur Tabelle angemeldet hatte, erhob der Verwalter im erneuten Feststellungsprozess die Einrede der Verjährung. Die Klägerin berief sich demgegenüber auf eine Hemmung der Verjährung durch Rechtsverfolgung. Der BGH verneinte eine Verjährungshemmung infolge der Anmeldung der Rückzahlungsansprüche „als Darlehen" gemäß § 204 I Nr. 10 BGB. Ebenso habe die Erhebung der Tabellenfeststellungsklage, die durch das erste SKL-M-Urteil als unzulässig abgewiesen wurde, keine Hemmung der Verjährung gemäß § 204 I Nr. 1 BGB bewirkt.

Zur Begründung führt der BGH sinngemäß aus, dass durch die erstmalige Forderungsanmeldung „als Darlehen" und die daraufhin erhobene Klage nicht derjenige prozessuale Anspruch geltend gemacht wurde, auf dem die Bereicherungsforderung gründet. Der Anmeldungsgegenstand wurde demnach in Kongruenz zur ersten SKL-M-Entscheidung eng definiert. Da

85 *Rimmelspacher*, JuS 2004, 560 (561).
86 BGH (Fn. 83), Rn. 21.
87 BGH NJW-RR 2013, 992 = NZI 2013, 388 = ZIP 2013, 680.
88 So i.E. wohl auch *Smid*, Forderungen, S. 271 f.

die Wirkungen des § 204 I Nr. 1, 10 BGB auf den mit der Rechtsverfolgung geltend gemachten prozessualen Anspruch beschränkt sind,[89] war die Ablehnung einer Verjährungshemmung aus Sicht des BGH folgerichtig.[90]

#### cc) Nichtzulassungsbeschluss vom 12.11.2015

Der BGH hat in beiden SKL-M-Entscheidungen unter Hinweis auf die Charakteristika des Anmeldungsverfahrens ausführlich dargelegt, warum er eine insolvenzspezifische Auslegung des Forderungsgrundes für angebracht hält. Umso mehr verwundert es, dass der IX. Zivilsenat mit dem Nichtzulassungsbeschluss vom 12.11.2015[91] scheinbar ohne weitere Begründung zur „klassischen" Bestimmung des Anmeldungs- bzw. Streitgegenstands nach allgemeinen zivilprozessualen Grundsätzen[92] zurückgekehrt ist.

In dem dortigen Sachverhalt hatte ein Gläubiger zunächst eine „Darlehensforderung" zur Tabelle angemeldet. Die Klage im darauffolgenden Feststellungsprozess stützte er hingegen auf das Bereicherungsrecht, weil sich nachträglich die Unwirksamkeit des Darlehensvertrages herausstellte. Indessen wurde die Klage - anders als im SKL-M-Prozess - nicht wegen des Fehlens einer korrekten Forderungsanmeldung als unzulässig abgewiesen. Vielmehr blieb die Nichtzulassungbeschwerde des beklagten Verwalters erfolglos, nachdem die Instanzgerichte die Forderung zur Tabelle festgestellt hatten.

Ob die Entscheidung in der Sache einen inhaltlichen Wendepunkt markiert, erscheint allerdings zweifelhaft. Denn schon das OLG Frankfurt a.M. als Berufungsinstanz bemerkte in tatsächlicher Hinsicht einen erheblichen Unterschied zum SKL-M-Sachverhalt, weswegen Darlehens- und Bereicherungsforderung gerade nicht „rechtlich wesentlich anders" zu beurteilen

---

89 *Grothe*, MüKo-BGB, § 204 Rn. 10; *Meller-Hannich*, OGK-BGB, § 204 Rn. 344 ff.

90 Eine Ausweitung der Hemmungswirkung gemäß § 213 BGB wird vom BGH nicht thematisiert. Dies ist nur konsequent, da Bereicherungsforderung und Darlehensforderung nach Ansicht des BGH nicht auf „demselben Grunde" beruhen. Zur Unanwendbarkeit des § 213 BGB kommt i.E. auch *Smid*, Forderungen, S. 110 ff.; *ders.*, DZWIR 2012, 268 (273 ff.). Auf das Erfordernis einer teleologischen Reduktion des § 213 BGB verweist *Kiesbye*, Verjährungshemmung, S. 210 ff.

91 BGH NJW-RR 2016, 303 f. = NZI 2016, 68 f.= ZIP 2016, 30 f.

92 Vgl. Fn. 77.

seien.[93] Der BGH habe in der SKL-M-Entscheidung zur Begründung einer rechtlich relevanten Disparität auf Gesellschafterstellung[94] der „Darlehensgeberin" rekurriert, die (vermeintlich) zur Nachrangigkeit etwaiger Darlehensforderungen geführt hätte. Demgegenüber sei die Bereicherungsforderung aufgrund europarechtlicher Vorgaben von vornherein als einfache Insolvenzforderung zu qualifizieren gewesen.[95] Da es im Einzelfall an einer solchen Disparität hinsichtlich der Forderungsqualität fehle, liege keine Änderung zwischen dem Grund der Anmeldung und dem der Klage vor.[96]

Dennoch darf nicht verschwiegen werden, dass sich der IX. Zivilsenat in dem Nichtzulassungsbeschluss ausdrücklich von den „höheren Anforderungen an die Bestimmtheit des Gegenstands der Anmeldung"[97] aus der ersten SKL-M-Entscheidung distanziert hat. Ob diese Distanzierung angesichts der vom OLG Frankfurt a.M. aufgezeigten Sachverhaltsunterschiede erforderlich war, kann an dieser Stelle offenbleiben.

#### dd) Jüngste höchstrichterliche Judikatur

Seit der zweiten SKL-M-Entscheidung finden sich in der Judikatur des IX. Zivilsenats keine expliziten Hinweise auf das Erfordernis einer insolvenzspezifischen Begrenzung des streitgegenstandsbestimmenden Lebenssachverhalts. Vielmehr wird in ständiger Rechtsprechung ausgeführt, der Gläubiger habe mit Blick auf die Funktionen der Anmeldung im Insolvenzverfahren nur „einen Lebenssachverhalt darzulegen, der in Verbindung mit einem - nicht notwendig ebenfalls vorzutragenden - Rechtssatz die geltend gemachte Forderung als begründet erscheinen lässt" [98]. Der Gegenstand der Anmeldung umfasse hingegen nicht die rechtliche Einordnung der Forderung.[99] Zum Anspruchsgrund seien alle Umstände zu rechnen, die dem Wesen nach zu dem zur Entscheidung gestellten Tatsachenkomplex gehören, wobei es nicht darauf ankomme, ob alle Tatsachen vorgetragen

93 OLG Frankfurt, Beschl. v. 12.11.2014, Az.: 5 U 150/14, Rn. 17 f. (juris).

94 Alleingesellschafterin der Schuldnerin war eine GmbH, deren Alleingesellschafterin wiederum die Klägerin war.

95 OLG Frankfurt (Fn. 93), Rn. 19.

96 OLG Frankfurt (Fn. 93), Rn. 20 ff.

97 BGH (Fn. 91), Rn. 5.

98 Siehe nur BGH (Fn. 91), Rn. 3; BGH NZI 2018, 743 (744, Rn. 11) = ZIP 2018, 1644 (1645); BGH NZI 2018, 886 (887, Rn. 14) = ZIP 2018, 2174 (2175).

99 BGH (Fn. 91), Rn. 3.

worden sind oder nicht.[100] Damit hat der IX. Zivilsenat die hergebrachte Definition des Klagegrundes[101] für den „Grund der Forderung“ i.S.v. § 174 II InsO übernommen.

Ungeachtet der ausdrücklichen Lossagung von der SKL-M-Entscheidung im Nichtzulassungsbeschluss vom 12.11.2015[102] hat der BGH verschiedentlich Entscheidungen getroffen, die bei oberflächlicher Betrachtung an der endgültigen und vollumfänglichen Abkehr vom Gedanken einer insolvenzspezifischen Begrenzung des Forderungsgrundes zweifeln lassen:

So lag einer Entscheidung des BGH vom 16.05.2019[103] ein Urteil des OLG Hamburg[104] zugrunde, demzufolge der Nichterfüllungsschaden i.S.d. § 103 II S. 1 InsO und der Kostenvorschussanspruch gemäß §§ 634 Nr. 2, 637 I, III BGB - auch soweit sie sich der Höhe nach decken - als alternative Ansprüche nicht auf dieselbe Forderungsanmeldung gestützt werden können. Nach Ansicht des OLG handelte es sich mithin um unterschiedliche prozessuale Ansprüche, die auf separaten Forderungsgründen i.S.v. § 174 II InsO beruhen. Der BGH sah sich nicht dazu veranlasst, auf eine zu enge Auslegung des Streitgegenstands durch das OLG hinzuweisen. Dieses „Unterlassen“ deutet jedoch aus zwei Gründen nicht auf eine Rückkehr zur SKL-M-Doktrin hin: Erstens hat der BGH im konkreten Fall ein Wahlrecht des Verwalters gemäß § 103 I InsO aus tatsächlichen Gründen abgelehnt, sodass es keiner weiteren Ausführungen zum Streitgegenstand bedurfte. Darüber hinaus wäre bei einem Übergang vom Vorschuss- auf den Schadensersatzanspruch wegen Nichterfüllung nach allgemeinen zivilprozessualen Grundsätzen ebenso eine Änderung des Klagegrundes gegeben.[105]

In einem Urteil vom 11.04.2019 hat der BGH dem Berufungsgericht aufgegeben, im weiteren Verfahren zu prüfen, ob ein nach § 45 S. 1 Alt. 1 InsO umzurechnender Räumungsanspruch aus § 546 I BGB und ein Schadensersatzanspruch wegen Verletzung mietvertraglicher Nebenpflichten auf demselben Forderungsgrund beruhen.[106] Unmittelbar im Anschluss an diesen Hinweis zitiert der BGH allerdings die Definition des Anspruchs-

---

100 BGH NJW 2019, 1877 (1881) = NZI 2019, 536 (540).

101 Vgl. Fn. 77.

102 BGH (Fn. 91), Rn. 5.

103 BGH NJW 2019, 2166 = NZI 2019, 587 = ZIP 2019, 1933.

104 OLG Hamburg, Urt. v. 19.1.2018, Az.: 5 U 54/15, BeckRS 2018, 43906.

105 BGH NJW-RR 1998, 1006 (1007); OLG Koblenz NJOZ 2007, 5303 (5304); *Foerste*, Musielak/Voit, § 263 Rn. 3; a.A. OLG Brandenburg NJW-RR 2001, 386.

106 BGH (Fn. 100), Rn. 46.

grundes aus dem Nichtzulassungsbeschluss.[107] Eine insolvenzspezifische Begrenzung des Forderungsgrundes kann auch dieser Entscheidung somit nicht entnommen werden.

### b) Begründung einer insolvenzspezifischen Modifikation des Forderungsgrundes

Obgleich die in der SKL-M-Entscheidung entwickelte Konzeption vom BGH aufgegeben wurde, gibt es doch stichhaltige Gründe für eine insolvenzspezifische Modifikation des Forderungsgrundes. Ferner haben einige Stimmen in der Literatur den Begründungsansätzen des BGH aus der SKL-M-Entscheidung beigepflichtet.[108] Eine inhaltliche Auseinandersetzung mit den vorgebrachten Argumenten ist daher keineswegs obsolet.

#### aa) Relevanz des Anmeldungs- und Prüfungsverfahrens

Um die Argumentationsstruktur der SKL-M-Entscheidung zu durchdringen, erscheint es zunächst sinnvoll, die wesentlichen Funktionen sowie die verfassungsrechtliche Relevanz des Anmeldungs- und Prüfungsverfahrens in die Betrachtung einzubeziehen. Wegen § 178 III InsO wirkt die Tabelleneintragung gegenüber dem Insolvenzverwalter und allen Insolvenzgläubigern (vgl. § 38 InsO) „wie ein rechtskräftiges Urteil“. Die erfolgreiche Forderungsfeststellung wurde demnach ausdrücklich mit einer materiellen Rechtskraft ausgestattet. Dies ist verfassungsrechtlich nur zulässig, wenn namentlich den konkurrierenden Gläubigern zuvor die Gelegenheit eingeräumt wird, durch ein unabhängiges Gericht prüfen zu lassen, ob die dadurch erzeugte inhaltliche Bindung der materiellen Rechtslage entspricht. Aus dem Rechtsstaatsprinzip (Art. 20 III GG) folgt auch für materiell-zivilrechtliche Streitigkeiten das Gebot eines effektiven Rechtsschutzes.[109] Dieser muss eine umfassende tatsächliche und rechtliche Prüfung des Streitgegenstandes sowie eine verbindliche Entscheidung durch einen Richter ermöglichen (sog. Justizgewährungsanspruch).[110] Das Verfahren der For-

---

107 BGH (Fn. 100), Rn. 46.

108 *Cranshaw*, DZWIR 2008, 89 (91); *Smid*, Forderungen, S. 266 ff.; *ders.* ZInsO 2016, 781 (786); wohl auch *Sinz*, Uhlenbruck, § 181 Rn. 6.

109 BVerfGE 54, 277 (291).

110 BVerfGE 54, 277 (291).

derungsanmeldung und -prüfung ist selbst jedoch nicht dazu geeignet, die genannten rechtsstaatlichen Anforderungen zu erfüllen. Denn es umfasst keine streitige Rechtserkenntnis durch einen Richter als unabhängigem Dritten.[111] Auf ein alternativ denkbares Feststellungsverfahren, in dem jede Forderung einer richterlichen Prüfung unterzogen wird, wurde schon bei Einführung der Konkursordnung bewusst verzichtet.[112] Stattdessen begnügt sich die Insolvenzordnung mit der Option, die streitig gebliebenen Forderungen einer gerichtlichen Klärung zuzuführen. Den von der Rechtskraft Betroffenen gewissermaßen „bei Bedarf" eine solche gerichtliche Klärung im Wege eines Feststellungsprozesses zu ermöglichen, ist die aus dem Justizgewährungsanspruch folgende Mindestanforderung an das Verfahren.

Demgemäß erfolgt die freiwillige Feststellung[113] nach § 178 I S. 1 InsO nur, wenn die Forderung angemeldet wurde und daher gemäß § 176 S. 1 InsO Gegenstand eines Prüfungstermins war. Bei der Anmeldung ist gemäß § 174 I S. 1 InsO auch der Forderungsgrund anzugeben. Erst durch diese Angabe werden die potenziell von der Rechtskraft Betroffenen in die Lage versetzt, die Berechtigung der Forderung zu untersuchen.[114] Auf Basis des Untersuchungsergebnisses können Verwalter und Gläubiger sodann bewerten, ob es eines individuellen Feststellungsprozesses bedarf. Würde eine Forderung ohne ordnungsgemäße Anmeldung mit der Wirkung des § 178 III InsO zur Tabelle festgestellt, hätten die anderen Verfahrensbeteiligten keine Möglichkeit, eine gerichtliche Klärung herbeizuführen. Eben diese Möglichkeit ist jedoch verfassungsrechtlich geboten.

Die verfahrensspezifische Konnexität zwischen Anmeldungsgrund und Rechtskraftwirkung besteht auch im Rahmen der streitigen Feststellung.[115] Denn Voraussetzung einer erfolgreichen Tabellenfeststellungsklage ist gemäß § 181 InsO die vorherige Anmeldung und Prüfung der Forderung, wobei eine Kongruenz zwischen dem Grund der Anmeldung und dem

111 *Smid*, Forderungen, S. 266.

112 Motive zur KO, S. 364.

113 *Spellenberg*, Gegenstand, S. 5 ff. unterscheidet sinnfällig zwischen der freiwilligen Feststellung einer Forderung infolge unterbliebenen Widerspruchs und der streitigen Feststellung im Rahmen eines Tabellenfeststellungsprozesses.

114 BGH NJW-RR 2014, 432 (433); *Kiesbye*, Verjährungshemmung, S. 210 f.; *Sinz*, Uhlenbruck, § 174 Rn. 29.; *Specovius*, Braun-InsO, § 174 Rn. 26.

115 *Kiesbye*, Verjährungshemmung, S. 124.

Grund der Klage bestehen muss.[116] Die Sachurteilsvoraussetzung[117] des § 181 InsO gewährleistet, dass kein Feststellungsurteil mit Bindungswirkung gegenüber den anderen Beteiligten ergeht (vgl. § 183 I InsO), ohne diesen zuvor die Gelegenheit zur Forderungsprüfung und zur anschließenden Initiierung eines separaten Feststellungsprozesses zu geben.[118]

Die insolvenzrechtliche Forderungsfeststellung ist eine gegenüber dem Liquidationsprozess alternative Form, das Konkurrenzverhältnis zwischen den Gläubigern zu bestimmen.[119] In diesem Kontext dient das Anmeldungs- und Prüfungsverfahren u.a. dazu, die verfassungsrechtlichen Garantien des Justizgewährungsanspruchs abzusichern, den Betroffenen also eine effektive Verteidigung ihrer materiellen Rechte zu ermöglichen.[120] Insbesondere für die Insolvenzgläubiger muss trotz der Fakultativität eines streitigen Erkenntnisverfahrens eine reale Möglichkeit bestehen, Einwendungen gegen die Forderungen anderer Gläubiger zu erheben.

An dieser Stelle sollen die zwischen § 183 I InsO und § 178 III InsO bestehenden Wechselwirkungen in der gebotenen Kürze beleuchtet werden, um Missverständnissen vorzubeugen: Das Verhältnis zwischen § 183 I und § 178 III InsO kann nicht schlicht damit beschrieben werden, dass § 183 I InsO für die „erstrittene" und § 178 III InsO für die „freiwillige" Forderungsfeststellung gilt.[121]Wird die Forderung eines anmeldenden Gläubigers bestritten, so bestimmt zwar das mit der Anmeldung behauptete Haftungsrecht auch den Gegenstand des folgenden Feststellungsprozesses.[122] Die in einem streitigen Urteil getroffene Feststellung einer Forderung zur Insolvenztabelle (§ 183 I Alt. 1 InsO) zeitigt jedoch keine unmittelbaren Auswirkungen auf den Tabelleninhalt. Ansonsten wäre die Regelung zur Tabellenberichtigung in § 183 II InsO unverständlich. Anderes gälte nur, sofern dieser Vorschrift in Übereinstimmung mit einzelnen Stimmen in der Literatur lediglich deklaratorische Bedeutung beigemessen würde.[123]

---

116 BGH NZI 2002, 37; *Eckardt*, KS-InsO, S. 566; *Jungmann*, Schmidt-InsO, § 181 Rn. 2.

117 *Schumacher*, MüKo-InsO, § 181 Rn. 1.

118 BGH NZI 2018, 886 (887) = ZIP 2018, 2174 (2175); *Sinz*, Uhlenbruck, § 181 Rn. 1.

119 *Spellenberg*, Gegenstand, S. 2; *Häsemeyer*, Insolvenzrecht, S. 613 verweist zutreffend auf die höhere Effizienz des Feststellungsverfahrens.

120 *Kiesbye*, Verjährungshemmung, S. 210 f. verweist insofern zutreffend auf einen verallgemeinerungsfähigen *„insolvenzrechtlichen Vertrauensschutzaspekt"*.

121 So wohl *Gerhardt*, Jaeger-InsO, § 183 Rn. 4.

122 *Smid*, Forderungen, S. 285 f.

123 So etwa *Schumacher*, MüKo-InsO, § 183 Rn. 7.

Der BGH führt hierzu aus: „Die Wirkung des Feststellungsurteils liegt mithin in der Beseitigung des Widerspruchs. Die Sachlage ist dann dieselbe geworden, als wäre im Prüfungstermin gar kein Widerspruch erhoben und die Forderung als unstreitig festgestellt worden. In beiden Fallgruppen wirkt erst die Eintragung durch das Insolvenzgericht in die Tabelle gemäß § 178 III InsO für die festgestellte Forderung nach Betrag und Rang wie ein rechtskräftiges Urteil gegenüber dem Insolvenzverwalter und allen Insolvenzgläubigern."[124] Der BGH bezieht also die Wirkungen eines Feststellungsurteils, das der Klage des Gläubigers einer bestrittenen Forderung stattgibt, allein auf den erhobenen Widerspruch. Diese Ansicht verdient Zustimmung. Denn mit dem stattgebenden Urteil kann der Gläubiger noch nicht die Aufnahme in das Verteilungsverzeichnis begehren. Dies folgt schon aus dem Umstand, dass die Rechtskraftwirkung des § 183 I Alt. 1 InsO, soweit mehrere Widersprüche erhoben wurden, erst eintreten kann, wenn der Gläubiger sämtliche Widersprüche durch erfolgreiche Feststellungsklagen überwunden hat.[125] Die Wirkung des § 183 I Alt. 1 InsO zielt darauf ab, dem Gläubiger der bestrittenen Forderung den Weg zur Tabellenberichtigung nach § 183 II InsO zu eröffnen. Erst die infolge der Berichtigung eintretende Wirkung des § 178 III InsO ermöglicht ihm sodann die Aufnahme in das Verteilungsverzeichnis.

### bb) Unterschiede zum zivilgerichtlichen Erkenntnisverfahren

Nachdem die Funktionen des Anmeldungs- und Prüfungsverfahrens sowie die verfassungsrechtliche Bedeutsamkeit der Angabe des Forderungsgrundes herausgearbeitet wurden, sind in einem zweiten Schritt die Disparitäten zwischen dem Forderungsfeststellungsverfahren und dem regulären gerichtlichen Erkenntnisverfahren in die Betrachtung einzubeziehen. Im „Grundmodell" der freiwilligen Feststellung wird die Forderung keiner materiellen Prüfung durch ein Gericht unterzogen.[126] Es gibt daher auch keine mündliche Verhandlung, in der rechtliche und tatsächliche Unklarheiten - ggf. nach gerichtlichem Hinweis - beseitigt werden könnten.[127] Ferner enthält die Tabellenfeststellung weder einen Tatbestand noch Entscheidungsgründe, die hilfsweise zur Auslegung des „Tenors" und damit

---

124 BGH NJW 2006, 3068 (3070).
125 *Gerhardt*, Jaeger-InsO, § 183 Rn. 7.
126 *Sinz*, Uhlenbruck, § 176 Rn. 6.
127 *Smid*, Forderungen, S. 267.

zur Bestimmung des Rechtskraftumfangs heranzuziehen wären.[128] Der Weg zur freiwilligen Forderungsfeststellung wurde damit sehr schlicht ausgestaltet. Das erleichtert eine zügige und effiziente „Fixierung der Gläubigerschaft“[129]. Die Simplizität des Verfahrens birgt jedoch das Risiko, die besagten Gewährleistungen des Justizgewährungsanspruchs aus den Augen zu verlieren. Insbesondere den konkurrierenden Gläubigern muss eine wirksame Verteidigung ihrer Rechte ermöglicht werden. Sie können den Grund der Forderung zunächst nur anhand der Anmeldungsunterlagen beurteilen.[130] Die Angaben in den Unterlagen sind deshalb der Referenzpunkt für die Prüfung von Einreden[131] gegen die angemeldete Forderung.[132] Eine Ausdehnung des maßgeblichen Tatsachenkomplexes nach allgemeinen zivilprozessualen Grundsätzen („natürliche Betrachtungsweise“) ginge demgegenüber mit einer qualitativen Erweiterung der aus § 176 I S. 1 InsO folgenden Prüfungsobliegenheit einher. Denn die Prüfung wäre nicht per se auf den in der Anmeldung vorgebrachten Sachverhalt beschränkt. Die „Prüfungslast“ darf jedoch nicht derart erweitert werden, dass der verfassungsrechtlich gebotene Rechtsschutz[133] faktisch verkürzt wird. Ergänzend ist zu bemerken, dass die weite Auslegung des Klagegrundes im gerichtlichen Verfahren auch der Prozesskonzentration dient.[134] Dieser Aspekt ist im Anmeldungs- und Prüfungsverfahren hingegen nebensächlich. Die besondere Typizität des Feststellungsverfahrens eignet sich demnach grundsätzlich als Anknüpfungspunkt, um den „Grund der Forderung“ enger zu fassen als den Klagegrund im Zivilprozess. Dies gilt umso mehr vor dem Hintergrund der aufgezeigten verfassungsrechtlichen Implikationen.

---

128 Nach BGH NJW 2011, 2292 (2293) sind zur Auslegung der Urteilsformel eines Feststellungsurteils erforderlichenfalls der Tatbestand und die Entscheidungsgründe heranzuziehen. Die Urteilsformel bestimmt wiederum den Umfang der Rechtskraft.

129 *Kohler*, Konkursrecht, S. 549.

130 *Smid*, Forderungen, S. 267.

131 Gemeint sind Einreden im Sinne des Prozessrechts.

132 In diesem Sinne ist wohl die SKL-M-Entscheidung (Fn. 83, Rn. 19) zu verstehen: „[Wenn eine] Änderung des das Wesen der Forderung bestimmenden Schuldgrundes gegeben ist, [...] müssen die übrigen Gläubiger Gelegenheit erhalten, sich zu dem neuen Anspruchsgrund zu äußern, weil sie in ihrer auf Grund der Anmeldung vorgenommenen Prüfung noch nicht alle nunmehr in der Klage wesentlichen Aspekte berücksichtigen konnten.“; ebenso *Smid*, Forderungen, S. 265.

133 S. oben B.I.2.b).aa).

134 *Gottwald*, MüKo-ZPO, § 322 Rn. 115.

### cc) Kriterien zur Begrenzung des Forderungsgrundes in der Rechtsprechung

Unklar ist bislang geblieben, welche Kriterien zur Begrenzung des Forderungsgrundes herangezogen werden können. Nach den vorstehenden Ausführungen wäre es folgerichtig, den der Forderung zugrundeliegenden Lebenssachverhalt ausschließlich auf diejenigen Tatsachen zu reduzieren, die aus den Anmeldungsunterlagen hervorgehen. Der BGH hat in der SKL-M-Entscheidung eine weniger drastische Formulierung gewählt. Danach liegt eine Änderung zwischen dem Grund der Anmeldung und dem der Klage vor, „wenn eine Änderung des das Wesen der Forderung bestimmenden Schuldgrundes gegeben ist. [..] Das ist insbesondere dann anzunehmen, wenn die den Klagegrund der Feststellungsklage begründende Forderung rechtlich wesentlich anders zu beurteilen ist als die angemeldete [...]. Muss dem in der Klage geltend gemachten Anspruchsgrund eine andere Verteidigung entgegengesetzt werden als dem angemeldeten, so handelt es sich um eine wesentliche Änderung des Grundes der Forderung.“[135]

Die Formulierungen des BGH wirken unscharf: Ob eine Änderung des Forderungsgrundes anzunehmen ist, soll von einer individuellen rechtlichen Einzelfallbetrachtung abhängig sein. Dadurch würden Wertungsspielräume eröffnet, die qualitativ über die normativen Elemente des „klassischen“ Streitgegenstandsbegriffs hinausreichen.[136] Die damit verbundene Rechtsunsicherheit ist im Hinblick auf § 178 III InsO kaum mit der Rechtsfrieden stiftenden Funktion der materiellen Rechtskraft[137] in Einklang zu bringen. Die Praktikabilität der vom BGH gewählten Definition ist jedoch nicht Gegenstand dieser Untersuchung. Vielmehr geht es zunächst nur darum, ob überhaupt eine Abweichung vom Inhalt des hergebrachten Streitgegenstandsbegriffs im Wege einer normativen Begrenzung des Forderungsgrundes angezeigt ist.

### c) Folgenbetrachtung

Das Forderungsfeststellungsverfahren wurde in Ansehung der insolvenzspezifischen Besonderheiten - namentlich vor allem der Vielzahl potenziell Beteiligter - anders als das allgemeine zivilprozessuale Erkenntnisverfahren

135 BGH (Fn. 83), Rn. 19.
136 So im Ergebnis wohl auch *Müller/Rautmann*, DStR 2016, 757 (758).
137 *Saenger*, Saenger-ZPO, § 322 Rn. 1.

ausgestaltet. Indes dienen beide Verfahren trotz ihrer Verschiedenheit dazu, materielle Rechtspositionen durchzusetzen. Die aufgezeigten strukturellen Verfahrensunterschiede sind vor dem Hintergrund des identischen Rechtsschutzzwecks grundsätzlich geeignet, eine individuelle Bestimmung des Verfahrensgegenstands zu begründen.

Eine Abweichung vom Inhalt des hergebrachten Streitgegenstandsbegriffs muss sich jedoch auch an ihren Folgen messen lassen. In diesem Zusammenhang ist die Korrelation zwischen Verfahrensgegenstand und materieller Rechtskraft zu betrachten. Der Umfang der materiellen Rechtskraftwirkung kann ohne gesonderte gesetzliche Anordnung[138] nicht über den Verfahrensgegenstand, der wiederum durch den Forderungsgrund determiniert wird, hinausreichen.[139] Eine normative Begrenzung des Forderungsgrundes geht demnach automatisch mit einer Modifikation der Rechtskraftwirkung einher. Das folgende Beispiel verdeutlicht die konkreten Auswirkungen einer solchen Modifikation:

Hätte der Kläger im SKL-M-Prozess seinen Antrag auf Feststellung der Forderung „aus Darlehen“ weiterverfolgt, dann wäre aller Voraussicht nach ein klageabweisendes Sachurteil ergangen. Fraglich ist, ob dessen „negative“ Rechtskraftwirkung[140] gegenüber einem anschließend auf das Bereicherungsrecht gestützten Feststellungsbegehren den Einwand entgegenstehender Rechtskraft begründet hätte. Unter der Prämisse einer normativen Begrenzung des Forderungsgrundes wäre ein solcher Einwand zu verneinen. Denn das Feststellungsbegehren hinsichtlich der Bereicherungsforderung bezöge sich auf einen anderen Verfahrensgegenstand als der bereits beendete Feststellungsprozess. Wenn der Verfahrensgegenstand hingegen nach allgemeinen zivilprozessualen Grundsätzen bestimmt würde, könnte einer Neuanmeldung der Bereicherungsforderung wohl die Rechtskraft des klageabweisenden Sachurteils entgegengehalten werden.[141]

---

138 Eine solche Ausnahmeregelung findet sich in § 322 II ZPO; vgl. dazu *Gottwald*, MüKo-ZPO, § 322 Rn. 195.

139 Allgemein: *Musielak*, Musielak/Voit, § 322 Rn. 16; *Saenger*, Saenger-ZPO, § 322 Rn. 22 ff.; im Hinblick auf § 178 III InsO: BGH NZI 2002, 37; *Sinz*, Uhlenbruck, § 178 Rn. 28; *Kiesbye*, Verjährungshemmung, S. 123.

140 *Zenker*, BeckOK-InsO, § 178 Rn. 25 verweist zutreffend darauf, dass nur § 183 I InsO *„der Entscheidung, die den Widerspruch für begründet erklärt, erweiterte* [also „negative“, Anm. d. Verfassers] *Rechtskraftwirkung beimisst“*. Die Wirkung des § 183 I InsO unterscheide sich insoweit von der des § 178 III InsO.

141 Für einen einheitlichen „Forderungsgrund“ (i.S.d. § 174 II InsO) von Bereicherungs- und Darlehensforderung spricht sich auch *Jungmann*, WuB 2016, 231 (233) aus; a.A. wohl *Kiesbye*, Verjährungshemmung, S. 194, die auf den in der Erstanmeldung angegebenen Lebenssachverhalt rekurriert, wobei im Indi-

Mithin kann die Anwendung des hergebrachten Streitgegenstandsbegriffs für konkurrierende Gläubiger infolge der weitergehenden Rechtskraftwirkung in bestimmten Fallkonstellationen sogar (wirtschaftlich) vorteilhaft sein.

Das vorstehende Beispiel lässt sich auch dahingehend abwandeln, dass die Forderung „aus Darlehen" entgegen der materiellen Rechtslage rechtskräftig zur Tabelle festgestellt wird. Ein dogmatisch nicht minder problematischer Fall ergibt sich, wenn im Wege einer Neuanmeldung sodann zusätzlich die Bereicherungsforderung geltend gemacht würde. Es wäre freilich unbillig, einem Gläubiger, dem bei wirtschaftlicher Betrachtung nur eine Forderung zusteht, eine doppelte haftungsrechtliche Partizipation an der Masse zu gestatten.[142] Unter Zugrundelegung eines weiten Verfahrensgegenstands stünde einer zusätzlichen Feststellung der Bereicherungsforderung das sog. ne bis in idem-Verbot entgegen.[143] Nach Maßgabe der SKL-M-Entscheidung bildeten Darlehens- und Bereicherungsforderung hingegen unterschiedliche Verfahrensgegenstände, sodass das prozessuale Wiederholungsverbot nicht unmittelbar zum Tragen käme. Um eine doppelte quotale Befriedigung zu verhindern, müssten andere Wege beschritten werden. Denkbar wäre insbesondere eine Durchbrechung der Rechtskraft gemäß § 826 BGB[144] oder die Zulassung einer alternativen Forderungsfeststellung analog zur alternativen Klagehäufung[145] im allgemeinen Zivilprozessrecht. Beide genannten Lösungsansätze sind stark einzelfallbezogen und eröffnen große Wertungsspielräume. Ihre dogmatische Konsistenz reicht nicht an die Stringenz eines rechtskraftbedingten Wiederholungsverbots bei Doppelanmeldungen heran. Einer Neu- bzw. Doppelanmeldung kann indes nicht von vornherein der Einwand unzulässiger

---

vidualprozess wiederum von einem identischen Lebenssachverhalt auszugehen sei, vgl. S. 206.

142 So auch *Paulus*, Beilage zu ZIP 22/2016, S. 54 (55f.) unter Hinweis auf die *par conditio creditorum*.

143 Zur Anwendbarkeit des § 322 ZPO im Kontext des § 178 III InsO: BGH NZI 2012, 323 (324); BGH NJW-RR 2013, 757 (758); zum sog. Wiederholungsverbot des § 322 I ZPO: *Althammer*, Stein/Jonas, § 322 Rn. 186; *Gottwald*, MüKo-ZPO, § 322 Rn. 40.

144 Allgemein zur Rechtskraftdurchbrechung gemäß § 826 BGB *Musielak*, Musielak/Voit, § 322 Rn. 91 ff.

145 Zur streitigen Frage der Zulässigkeit einer alternativen Klagehäufung: *Roth*, Stein/Jonas, § 253 Rn. 55 m.w.N.

Rechtsausübung gemäß § 242 BGB[146] entgegengesetzt werden. Denn die Anmeldung einer Forderung zur Insolvenztabelle erfolgt in Ausübung der dem Gläubiger zustehenden Verfahrensrechte und ist damit per se nicht rechtsmissbräuchlich. Es gilt lediglich, die mit der Neuanmeldung verfolgte Doppelbefriedigung in verfahrensrechtlich zulässiger Weise zu verhindern.

Die Folgenbetrachtung wirft somit durchaus ein kritisches Schlaglicht auf die Idee einer normativen Begrenzung des Forderungsgrundes und die daraus resultierende Verengung des Verfahrensgegenstands. Die aufgezeigten Konsequenzen stellen den Rechtsanwender aber keineswegs vor unüberwindbare Hürden und sind daher allein nicht geeignet, das in der SKL-M-Entscheidung zum Schutz der Beteiligtenrechte aufgestellte Grundkonzept zu widerlegen.

### d) Die Bestimmung des Forderungsgrundes als Wertungsfrage

#### aa) Auswirkungen auf die Verfahrenseffizienz

Viele Regelungen der Insolvenzordnung sind darauf ausgerichtet, das Verfahren der Gesamtvollstreckung zu rationalisieren.[147] *Häsemeyer* konstatiert gar, dass „in der historischen Entwicklung des Insolvenzrechts [...] das Bemühen um eine zügige Haftungsabwicklung stets und berechtigterweise eine besondere Rolle gespielt [hat]“[148]. Eine weite Auslegung des Forderungsgrundes, die inhaltlich dem Klagegrund in einem klassischen Zweiparteienprozesses entspricht, fügt sich durchaus in dieses Konzept ein: Ist beispielsweise aus tatsächlichen Gründen unklar, ob ein Haftungsrecht an der Masse auf einem Bereicherungs- oder einem vertraglichen Anspruch (etwa aus Darlehen) gründet, kann dieses Recht regelmäßig

---

146 Zur Anwendbarkeit des § 242 BGB im Prozessrecht *Schubert*, MüKo-BGB, § 242 Rn. 104 f.; im Speziellen zur missbräuchlichen Ausnutzung rechtskräftiger Urteile (bzw. Titel) *Looschelders/Olzen*, Staudinger, § 242 Rn. 1127 ff.

147 Zu nennen sind hier u.a. die Möglichkeit der schriftlichen Durchführung des Verfahrens (§ 5 II InsO), der optionale Verzicht auf eine mündliche Verhandlung (§ 5 III InsO), die Kompetenzkonzentration in der Hand des Insolvenzverwalters (§ 80 I InsO), die Abtrennung von Einzelstreitverfahren i.R.d. Feststellungsverfahrens (§ 180 I InsO); aus der Lit.: *Ganter/Bruns*, MüKo-InsO, § 5 Rn. 65; *Häsemeyer*, Insolvenzrecht, S. 26 f.

148 *Häsemeyer*, Insolvenzrecht, S. 26.

mit nur einer Anmeldung geltend gemacht werden.[149] Andernfalls müsste der Prätendent „beide" Forderungen entweder alternativ[150] oder eine der Forderungen hilfsweise anmelden. In jedem Fall ergäben sich erhebliche verfahrensrechtliche Unsicherheiten. Eine extensive Interpretation des Forderungsgrundes verhilft insofern zu einer Straffung des Feststellungsverfahrens. Überdies können die Rechtskraftgrenzen des § 178 III InsO bei entsprechender Heranziehung der gefestigten zivilprozessualen Deutung des Klagegrundes - ggf. unter Rekurs auf Vergleichsfälle aus der Rechtsprechung[151] - akkurat bestimmt werden.

#### bb) Besonderheiten des Anmeldungs- und Prüfungsverfahrens

Den „Grund der Forderung" gänzlich unabhängig von insolvenzspezifischen Wertungen nach allgemeinen zivilprozessualen Grundsätzen auszulegen, ließe allerdings den „summarischen"[152] Charakter des Feststellungsverfahrens unberücksichtigt. Die Insolvenzgläubiger haben einen verfassungsrechtlich verbürgten Anspruch auf eine wirksame Verteidigung ihrer Rechte im Streit um die Manifestation der Haftungsordnung. Die erste „Verteidigungslinie" ist das obligatorische Prüfungsverfahren, in dem die jeweilige haftungsrechtliche Partizipation durch Widerspruch in Abrede gestellt werden kann. Je umfassender der Lebenssachverhalt ist, auf den eine Forderung gestützt wird, desto umsichtiger müssen die konkurrierenden Gläubiger agieren, um alle potenziellen Einwände gegen deren Berechtigung zu erkennen. So führt *Smid* mit Blick auf das SKL-M-Urteil aus, dass den Opponenten bereicherungsspezifische Einwendungen verwehrt würden, wenn statt der ursprünglich angemeldeten Darlehensforderung unversehens - also ohne Neuanmeldung - ein Bereicherungsanspruch den Gegenstand der (gerichtlichen) Forderungsprüfung bildet.[153] Dieses Argument trifft einen kritischen Punkt: Zwar ist es den konkurrierenden

149 So BGH (Fn. 91), Rn. 4.

150 Die Zulässigkeit einer sog. alternative Klagehäufung ist mit Blick auf § 253 II Nr. 2 ZPO schon im allgemeinen Zivilprozessrecht streitig, vgl. dazu *Stieper*, GRUR 2012, 5 (6) m.w.N.; näher liegt jedoch eine Analogie zur Fallgruppe der sog. alternativen Klagebegründung, die z.T. anerkannt wird: *Becker-Eberhard*, MüKo-ZPO, § 260 Rn. 25 f.; wohl auch *Bacher*, BeckOK-ZPO, § 260 Rn. 12.1; a.A. BGHZ 189, 56 (60 ff.).

151 Vgl. nur *Gottwald*, MüKo-ZPO, § 322 Rn. 116 m.w.N.

152 *Häsemeyer*, Insolvenzrecht, S. 637.

153 *Smid*, Forderungen, S. 265.

Gläubigern in der Theorie möglich, entsprechende Einwendungen gegen den Bereicherungsanspruch vorzubringen. Denn bei einem ausgedehnten Verständnis des Forderungsgrundes wären Bereicherungs- und Darlehensanspruch einer einheitlichen Anmeldung und Prüfung unterworfen. Faktisch können die Opponenten jedoch auf Basis der kargen Anmeldungsunterlagen (vgl. § 175 I InsO) kaum erkennen, dass der Darlehensvertrag an Wirksamkeitsmängeln leidet und deshalb das Bereicherungsrecht Anwendung findet. Die Opponenten müssten wegen des weiten Anmeldungsgegenstands in Zweifelsfällen „vorsichtshalber" bestreiten, um sich anspruchsspezifische Einwendungen tatsächlich zu erhalten. Ein solches Vorgehen wäre dem Ziel einer „zügigen Haftungsabwicklung"[154] abträglich. Es darf dennoch bezweifelt werden, ob dem verfassungsrechtlich gebotenen Erfordernis einer effektiven Verteidigungsmöglichkeit im Streit um die konkurrierenden Haftungsrechte nur durch eine ausnahmslos enge Auslegung des Forderungsgrundes Rechnung getragen werden kann, zumal aufgezeigt wurde, dass eine Beschränkung des Verfahrensgegenstands nach Maßgabe der SKL-M-Entscheidung hinsichtlich der Rechtskraftwirkungen zu Komplikationen führt.

#### cc) Implementierung eines interessengerechten Regel-Ausnahme-Verhältnisses

Letzten Endes erscheint eine Kompromisslösung angebracht: Danach ist grundsätzlich an der klassischen Auslegung des Forderungsgrundes im Sinne der zivilprozessualen Deutung des Klagegrundes festzuhalten. Im Einzelfall können allerdings die verfassungsrechtlichen Vorgaben des Justizgewährleistungsanspruchs in das einfache Insolvenzrecht einstrahlen. Nur wenn anspruchsspezifische Einwendungen auf Grundlage der Anmeldungsunterlagen und ggf. auch nach Erörterung im Prüfungstermin nicht im Ansatz erkennbar waren, ist der „Grund der Forderung" i.S.d. § 174 II InsO zu modifizieren bzw. zu begrenzen, um eine praktische Konkordanz zwischen den divergierenden Interessen herzustellen. Auf diesem Weg kann ein Ausgleich zwischen dem Rechtsschutzanliegen der Opponenten und dem Ziel einer größtmöglichen Verfahrensstringenz geschaffen werden.

Auch das erste SKL-M-Urteil ist mit diesem vermittelnden Ansatz im Ergebnis vereinbar: Die Kommissionsentscheidung, aus der sich final die

154 *Häsemeyer*, Insolvenzrecht, S. 26.

Nichtigkeit der Darlehensverträge ergab, erfolgte erst zwei Jahre nach Anmeldung (und Prüfung) der Forderungen. Ferner bestand infolge der gesellschaftsrechtlichen Verflechtungen Unklarheit darüber, ob Darlehens- und/oder Bereicherungsansprüche mit einem unterschiedlichen Rang zu berücksichtigen waren. Die Besonderheiten des Einzelfalls erforderten daher eine differenzierende Betrachtung des Forderungsgrundes, um den „übrigen Widerspruchsberechtigten [die] Gelegenheit zur Mitwirkung bei der Feststellung der Insolvenzforderungen [zu] erhalten.“[155]

In der Entscheidung, die dem Nichtzulassungsbeschluss vom 12.11.2015[156] zugrunde liegt, folgte das OLG Frankfurt a.M.[157] der Sache nach ebenfalls dem hier vertretenen Lösungsweg: Es hat in einer wertenden Einzelfallbetrachtung die Korrelation zwischen dem Grund der Anmeldung und dem Grund der Tabellenfeststellungsklage anhand des Schutzzwecks des § 181 InsO erörtert. Dabei kam das Gericht zu dem Ergebnis, dass „in Zusammenhang mit der Anmeldung die übrigen Gläubiger nicht gehindert [waren], sich sachgerecht zu äußern und sich gegenüber dem [Bereicherungs-[158]] Anspruch zu verteidigen“[159]. Eine insolvenzspezifische Modifikation des Forderungsgrundes war daher (verfassungsrechtlich) nicht geboten.

### 3. Bindungswirkung dem Rang nach

Mit der Einführung der Insolvenzordnung zum 01.01.1999 wurden die in der Konkursordnung bestehenden Vorrechte gemäß § 61 I Nr. 1-5 KO abgeschafft. Ein echtes Rangverhältnis unter denjenigen Gläubigern, die der Definition des § 38 InsO unterfallen, besteht heute nur noch im Hinblick auf die nachrangigen Gläubiger i.S.d. §§ 39, 327 InsO.[160] Da § 178 III InsO die Feststellung der Forderung „ihrem Rang nach“ mit einer Rechtskraftwirkung belegt, ist der Inhalt des zu fixierenden Haftungsrechts um diesen qualitativen Aspekt zu erweitern.[161]

---

155 BGH (Fn. 83), Rn. 19.
156 BGH (Fn. 91).
157 OLG Frankfurt (Fn. 93).
158 Anm. des Verfassers.
159 OLG Frankfurt (Fn. 93).
160 *Gerhardt*, Jaeger-InsO, § 178 Rn. 38.
161 *Eckardt*, KS-InsO, S. 557.

### a) Nachträgliche Inanspruchnahme eines besseren Rangs

Die Rangfrage wird praktisch nur relevant, wenn das Insolvenzgericht gemäß § 174 III InsO zur Anmeldung nachrangiger Forderungen aufgefordert hat. In diesen (seltenen) Fällen ist es denkbar, dass eine Forderung zunächst als nachrangig zur Tabelle festgestellt wird und der Gläubiger erst danach eine Stellung als einfacher Insolvenzgläubiger beansprucht, also die Nachrangigkeit seiner Forderung in Abrede stellt. Daraus ergeben sich mehrere Probleme. Erstens kann schon grundsätzlich die Zulässigkeit einer Änderung der Anmeldung nach rechtskräftiger Feststellung der Forderung zur Tabelle bezweifelt werden (aa). Ferner ist fraglich, ob für den Verwalter und opponierende Gläubiger mit Blick auf die zuvor erfolgte rechtskräftige Forderungsfeststellung noch die Möglichkeit besteht, die Verität der Forderung „nachträglich" zu bestreiten (bb). Ergänzend ist schließlich der „umgekehrte" Fall zu beleuchten, in dem eine Forderung zunächst als einfache Insolvenzforderung zur Tabelle festgestellt und sodann nach Aufforderung gemäß § 174 III InsO erneut als nachrangige Insolvenzforderung angemeldet wird (cc).

#### aa) Keine Notwendigkeit einer vorherigen Rücknahme der ersten Anmeldung

§ 177 I S. 3 InsO ordnet für die nachträgliche Änderung der Anmeldung eine entsprechende Geltung des § 177 I S. 2 InsO an. Aus dessen Wortlaut ergibt sich eindeutig die Möglichkeit, nach dem Prüfungstermin eine Neuanmeldung vorzunehmen. Eine „entsprechende" Anwendung der Vorschrift in den Fällen des § 177 I S. 3 InsO lässt also den Schluss zu, dass auch die Änderung der Anmeldung nach dem Prüfungstermin zulässig ist. Allerdings könnte die spätestens mit der Eintragung des Tabellenvermerks[162] aufkeimende Rechtskraftwirkung des § 178 III InsO einer nachträglichen Rücknahme derjenigen Anmeldung, die zur Feststellung

162 Strittig ist, durch welches Ereignis die Rechtskraftwirkung des § 178 III InsO ausgelöst wird: ob durch die Eintragung des Tabellenvermerks (so *Häsemeyer*, Insolvenzrecht, S. 623; *Schumacher*, MüKo-InsO, § 178 Rn. 58; *Sinz*, Uhlenbruck, § 178 Rn. 27) oder durch Nichtbestreiten der Forderung im Prüfungstermin bzw. Zeitpunkt der Beendigung des Prüfungstermins (so *Eckardt*, KS-InsO, S. 553).

der Forderung als „nachrangig" führte, entgegenstehen.[163] Bei genauerer Betrachtung ist eine vorherige Rücknahme im Rechtssinne allerdings nicht geboten, um dieselbe Forderung erneut mit einem besseren Rang im Insolvenzverfahren verfolgen zu können: Das ne bis in idem-Verbot greift nur bei identischem Verfahrensgegenstand ein.[164] Das Rechtsschutzbegehren, mit dem ein nachrangiges Haftungsrecht beansprucht wird, begründet jedoch einen anderen Verfahrensgegenstand als das Rechtsschutzbegehren, das auf eine „vollwertige" haftungsrechtliche Partizipation an der Masse im Rang des § 38 InsO gerichtet ist. Der Sache nach entspricht die nachträgliche Geltendmachung eines besseren Rangs vielmehr einer Neuanmeldung.[165]

Gegen diese Auffassung liegt der Einwand nahe, dass auf dieselbe Forderung im Insolvenzverfahren keine „doppelte Quote" infolge zweier Tabelleneinträge ausgeschüttet werden darf. Eine solch überobligatorische Ausschüttung wird hier aber keineswegs gefordert: Es kann nur der Anmeldung einer Forderung mit einem besseren Rang nicht per se die Rechtskraft der vorherigen Feststellung eines nachrangigen Haftungsrechts, das auf derselben Forderung gründet, entgegengehalten werden. Eine mehrfache wirtschaftliche Berücksichtigung derselben Forderung ist damit nicht zwangsläufig verbunden.[166] Selbst wenn die Verfahrensgegenstände nicht in dem genannten Aliud-Verhältnis, sondern in einem „Weniger-Mehr"-Verhältnis stünden,[167] könnte die rechtskräftige Feststellung eines nachrangigen Haftungsrechts - analog zur Behandlung von Teilklagen im Zivilprozess[168] - dem Begehren nach einer weitergehenden wirtschaftlichen Partizipation an der Masse nicht entgegengehalten werden.[169] Die Rechtskraftwirkung des § 178 III InsO hindert den Gläubiger mithin nicht,

---

163 Näher dazu *Berner/Willmer*, NZI 2015, 877 (880 f.); *Zenker*, BeckOK-InsO, § 177 Rn. 5.

164 *Gottwald*, MüKo-ZPO, § 322 Rn. 11; *Musielak*, Musielak/Voit, § 322 Rn. 9.

165 Ähnlich *Berner/Willmer*, NZI 2015, 877 (879).

166 Nach *Henckel*, FS Michaelis, S. 167 ist davon auszugehen, dass sich die Feststellung der Forderung als „nachrangig" mit der Feststellung eines besseren Rangs erledigt hat; *Gerhardt*, Jaeger-InsO, § 178 Rn. 84 verweist dagegen auf den Arglisteinwand.

167 In diesem Sinne ist wohl *Henckel*, FS Michaelis, S. 167 f. zu verstehen; ebenso *Gerhardt*, Jaeger-InsO, § 178 Rn. 41.

168 *Gottwald*, MüKo-ZPO, § 322 Rn. 125 ff. m.w.N.

169 So auch *Gerhardt*, Jaeger-InsO, § 178 Rn. 35, 80 f. im Hinblick auf die „zusätzliche Geltendmachung als Masseforderung nach Feststellung [der Forderung] zur Tabelle".

seine Anmeldung nach Feststellung der Forderung in Bezug auf den Rang zu ändern.

bb) Keine Präjudizialität der erstmaligen Feststellung.

Nach der hier vertretenen Ansicht bildet das eng definierte Haftungsrecht des Gläubigers den Verfahrensgegenstand und begrenzt damit gleichermaßen die vom Tabelleneintrag ausgehende Rechtskraft. Die Existenz der zugrunde liegenden Forderung wird von der Bindungswirkung des § 178 III InsO nicht erfasst, weil sie hinsichtlich des festzustellenden Haftungsrechts nur eine Vorfrage ist.

Nach der oben abgelehnten, aber noch weithin vertretenen Gegenauffassung[170] soll sich die Rechtskraft der Tabellenfeststellung indessen auch auf den Bestand der Forderung erstrecken. In der hier interessierenden Fallkonstellation wäre eine solche Bindung für die konkurrierenden Gläubiger ungünstig. Sie könnten - nachdem eine Forderung als nachrangig zur Tabelle festgestellt wurde - dem anschließenden Begehren des Gläubigers nach einem besseren Rang regelmäßig nicht mehr erfolgreich mit der Begründung entgegentreten, dass gegen die Forderung Einwendungen oder Einreden bestehen.[171]

Ein solches Ergebnis erscheint aus mehreren Gründen verfehlt. Zunächst bestand für diejenigen Opponenten, die aus dem ersten Prüfungstermin als einfache Insolvenzgläubiger hervorgegangen sind, kein evidenter Anlass zum Bestreiten von Forderungen, die als nachrangig angemeldet wurden.[172] Denn sie sahen sich aufgrund der (vermeintlich) vorrangigen Berichtigung ihrer Forderungen nicht in einem echten wirtschaftlichen Konkurrenzverhältnis zu den nachrangigen Gläubigern. Um sich alle Verteidigungsmöglichkeiten im Falle einer späteren Rangänderung zu erhalten, müssten die einfachen Insolvenzgläubiger auch nachrangig angemeldete Forderungen („vorsorglich") bestreiten. Aus verfahrensökonomischer Perspektive wäre die genannte Konsequenz absurd.

*Henckel* verweist in diesem Zusammenhang ergänzend auf eine Korrelation zwischen dem wirtschaftlichen Wert des verfahrensgegenständli-

---

170 S. oben Fn. 36, 69.

171 So implizit RGZ 144, 257 (269) bezogen auf den parallelen Fall der nachträglichen Anmeldung eines Vorrechts nach der KO.

172 *Spellenberg*, Gegenstand, S. 138.

chen Gläubigerrechts und dem Umfang der Rechtskraftwirkung.[173] Wer zunächst nur ein nachrangiges Haftungsrecht anmelde und damit der Prüfung unterwerfe, könne im Erfolgsfall die Früchte der Feststellung nicht reflexartig für eine erweiterte Partizipation an der Masse nutzbar machen. Es müsse für alle Beteiligten vorhersehbar sein, über welchen wirtschaftlichen Wert im Verfahren akut disponiert werde. Die Intensität, mit der die Beteiligten das Feststellungsverfahren betreiben, hänge maßgeblich von den betroffenen wirtschaftlichen Interessen ab. Dies gelte sowohl für die Bemühungen des anmeldenden Gläubigers als auch für den Verteidigungsaufwand der Opponenten. Die Rechtskraft der Feststellung dürfe sich deshalb nicht über das angemeldete Gläubigerrecht hinaus erstrecken.

Die Argumentation *Henckels* erinnert inhaltlich an die Begründung des BGH in den SKL-M-Urteilen[174]. Deren Ziel war es, die Verteidigungsmöglichkeiten der konkurrierenden Gläubiger zu wahren, indem sichergestellt wird, dass eine haftungsrechtliche Partizipation an der Masse nur erfolgt, wenn die betreffende Forderung zuvor Gegenstand eines Prüfungstermins war. Wenn die Feststellung einer Forderung als „nachrangig" für ein späteres Rangänderungsbegehren eine präjudizielle Wirkung entfalten würde, käme es zu einer partiellen Bindung im Hinblick auf ein (nicht nachrangiges) Haftungsrecht, das in dieser Form weder angemeldet noch geprüft wurde. Dass einem solchen Resultat zugleich verfassungsrechtliche Bedenken entgegenstehen, wurde an anderer Stelle bereits aufgezeigt.

Insgesamt führt die Auffassung *Spellenbergs* somit auch in diesem Kontext zu konsequenten, normativ überzeugenden Ergebnissen. Durch die enge Definition des Verfahrensgegenstands wird die Rechtskraftwirkung auf das Nötigste beschränkt. Damit entfallen Präjudizien, die eine Übervorteilung der Opponenten begünstigen.[175]

#### cc) Nachträgliche „Doppelanmeldung" einer nachrangigen Forderung

Wenn eine materiell-rechtlich als nachrangig zu qualifizierende Insolvenzforderung - wie etwa nach Eröffnung des Insolvenzverfahrens aufgelaufene Zinsen i.S.v. § 39 I Nr. 1 InsO - als einfache Insolvenzforderung zur Tabelle angemeldet wurde und in einem ersten Prüfungstermin unbestritten geblieben ist, treten die Rechtskraftwirkungen des § 178 III InsO insoweit

173 *Henckel*, FS Michaelis, S. 157 ff., 161 ff.
174 BGH (Fn. 83 und 87).
175 So auch *Gerhardt*, Jaeger-InsO, § 178 Rn. 41.

ein. Der Gläubiger kann auf Grundlage der Feststellung grundsätzlich die Aufnahme in das Verteilungsverzeichnis als einfacher Insolvenzgläubiger einfordern. Fraglich ist nun, wie damit umzugehen ist, wenn der Gläubiger dieselbe Nachrangforderung nach Aufforderung gemäß § 174 III InsO erneut zur Tabelle anmeldet. Zunächst müsste in einem besonderen Prüfungstermin nach § 177 II InsO auf die der Sache nach bestehende Doppelanmeldung hingewiesen und der Gläubiger zu einer Erklärung aufgefordert werden. Unproblematisch ist die Situation, wenn der Gläubiger seine Anmeldung daraufhin zurücknimmt. Tut er dies nicht oder wird die Doppelanmeldung nicht bemerkt, so gilt es, die „zweite" Anmeldung des Gläubigers auszulegen. Sofern der Gläubiger die Situation der Doppelanmeldung erfasst hat, kann in der „zweiten" Anmeldung ein konkludenter Verzicht auf die Wirkungen der vorherigen Feststellung im Rang des § 38 InsO erblickt werden. Die Situation ähnelt insoweit derjenigen, in der ein Gläubiger eine Forderung, die nach materiellem Recht als Masseverbindlichkeit zu qualifizieren ist, zur Insolvenztabelle anmeldet und damit ggf. konkludent auf eine bevorrechtigte Befriedigung verzichtet. Auf diesen Problemkreis wird im Folgenden noch näher einzugehen sein. Die Voraussetzungen und Rechtsfolgen eines Verzichts auf die Wirkungen der Forderungsfeststellung werden in einem gesonderten Abschnitt erörtert.[176]

### b) Feststellung von Masseverbindlichkeiten

#### aa) Rangverhältnis zwischen Masseverbindlichkeiten und Insolvenzforderungen

Um Missverständnissen vorzubeugen, sei vorab angemerkt, dass sonstige Masseverbindlichkeiten i.S.d. § 55 I InsO grundsätzlich erst nach Verfahrenseröffnung „begründet" werden können und daher nicht unter § 38 InsO fallen. Ein echtes Rangverhältnis im Rechtssinne besteht zwischen Masseverbindlichkeiten und Insolvenzforderungen somit scheinbar nicht. Die Äußerungen des BGH deuten stattdessen auf ein Aliud-Verhältnis zwischen Insolvenzforderungen und Masseverbindlichkeiten hin: So hat der IX. Zivilsenat[177] zutreffend ausgeführt, dass die Vorschriften über die Geltendmachung und Prüfung von Insolvenzforderungen nicht auf die

176 S. dazu Abschnitt B.II.2.b).
177 BGH (Fn. 79), Rn. 19.

Forderungen der Massegläubiger anwendbar seien; die Rechtskraftwirkungen des § 178 III InsO beträfen deshalb nur Insolvenzforderungen.

Trotzdem dient die Insolvenzmasse für Insolvenzforderungen wie für Masseverbindlichkeiten als gemeinsames Haftungsobjekt. Nach § 53 InsO sind die Masseverbindlichkeiten vorweg zu berichtigen. Die Forderungen der Insolvenzgläubiger gelangen erst zum Zuge, wenn die Masseverbindlichkeiten vollständig erfüllt wurden. Wenigstens aus wirtschaftlicher Perspektive besteht demnach durchaus ein Rangverhältnis zwischen Masse- und Insolvenzgläubigern in Bezug auf das gemeinsame Haftungsobjekt.[178] Die Behandlung von Masseverbindlichkeiten im Feststellungsverfahren, also die Situation, in der eine Masseverbindlichkeit entgegen der materiellen Rechtslage als Insolvenzforderung zur Tabelle festgestellt wird, ist deshalb zumindest strukturell mit der Rangfrage verbunden. Es drängt sich insofern ein Vergleich zum vorstehend behandelten Problemfall der „nachträglichen" Rangänderung auf.

#### bb) Besonderheiten „unechter" Masseverbindlichkeiten

Sogar die Annahme eines „echten" Rangverhältnisses zwischen Insolvenzforderungen und bestimmten Masseverbindlichkeiten erscheint - entgegen den pauschalen Ausführungen des IX. Zivilsenats - keineswegs ausgeschlossen. Die Insolvenzordnung kennt durchaus Konstellationen, in denen Gläubiger von Masseverbindlichkeiten potenziell auch der Definition des § 38 InsO unterfallen. Genannt seien an dieser Stelle exemplarisch die Fälle der §§ 55 IV, 270 b III, 324 InsO. Gemeinsam ist den dort genannten Verbindlichkeiten, dass sie bereits zur Zeit der Eröffnung des Insolvenzverfahrens begründet waren.[179] Die Inhaber der Forderungen sind daher nach dem Wortlaut des Gesetzes - soweit die übrigen Voraussetzungen des § 38 InsO ebenso erfüllt sind - als Insolvenzgläubiger zu identifizieren. Daraus folgert *Roth* unter Hinweis auf § 3 I KO: „Ein Gläubiger kann auch dann, wenn er Inhaber einer Masseforderung ist, zugleich Konkursgläubiger sein [...]."[180] Mit dieser Erkenntnis verschwimmt jedoch die kategoriale Unterscheidung zwischen Insolvenzforderungen und Masseverbindlichkeiten. Es wird offenbar, dass es in der definitorischen Macht

178 *Riedemann/Smid*, Massearmut und Masseunzulänglichkeit, S. 198 erkennen sogar ein Rangverhältnis im Rechtssinne an.

179 *Riedemann/Smid*, Massearmut und Masseunzulänglichkeit, S. 188 f.

180 *Roth*, ZInsO 2017, 617 (620).

des Gesetzgebers liegt, eine einfache Insolvenzforderung zur Masseschuld umzuqualifizieren. Demnach ist jedenfalls zwischen „unechten Masseverbindlichkeiten“[181] und Insolvenzforderungen auch ein Rangverhältnis im Rechtssinne anzunehmen.

### cc) Fehlerhafte Feststellung von Masseverbindlichkeiten zur Tabelle

Sofern eine nach materiellem Recht als Masseverbindlichkeit zu beurteilende Forderung zur Insolvenztabelle festgestellt wird (als Insolvenzforderung), ist schon im Ansatz streitig, ob und welche rechtlichen Wirkungen dies zeitigt. Eine verbreitete Auffassung schreibt der Feststellung einer Masseverbindlichkeit zur Tabelle gar keine rechtliche Bedeutung zu.[182] Die Tabelle könne einfach im Hinblick auf die fehlerhafte Eintragung „berichtigt“ werden.[183] Der BGH führt in diesem Kontext an, dass § 178 III InsO nur auf alle Insolvenzgläubiger Bezug nehme und den Feststellungseintrag gegenüber Massegläubigern gerade nicht mit einem rechtskräftigen Urteil gleichsetze.[184] Der Wortlaut des § 178 III InsO trägt die Begründung des BGH indessen nicht: § 178 III InsO schafft eine Rechtskraftbeziehung zwischen dem anmeldenden Forderungsprätendenten und den konkurrierenden Insolvenzgläubigern bzw. dem Verwalter. Es würde den Zweck der Rechtskraft - namentlich die Schaffung von Rechtssicherheit und Rechtsfrieden[185] - ad absurdum führen, wenn diese nur im Falle einer materiellen Insolvenzgläubigerstellung des Prätendenten einträte. Denn es könnte nicht mehr nach rein formalen Aspekten beurteilt werden, ob eine Rechtskraftwirkung besteht. Vielmehr müsste eine weitergehende, materiell-rechtliche Prüfung erfolgen. Wer Insolvenzgläubiger i.S.d. § 178 III InsO ist, beurteilt sich deshalb spätestens ab dem Zeitpunkt der Eintragung des Feststellungsvermerks nach der „formellen“ Rechtslage.

Gegen die Ansicht des BGH spricht ferner ein argumentum a fortiori: Falls eine real nicht bestehende Forderung zur Tabelle festgestellt wird, verhindert der materiell-rechtliche Mangel grundsätzlich nicht die Auf-

---

181 *Roth*, ZInsO 2017, 617 (621) verweist in diesem Kontext auf die Terminologie aus Zeiten der KO.

182 BGH (Fn. 79), Rn 18 ff.; *Becker*, NR-InsO, § 178 Rn. 29; *Pape/Schaltke*, KPB-InsO, § 178 Rn. 20 f.; *Specovius*, Braun-InsO, § 178 Rn. 23; siehe auch *Jungmann*, Schmidt-InsO, § 178 Rn. 23 f. m.w.N.

183 *Eickmann/Wimmer*, InsO-HdB, § 62 Rn. 31; *Specovius*, Braun-InsO, § 178 Rn. 23.

184 BGH (Fn.79), Rn. 20.

185 *Saenger*, Saenger-ZPO, § 322 Rn. 1.

nahme des betreffenden Gläubigers in das Verteilungsverzeichnis.[186] Dies folgt schon daraus, dass der Verwalter die Rechtskraft der Feststellung zu beachten hat; er kann dem erfolgreichen Prätendenten nicht ohne Weiteres die Partizipation an der Masse verwehren.[187] Wenn schon die Feststellung einer inexistenten Forderung eine Haftungspartizipation als „Insolvenzgläubiger" zu begründen vermag, muss dies erst recht gelten, wenn die Forderung immerhin besteht, aber materiell als Masseverbindlichkeit zu qualifizieren ist. Zumindest wenn die Forderung tatsächlich „als Insolvenzforderung" angemeldet und festgestellt wurde, bestehen gegen eine Anwendung des § 178 III InsO somit keine durchgreifenden Bedenken.[188]

#### dd) Unanwendbarkeit des ne bis in idem-Verbotes

Die Feststellbarkeit einer materiell als Masseverbindlichkeit zu beurteilenden Forderung führt zu einem Folgeproblem: Wenn mit der Feststellung auch die Qualifikation als „einfache Insolvenzforderung" in Rechtskraft erwüchse, könnte einer nachträglichen Geltendmachung derselben Forderung als Masseverbindlichkeit diese Rechtskraft entgegenstehen.[189] Spätestens an dieser Stelle offenbart sich das Analogon zum oben diskutierten Fall der nachträglichen Inanspruchnahme einer nicht-nachrangigen Insolvenzgläubigerstellung. Der Lösungsweg sollte parallel verlaufen: Das Begehren eines Haftungsrechts auf Grundlage einer Insolvenzforderung bezieht sich auf einen anderen Verfahrensgegenstand als die Geltendmachung derselben Forderung im „Rang" einer Masseverbindlichkeit. Der ne bis in idem-Einwand kann demjenigen, der erst nachträglich eine Befriedigung als Massegläubiger beansprucht, folglich nicht entgegengehalten werden. Gleiches gilt, sofern eine Teilidentität der Verfahrensgegenstände angenommen würde.[190] Es zeigt sich insofern, dass § 178 III InsO nur die positive Feststellung eines Haftungsrechts bewirkt, nicht jedoch in negati-

---

186 *Eckardt*, ZIP 1993, 1765 (1768 f.).

187 *Gerhardt*, Jaeger-InsO, § 178 Rn. 78, 81.

188 *Eckardt*, ZIP 1993, 1765 (1774).

189 SG Köln ZIP 1980, 35 (36); BGHZ 106, 134 (138) hat eine solche Rechtskraftwirkung zumindest angedeutet.

190 Dann wären die allgemeinen Grundsätze zur Teilklagen entsprechend anzuwenden, vgl. Fn. 168.

ver Hinsicht die Geltendmachung einer weitergehenden Partizipation an der Masse ausschließt.[191]

### ee) Abermals: Keine Präjudizialität der erstmaligen Feststellung

Die Forderung selbst als gegenständliches Element des Feststellungsverfahrens anzusehen, hätte in Bezug auf die hier erörterte Fallgruppe drastische Konsequenzen. Wird die Befriedigung als Massegläubiger erst „nachträglich" beansprucht, würde die vorherige Tabellenfeststellung ein Präjudiz schaffen, das alle Einwendungen gegen die Verität der Forderung ausschließt.[192] Dass eine solche präjudizielle Wirkung verfehlt ist, wurde bereits dargestellt.[193] Insbesondere die von *Henckel* postulierte Korrelation zwischen dem Umfang der Rechtskraftwirkung und dem wirtschaftlichen Wert des verfahrensgegenständlichen Gläubigerrechts erlangt in diesem Kontext besonderes Gewicht. Denn ein „Rangaufstieg" von einer einfachen Insolvenzforderung zur Masseverbindlichkeit bedingt regelmäßig nicht nur eine quotale Partizipation des „aufsteigenden" Gläubigers, sondern den Entzug des gesamten Forderungswertes aus der Masse. Die Auffassung *Spellenbergs* vermeidet die genannte Präjudizwirkung und erscheint daher (abermals) normativ vorzugswürdig.

### ff) Konkludenter Rangverzicht durch Forderungsanmeldung?

Zu erwägen bleibt, ob in der Anmeldung einer Masseverbindlichkeit zur Insolvenztabelle ein konkludenter Verzicht auf eine vorweggenommene Befriedigung (vgl. § 53 InsO) liegt.[194] Dieser Verzicht käme dann einem „Rangrücktritt" gleich, sodass die ehemalige Masseverbindlichkeit in ihrer neuen Gestalt als Insolvenzforderung auch tatsächlich anmeldbar wäre.[195] Die dargestellte Konstruktion beruht auf zwei Säulen: Zunächst müsste

---

191 BGH NZI 2012, 323 (324); *Jungmann*, Schmidt-InsO, § 178 Rn. 19; *Leithaus*, AL-InsO, § 178 Rn. 8; ähnlich *Steinbeck*, PU-InsO, § 178 Rn. 20, 22.

192 So z.B. OLG Schleswig ZInsO 2004, 687 (688 f.).

193 So im Ergebnis auch BGH (Fn. 79), Rn. 26.

194 Von der generellen Zulässigkeit eines solchen Verzichts geht BGHZ 106, 134 (138) implizit aus. Ebenso RGZ 98, 136 (138); BGH (Fn. 79), Rn. 23; *Gerhardt*, Jaeger-InsO, § 178 Rn. 82 ff.; *Riedemann/Smid*, Massearmut und Masseunzulänglichkeit, S. 209.

195 *Riedemann/Smid*, Massearmut und Masseunzulänglichkeit, S. 209.

der genannte „Rangrücktritt" als solcher rechtlich zulässig sein (1). Ferner sind die rechtsgeschäftlichen Anforderungen an einen Verzicht zu beachten (2).

(1) Dass Masseverbindlichkeiten und Insolvenzforderungen in Bezug auf die Insolvenzmasse als gemeinsames Haftungsobjekt in einem Rangverhältnis stehen, wurde bereits aufgezeigt.[196] Ein wesentlicher Unterschied besteht allerdings hinsichtlich der Nachhaftung. Zumindest für die während des Insolvenzverfahrens entstandenen Masseverbindlichkeiten haftet der Schuldner nach Verfahrensaufhebung regelmäßig nur mit der „nicht verwerteten Restmasse".[197] Für Insolvenzforderungen gilt nach § 201 I InsO - vorbehaltlich einer Restschuldbefreiung, vgl. § 201 III InsO - eine unbeschränkte persönliche Nachhaftung des Schuldners. Insoweit können die Insolvenzgläubiger nicht nur auf die Masse als separiertes Haftungsobjekt zugreifen, sondern nach Aufhebung des Verfahrens grundsätzlich auch auf das insolvenzbeschlagsfreie Vermögen. Ein Rangrücktritt von einer Masseverbindlichkeit zur einfachen Insolvenzforderung könnte demnach (reflexartig) zur persönlichen und grundsätzlich unbeschränkten Nachhaftung des Schuldners für die ursprüngliche Masseverbindlichkeit führen. Eine solche Wirkung zu Lasten des Schuldners bedürfte schon aus rechtsstaatlichen Gründen einer gesonderten gesetzlichen Anordnung. Allerdings haben *Riedemann* und *Smid*[198] überzeugend herausgearbeitet, dass gegen einen allein auf das Insolvenzverfahren bezogenen Rangrücktritt keine durchgreifenden Bedenken bestehen: Obwohl sich die relative Insolvenzquote angesichts der vergrößerten (Insolvenz-) Schuldenmasse durch einen Rücktritt verringere, werde die haftungsrechtliche Lage anderer Gläubiger nicht negativ beeinträchtigt. Denn durch den Verzicht des Massegläubigers auf die vorweggenommene Befriedigung erhöhe sich zugleich das auf die Insolvenzgläubiger zu verteilende Vermögen und damit die absolute Insolvenzquote. Im Übrigen sei eine Umqualifizierung von Masseverbindlichkeiten in § 55 III InsO sogar gesetzlich vorgesehen. Der

---

196 So auch *Riedemann/Smid*, Massearmut und Masseunzulänglichkeit, S. 198.

197 *Wegener*, Uhlenbruck, § 201 Rn. 17; so auch die überwiegende Meinung mit Blick auf den Wortlaut des § 201 I InsO: *Hintzen*, MüKo-InsO, § 201 Rn. 15; *Meller-Hannich*, Jaeger-InsO, § 201 Rn. 8; *Nicht*, BeckOK-InsO, § 201 Rn. 10; *Kießner*, FK-InsO, § 201 Rn. 5; *Kirchner*, RSZ-InsO, § 201 Rn. 3b; *Westphal*, NR-InsO, §§ 201-202 Rn. 8; wohl auch BGH NZI 2009, 841 (842 f.); a.A. *Häsemeyer*, Insolvenzrecht, S. 709 ff.; *Herchen*, HaKo-InsO, § 201 Rn. 6; *Runkel/Schnurbusch*, NZI 2000, 49 (57).

198 *Riedemann/Smid*, Massearmut und Masseunzulänglichkeit, S. 199, 202.

Schuldner könne sich gegenüber der persönlichen Inanspruchnahme nach § 201 I InsO mit dem Einwand verteidigen, dass der Verzicht auf die Befriedigung als Massegläubiger nicht zu seinen Lasten wirke. Methodisch lässt sich der vorgestellte Lösungsansatz am einfachsten durch eine teleologische Reduktion des § 201 I InsO umsetzen. Um einen Widerspruch mit dem Wortlaut des § 201 I InsO zu vermeiden, könnte der Verzicht auch nur bedingen, dass die Masseverbindlichkeit allein haftungsrechtlich wie eine einfache Insolvenzforderung behandelt wird. Sie bliebe damit eine Masseverbindlichkeit, es fänden jedoch die Feststellungs- und Verteilungsvorschriften für Insolvenzforderungen Anwendung. Unabhängig vom methodischen Ansatz ist jedenfalls in der Sache von der Möglichkeit eines Rangrücktritts der Massegläubiger auszugehen.

(2) Für die Änderung von Schuldverhältnissen ergibt sich aus § 311 I BGB die Notwendigkeit eines Vertragsschlusses. Die einseitige Änderung eines Schuldverhältnisses ist dagegen nur bei ausdrücklicher gesetzlicher Anordnung möglich.[199] Für einen Rangrücktritt reicht daher eine einseitige Erklärung des Gläubigers mit dem Inhalt, auf eine bevorzugte Befriedigung als Massegläubiger zu verzichten, nicht aus. Zwar wird durch die Herabstufung einer Masseverbindlichkeit zur Insolvenzforderung im Kern keine Schuld im Sinne einer persönlichen Pflicht zur Leistungserbringung[200] verändert. Stattdessen soll eine von der gesetzlichen Konzeption abweichende Regelung über die haftungsrechtliche Partizipation des Gläubigers getroffen werden. Wenn aber das Haftungsregime in der Insolvenz zum Schuldverhältnis im weiteren Sinne gehört, dann kann eine Rangrücktrittsvereinbarung mit den Worten des BGH durchaus als „verfügender Schuldänderungsvertrag"[201] qualifiziert werden. Als Vertragspartner des Gläubigers kommt m.E. nur der Insolvenzverwalter in seiner treuhänderischen Funktion in Betracht, da ihm nach Eröffnung des Insolvenzverfahrens gemäß § 80 I InsO die alleinige Verfügungsbefugnis über die Insolvenzmasse zusteht.[202]

---

199 *Emmerich*, MüKo-BGB, § 311 Rn. 12.

200 *Brox/Walker*, SchuldR AT, § 2 Rn. 19; siehe zur Unterscheidung von Schuld und Haftung auch unter B.I.1.c).bb).

201 So BGHZ 204, 231 (244, Rn. 32), allerdings betraf die Entscheidung eine Rangrücktrittsvereinbarung nach § 39 II InsO.

202 *Vuia*, MüKo-InsO, § 81 Rn. 5 folgert aus § 80 I InsO ein umfassendes „*Verwaltungsmonopol des Verwalters*", das generell alle für die Masse vorteilhaften Rechtshandlungen - wie etwa den Erlass einer Insolvenzforderung - erfasst. Bei wirtschaftlicher Betrachtung ist der Rangrücktritt mit einer Verkürzung

Nachdem abstrakt die rechtsgeschäftlichen Strukturen eines Rangrücktritts durch einen Massegläubiger dargestellt wurden, sind nun die konkreten Anforderungen an den Abschluss eines entsprechenden Vertrages zu beleuchten. Mit der Anmeldung einer Masseverbindlichkeit zur Tabelle könnte der Gläubiger konkludent den Vertragsschluss antragen.[203] Die Annahme des Verwalters würde sodann - ebenso konkludent - durch die Aufnahme der Forderung in die Insolvenztabelle erfolgen, wobei der Zugang der Annahmeerklärung gemäß § 151 S. 1 BGB ggf. verzichtbar ist. Es erscheint jedoch fragwürdig, ob mit der schlichten Tabellenanmeldung stets die verobjektivierbare Erklärung verbunden ist, dass die angemeldete Masseverbindlichkeit nunmehr haftungsrechtlich wie eine Insolvenzforderung behandelt werden soll. Der objektive Erklärungsgehalt hängt vielmehr vom jeweiligen Einzelfall ab. Pauschal lässt die kommentarlose Anmeldung einer materiell-rechtlich als Masseverbindlichkeit zu qualifizierenden Forderung noch keinen Rangrücktrittswillen erkennen. Erst wenn der Verwalter davon ausgehen darf, dass der Gläubiger die Forderung selbst als Masseverbindlichkeit identifiziert hat und sie dennoch zur Tabelle anmeldet, kommt ein solcher Erklärungswert in Betracht. Ansonsten deutet das Verhalten des anmeldenden Massegläubigers eher auf einen erkennbaren Irrtum über die Unanmeldbarkeit von Masseforderungen oder deren insolvenzrechtliche Qualifikation hin. Selbst wenn der objektive Erklärungsgehalt der Anmeldung im Sinne eines Rangrücktritts zu deuten wäre, muss der Gläubiger die Erklärung bei einem vom Verwalter erkannten Irrtum nicht gegen sich gelten lassen.[204] Eine konkludente Rangrücktrittserklärung durch die Anmeldung einer Masseverbindlichkeit zur Insolvenztabelle ist mithin nur anzunehmen, wenn besondere Umstände darauf schließen lassen, dass der Gläubiger die wahre insolvenzrechtliche Qualifikation seiner Forderung erkannt hat und in Kenntnis dessen eine Anmeldung zur Tabelle „als Insolvenzforderung“ vornimmt.

---

der sog. Passivmasse vergleichbar und somit dem Verwalter vorbehalten; vgl. auch *Häsemeyer*, Insolvenzrecht, S. 250; *Windel*, Jaeger-InsO, § 80 Rn. 65; *Mock*, Uhlenbruck, § 81 Rn. 10; *Sternal*, Schmidt-InsO, § 81 Rn. 5 a.E.; im Unterschied zu einer Vereinbarung nach § 39 II InsO kann der hier behandelte Rangrücktritt regelmäßig erst nach Verfahrenseröffnung vereinbart werden, sodass die Rechtszuständigkeit nicht mehr beim Schuldner liegt; laut *Ehricke/Behme*, MüKo-InsO, § 39 Rn. 94 kann eine Vereinbarung gemäß § 39 II InsO nach Verfahrenseröffnung daher auch mit dem Verwalter geschlossen werden; ebenso *Lüdtke*, HaKo-InsO, § 39 Rn. 68.

203 So jedenfalls *Gerhardt*, Jaeger-InsO, § 178 Rn. 82.

204 *Armbrüster*, MüKo-BGB, § 119 Rn. 63; *Singer*, Staudinger, § 119 Rn. 39.

## II. Subjektive Rechtskraftdimension

Ausgehend von den gewonnenen Erkenntnissen zur objektiven Rechtskraftdimension geht es im folgenden Abschnitt um die individuellen Rechtskraftwirkungen für die Hauptakteure des Insolvenzverfahrens.

### 1. Insolvenzverwalter

Zunächst soll die Relevanz der rechtskräftigen Forderungsfeststellung für den Insolvenzverwalter behandelt werden. In diesem Zusammenhang gilt es primär zu klären, warum dieser als Amtswalter überhaupt von § 178 III InsO adressiert wird und welche konkreten Folgen die Rechtkraft für ihn zeitigt.

#### a) Aufstellung des Verteilungsverzeichnisses

Die besondere Rolle des § 178 III InsO tritt erst im Gesamtkontext der insolvenzrechtlichen Verfahrensstruktur klar hervor. Anders als in der Einzelzwangsvollstreckung ist in der Gesamtvollstreckung kein individueller Leistungstitel eines jeden Gläubigers erforderlich.[205] Gegen den Insolvenzverwalter ist eine Leistungsklage samt darauffolgender Individualzwangsvollstreckung zur Durchsetzung der insolvenzmäßigen (quotalen) Befriedigung weder zulässig noch nötig. *Spellenberg* hat diesbezüglich pointiert bemerkt, dass eine von der Universalvollstreckung losgelöste Individualvollstreckung hinsichtlich der Quote ein „unsinniges Ergebnis" darstellen würde.[206] Die Vorschriften der Insolvenzordnung sind insoweit abschließend.

##### aa) Grundsatz: Bindung an die festgestellten Forderungen

An die Stelle eines vollstreckbaren Leistungsurteils tritt im Feststellungsverfahren strukturell die rechtskräftige Feststellung der Forderung zur Tabelle gemäß § 178 I, III InsO.[207] Inhaltlich wird damit nach überzeugen-

205 Nach *Spellenberg*, Gegenstand, S. 12 ff.
206 *Spellenberg*, Gegenstand, S. 14.
207 *Spellenberg*, Gegenstand, S. 12 ff.; s. oben B.I.1.

der Auffassung das Haftungsrecht des anmeldenden Gläubigers manifestiert. Der Verwalter als Hauptakteur des Gesamtvollstreckungsverfahrens ist an die rechtskräftige Feststellung gebunden.[208] Dementsprechend erkennt *Smid* die „Besonderheit" des § 178 III InsO in der „Bindung des Insolvenzverwalters an die Tabelle bei der Errichtung des Verteilungsverzeichnisses".[209] Es bedarf demnach keines zusätzlichen, individuellen Vollstreckungsauftrags eines jeden Gläubigers, um eine der Insolvenzquote entsprechende Zahlung zu veranlassen.

#### bb) Ausnahme: Insolvenzspezifische Modalitäten

(1) Die soeben postulierte Bindung des Verwalters an die Tabelleneintragungen ist nur ein Grundsatz, der Ausnahmen zulässt. Denn mit der Forderungsfeststellung wird eben nicht unmittelbar ein „Anspruch" auf Aufnahme in das Verteilungsverzeichnis tituliert.[210] Mag die genannte Bindung zwar regelmäßig bestehen, so erscheint sie dennoch in bestimmten Situationen zweifelhaft.

Erörterungsbedürftig sind insbesondere Fälle, in denen die Insolvenzforderung eines Gläubigers durch ein Absonderungsrecht gesichert wird. Nach § 52 S. 1 InsO sind absonderungsberechtigte Gläubiger zugleich Insolvenzgläubiger, „soweit ihnen der Schuldner auch persönlich haftet". Die Formulierung des Gesetzgebers deckt sich mit dem Ergebnis einer schlichten Subsumtion unter § 38 InsO. Zur anteilsmäßigen Befriedigung aus der Insolvenzmasse sind die absonderungsberechtigen, persönlichen Gläubiger gemäß § 52 S. 2 InsO allerdings nur berechtigt, soweit sie auf eine abgesonderte Befriedigung verzichten oder bei ihr ausfallen. Sie partizipieren daher - soweit sie weder verzichten noch einen Ausfall hinnehmen müssen - gerade nicht quotal an der Masse.[211] Der absolute Auszahlungsbetrag im eigentlichen Verteilungsverfahren (d.h. vorbehaltlich etwaiger Zahlungen nach § 170 I S. 2 InsO) bleibt folglich hinter demjenigen Betrag zurück, der sich regulär aus dem Verhältnis der Gesamtschuldenmasse zum festgestellten Forderungsbetrag ergeben würde. Dementsprechend bildet der Inhalt der Insolvenztabelle für die absonderungsberechtigten, persönlichen Gläubiger gerade keine abschließende Grundlage

---

208 *Becker*, NR-InsO, § 178 Rn. 24.
209 *Smid*, Forderungen, S. 177; ähnlich *Berner/Willmer*, NZI 2015, 877 (882).
210 *Eckardt*, KS-InsO, S. 560 f.
211 *Nicht*, BeckOK-InsO, § 190 Rn. 3.

für das Verteilungsverfahren.[212] Vielmehr ist der im Verteilungsverzeichnis auszuweisende Betrag, der auf die „anteilsmäßige Befriedigung" entfällt, von weiteren Faktoren - namentlich dem Umfang des Ausfalls oder Verzichts - abhängig.

(2) In diesem Kontext liegt der Gedanke nahe, dass eine Aufweichung der Korrelation zwischen Tabelleninhalt und Verteilungsverzeichnis mit einer Durchbrechung der von § 178 III InsO angeordneten Rechtskraft verbunden ist. Doch der Schein trügt: Die objektive Rechtskraftdimension des § 178 III InsO erfasst nur das Haftungsrecht des Gläubigers.[213] Es wird mithin festgestellt, dass die Insolvenzmasse für den Betrag der angemeldeten Forderung dem Zugriff des Gläubigers nach Maßgabe der insolvenzrechtlichen Verfahrensvorgaben unterliegt. Indessen ergibt sich aus dem Wortlaut des § 50 I InsO fraglos, dass die Absonderungsgegenstände Bestandteile der Insolvenzmasse sind.[214] Wenn nun die Haftung der Masse für die Forderung eines persönlichen, absonderungsberechtigten Gläubigers durch die Rechtskraftwirkung des § 178 III InsO manifestiert wird, so berührt es den Gegenstand dieser Feststellung gerade nicht, wenn § 52 S. 2 Alt. 1 InsO anordnet, dass der Gläubiger seine Befriedigung innerhalb der Insolvenzmasse vorrangig aus dem Absonderungsgegenstand suchen soll. Inhaltlich betrifft § 52 S. 2 InsO damit - anders als § 178 III InsO - nicht die Frage, ob überhaupt eine Haftung der Masse besteht, sondern nur den Modus der Haftungsrealisation.[215] Daraus folgt wiederum, dass eine Abweichung von der regelmäßigen Korrelation zwischen Tabelleninhalt und Verteilungsverzeichnis in den Fällen der abgesonderten Befriedigung gerade nicht mit einer Durchbrechung der von § 178 III InsO angeordneten Rechtskraft einhergeht.

(3) Die Rechtskraftwirkung des § 178 III InsO gebietet somit nicht generell, dass zu jeder in der Tabelle festgestellten Forderung reziprok ein Pendant in das Verteilungsverzeichnis aufgenommen werden muss. Viel-

212 *Nicht*, BeckOK-InsO, § 190 Rn. 3 f. (bzgl. Verwertung durch Gläubiger); *Pehl*, Braun-InsO, § 190 Rn. 15 (bzgl. Verwertung durch Verwalter).

213 S. oben B.I.1.

214 Dazu näher *Ganter*, MüKo-InsO, vor §§ 49-52 Rn. 3.

215 Den absonderungsberechtigten Gläubigern, denen der Schuldner zugleich persönlich haftet, bleibt es natürlich unbenommen, auf eine Anmeldung ihrer Forderung zur Tabelle gänzlich zu verzichten und ausschließlich eine Befriedigung aus dem Pfandrecht zu suchen (ggf. im Wege der Pfandklage), vgl. *Ganter*, MüKo-InsO, § 52 Rn. 16; *Brinkmann*, Uhlenbruck, § 50 Rn. 60.

mehr ist zu differenzieren: Der „Gleichlauf" zwischen dem ursprünglichen Tabelleninhalt (am Ende des Prüfungstermins) und dem Verteilungsverzeichnis kann aus zwei verschiedenen Gründen gestört werden. Einerseits können Einwendungen entstehen, die das festgestellte Haftungsrecht betreffen. Zu nennen ist hier beispielsweise ein nachträgliches Erlöschen der dem Haftungsrecht zugrundeliegenden Forderung (z.B. gemäß §§ 362 I, 389 BGB). Andererseits existieren mit dem dargestellten Vorrang der abgesonderten Befriedigung insolvenzspezifische Modalitäten, die ggf. verhindern, dass der Tabelleninhalt äquivalent im Verteilungsverzeichnis abzubilden ist. In den erstgenannten Fallkonstellationen kann ein Erlöschen des Haftungsrechts grundsätzlich nur in den engen Grenzen des § 767 ZPO (insb. § 767 II ZPO) geltend gemacht werden.[216] Im Übrigen steht der erfolgreichen Erhebung solcher Einwendungen grundsätzlich die Rechtskraft der Tabellenfeststellung entgegen.[217] Die Prozessführungslast für eine Klage nach § 767 ZPO trägt regelmäßig der Verwalter. Ihm obliegt es, die (materiell) unberechtigte Aufnahme des Gläubigers in das Verteilungsverzeichnis abzuwehren. Dagegen ist es in den Fällen der §§ 52 S. 2 Alt. 1, 190 I InsO Aufgabe des Gläubigers, einen Ausfall oder Verzicht nachzuweisen und damit selbst die Aufnahme in das Verteilungsverzeichnis zu initiieren.

(4) Die vorstehenden Ausführungen erklären zugleich die Behandlung der sog. Ausfallforderungen im Feststellungsverfahren. Nach wohl überwiegender Auffassung sind die persönlichen Forderungen absonderungsberechtigter Gläubiger in vollem Umfang zur Tabelle festzustellen.[218] Es existiert demnach von Rechts wegen keine Möglichkeit, die Feststellung auf den Ausfall zu beschränken oder die Forderung in Höhe des (potenziellen) Verwertungserlöses zu bestreiten. [219] Der alternativ denkbare Weg, bei dem zunächst ein Verwertungserlös ermittelt (bzw. geschätzt) wird

216 *Gerhardt*, Jaeger-InsO, § 178 Rn. 106; *Berner/Willmer*, NZI 2015, 877 (880).

217 *Becker*, NR-InsO, § 178 Rn. 24; *Jungmann*, Schmidt-InsO, § 178 Rn. 19; *Sinz*, Uhlenbruck, § 178 Rn. 25; *Zenker*, BeckOK-InsO, § 178 Rn. 24.

218 BGH NJW 1985, 271 (272); *Eckardt*, KS-InsO, S. 560 f.; *Schumacher*, MüKo-InsO, § 178 Rn. 64; *Sinz*, Uhlenbruck, § 178 Rn. 36 ff.; a.A. *Specovius*, Braun-InsO, § 178 Rn. 18; wohl auch *Beck*, Anwaltshandbuch, § 24 Rn. 23 f.

219 Ganz h.M.: BGH WM 1957, 1225 (1226); *Eckardt*, KS-InsO, S. 533; *Gerhardt*, Jaeger-InsO, § 178 Rn. 65, 70 ff.; *Pape/Schaltke*, KPB-InsO, § 178 Rn. 24; *Sinz*, Uhlenbruck, § 178 Rn. 36; laut *Schumacher*, MüKo-InsO, § 178 Rn. 64 ist dies jedoch in der Praxis durchaus üblich, obgleich sich daraus keine inhaltliche Beschränkung ergibt; a.A. *Specovius*, Braun-InsO, § 178 Rn. 19.

und erst danach eine Feststellung des noch offenen Forderungsrests im Hinblick auf die anteilsmäßige Befriedigung erfolgt, wurde vom Gesetzgeber bewusst nicht gewählt. Dieser Weg würde auch das Ziel einer umfassenden Manifestation der Haftungsrechte persönlicher Gläubiger im Feststellungsverfahren verfehlen.[220] Die §§ 52 S. 2, 190 I InsO sind nach der hier vertretenen Ansicht keine Normen, die eine Durchbrechung der von § 178 III InsO angeordneten Rechtskraft erlauben. Unter dieser Prämisse ist die gemeinhin anerkannte vollumfängliche Feststellung von Ausfallforderungen[221] nur plausibel, wenn § 178 III InsO einer um den Verwertungserlös verminderten Berücksichtigung dieser Forderungen im Verteilungsverzeichnis gerade nicht entgegensteht.[222] Das vorstehend erörterte Konzept, wonach insolvenzspezifische Modalitäten bei der Aufstellung des Verteilungsverzeichnisses ohne Rücksicht auf die rechtskräftige Feststellung des vollen Forderungsbetrages zu beachten sind, fügt sich deshalb nahtlos in überkommene Systematik ein. Zusammenfassend bleibt zu konstatieren, dass die Feststellung einer Forderung zur Insolvenztabelle zwar eine notwendige, jedoch nicht zwangsläufig eine hinreichende Bedingung für die Aufnahme eines Gläubigers in das Verteilungsverzeichnis darstellt.

### b) Nachträgliches Bestreiten durch den Verwalter

Nach überwiegender Auffassung führt die Rechtskraftwirkung des § 178 III InsO dazu, dass auch der Verwalter mit nachträglichen Einwendungen gegen den Bestand des festgestellten Haftungsrechts - wie im Falle eines gerichtlichen Urteils - ausgeschlossen wird.[223] Es bleiben „nur noch solche Rechtsbehelfe zulässig […], die gegen rechtskräftige Urteile ergriffen werden können“.[224]

---

220 Ähnlich *Eckardt*, KS-InsO, S. 560.

221 S. oben Fn. 219.

222 Die „gelebte Praxis“, in der die Feststellung bisweilen „auf den Ausfall“ beschränkt wird, unterscheidet sich zumindest im Ergebnis nicht von der hier vertretenen Auffassung. Ihr liegt nur ein anderes Verständnis des § 178 III InsO zugrunde, weil sie von einem strikten Gleichlauf zwischen Tabelleninhalt und Verteilungsverzeichnis ausgeht. Deshalb verlagert sie die Berücksichtigung des Verwertungserlöses vom Verteilungs- auf das Feststellungsverfahren.

223 BGH NZI 2010, 345; BGH NZI 2014, 693; *Becker*, NR-InsO, § 178 Rn. 6; *Gerhardt*, Jaeger-InsO, § 178 Rn. 103 ff.; *Leithaus*, AL-InsO, § 178 Rn. 8; *Schumacher*, MüKo-InsO, § 178 Rn. 59; *Specovius*, Braun-InsO, § 178 Rn. 24; *Thiele*, KK-InsO, § 178 Rn. 96; *Zenker*, BeckOK-InsO, § 178 Rn. 24.

224 BGH NZI 2010, 345.

Hier hat *Smid*[225] kritisch hinterfragt, ob das „nachträgliche" Bestreiten einer rechtskräftig zur Tabelle festgestellten Forderung durch den Verwalter tatsächlich nur in den Grenzen der §§ 578 ff. bzw. § 767 II ZPO möglich ist. Diese Überlegung schlichtweg als „systemwidrig" zu verwerfen[226], wird dem argumentativen Aufwand, der dem Beitrag zugrunde liegt, in keiner Weise gerecht. Vielmehr ist eine inhaltliche Auseinandersetzung mit den dort aufgezeigten Bedenken gegen die herrschende Meinung geboten.

#### aa) Keine gerichtliche Rechtserkenntnis bei freiwilliger Forderungsfeststellung

Den Ansatzpunkt für *Smids* Überlegungen bildet der Umstand, dass die Feststellungswirkung gemäß § 178 III InsO regelmäßig nicht auf einer Rechtserkenntnis durch ein Gericht, sondern im Kern auf dem unterbliebenen Widerspruch des Verwalters bzw. der Opponenten gegen das angemeldete Gläubigerrecht beruht. Deshalb sei eine umfassende Rechtskraftwirkung, die auch nachträgliche Widersprüche ausschließt, jedenfalls nicht dadurch gerechtfertigt, „dass andernfalls die prozessgerichtliche Rechtserkenntnis ihrer Wirkung beraubt würde"[227]. Es liege daher nahe, die beschränkende Vorschrift des § 767 II ZPO wie in den Fällen des § 797 IV ZPO unangewendet zu lassen.[228]

Dieser Gedankenschritt ist im Grundsatz nachvollziehbar: § 797 ZPO regelt in seinem direkten Anwendungsbereich die Vollstreckung aus vollstreckbaren Urkunden. Ein Kernelement dieser Urkunden ist die sog. Unterwerfungserklärung als einseitige Prozesshandlung.[229] Soweit dem Nichtbestreiten einer angemeldeten Forderung - wie bisweilen vertreten - die Wirkung eines stillschweigenden Anerkenntnisses zugeschrieben wird,[230] beruht zumindest die freiwillige Tabellenfeststellung ebenfalls auf einer „Erklärung" der Beteiligten. Denn § 178 I InsO misst dem „Schweigen" in Form des unterbliebenen Widerspruchs rechtliche Bedeutung zu (sog. normiertes Schweigen[231]). In ihrer Genese ist die freiwillige Forderungsfest-

225 *Smid*, FS Beck, S. 483 ff.
226 So *Zenker*, BeckOK-InsO, § 178 Rn. 24.
227 *Smid*, FS Beck, S. 503.
228 *Smid*, FS Beck, S. 503.
229 *Lackmann*, Musielak/Voit, § 794 Rn. 35.
230 RGZ 55, 157 (160); *Schumacher*, MüKo-InsO, § 178 Rn. 2.
231 Vgl. *Busche*, MüKo-BGB, § 147 Rn. 8.

stellung einer vollstreckbaren Urkunde also deutlich ähnlicher als einem gerichtlichen Urteil.

### bb) Vergleich zu Wirkungen der Säumnis im Zivilprozess

*Gerhardt* lehnt eine Ähnlichkeit zwischen dem Nichtbestreiten einer Forderung im Prüfungstermin und dem prozessualen Anerkenntnis explizit ab: Die Feststellungswirkung beruhe schlicht auf einem Unterlassen,[232] das keinen spezifischen Erklärungsgehalt aufweise. Diese Aussage legt einen Vergleich zu den Wirkungen der Säumnis des Beklagten im Zivilprozess nahe.[233] Dass ein Versäumnisurteil eine materielle Rechtskraft erzeugt,[234] wird - soweit ersichtlich - nicht bestritten. Ein zentraler Unterschied zwischen dem Versäumnisurteil nach § 331 ZPO und der freiwilligen Forderungsfeststellung nach § 178 I S. 1 Alt. 1 InsO liegt jedoch in der fehlenden Schlüssigkeitsprüfung durch ein Gericht. Im Zivilprozess darf ein Versäumnisurteil nicht allein als Folge der Säumnis des Beklagten erlassen werden.[235] Vielmehr ist auf Basis des tatsächlichen mündlichen Vorbringens des Klägers eine begrenzte Sachprüfung vorzunehmen.[236] Eine solche Prüfung erfolgt im Rahmen der freiwilligen Forderungsfeststellung gerade nicht. Eine Parallelwertung zu den Folgen der Säumnis im Zivilprozess ist daher für sich genommen ebenfalls ungeeignet, um die extensive Rechtskraftwirkung des § 178 III InsO zu erklären.

### cc) Kein Umkehrschluss aus § 186 I InsO

Ein Argument gegen die Auffassung *Smids* könnte aus § 186 I InsO folgen. Die Norm eröffnet für den Schuldner bei Säumnis des Prüfungstermins die Möglichkeit einer Wiedereinsetzung in den vorherigen Stand in gesetzlicher Analogie zu den §§ 233-236 ZPO. Die InsO sieht mithin unter bestimmten Voraussetzungen eine Gelegenheit zur „Nachholung" des Schuldnerwiderspruchs vor. Aus dem Umstand, dass eine solche Option nur für den Schuldner geregelt wurde, könnte auf die generelle Unzuläs-

232 *Gerhardt*, Jaeger-InsO, § 178 Rn. 3.
233 So im Ansatz auch *Smid*, FS Beck, S. 502.
234 *Prütting*, MüKo-ZPO, § 331 Rn. 39.
235 *Prütting*, MüKo-ZPO, § 331 Rn. 3.
236 *Stadler*, Musielak/Voit, § 331 Rn. 7.

sigkeit eines nachträglichen Bestreitens durch den Verwalter geschlossen werden.[237] *Smid* hält diesen Begründungsansatz jedoch für nicht stichhaltig: § 186 I InsO sei eine Regelung, die ausschließlich das Verhältnis zwischen Gläubigern und Schuldner erfasse.[238] Der Verwalter in seiner Funktion als Amtswalter könne den Prüfungstermin aber gar nicht im Rechtssinne versäumen.[239] Insofern sei eine Regelung wie die des § 186 I InsO in Bezug auf den Verwalter schlichtweg nicht erforderlich.[240] Damit entfällt zugleich die methodische Grundlage, für das genannte argumentum e contrario.

Bei genauerer Betrachtung ist der scheinbare Umkehrschluss aus § 186 I InsO noch einem viel gewichtigeren Einwand ausgesetzt: Die Regelung zur Nachholung des schuldnerischen Widerspruchs trifft gerade keine Aussage dazu, wie die Feststellungswirkung beschaffen ist, die im Falle einer erfolgreichen Wiedereinsetzung suspendiert wird. Ob dem Schuldner nur die Möglichkeit gegeben werden soll, die Entstehung eines Vollstreckungstitels gemäß § 201 II S. 1 InsO zu verhindern oder ob der Schuldner bei Scheitern der Wiedereinsetzung auch inhaltlich in den Grenzen des § 767 II ZPO präkludiert ist, kann dem Wortlaut des § 186 I InsO nicht entnommen werden. Aus der fehlenden Wiedereinsetzungsoption des Verwalters ließe sich lediglich folgern, dass dieser nicht berechtigt ist, die Feststellung der Forderung zur Tabelle ohne Erhebung einer Vollstreckungsgegenklage durch ein nachträgliches Bestreiten zu revidieren. Für den Umfang der von § 178 III InsO erzeugten Rechtskraft und die Frage, ob für die Vollstreckungsgegenklage die beschränkende Vorschrift des § 767 II ZPO Anwendung findet, kann aus dem behaupteten Gegenschluss nichts abgeleitet werden.

#### dd) Rechtsprechung des BFH zu § 130 AO

Die These, nach der eine teleologische Reduktion des § 178 III InsO geboten ist, wird laut *Smid* durch die finanzgerichtliche Rechtsprechung zu § 130 AO flankiert.[241] Denn der BFH legt § 178 III InsO ebenfalls

237 *Sinz*, Uhlenbruck, § 176 Rn. 29; *Specovius*, Braun-InsO, § 176 Rn. 5; in Bezug auf einen nachträglichen Widerspruch opponierender Gläubiger auch *Becker*, NR-InsO, § 176 Rn. 11.
238 *Smid*, FS Beck, S. 504.
239 *Smid*, FS Beck, S. 506.
240 *Smid*, FS Beck, S. 506.
241 *Smid*, FS Beck, S. 504 f.

einschränkend aus: „Der Eintragung zur Insolvenztabelle [kommt] bei Ansprüchen aus dem Steuerschuldverhältnis dieselbe Wirkung [zu] wie der beim Bestreiten vorzunehmenden Feststellung gemäß § 185 InsO i.V.m. § 251 III AO und [kann] wie diese unter den Voraussetzungen des § 130 AO geändert werden".[242] Kurz gesagt: Die Rechtskraftwirkung des § 178 III InsO steht in den Fällen unbestritten festgestellter Steuerforderungen unter dem Vorbehalt des § 130 AO. Laut BFH sei kein sachlicher Grund erkennbar, der es rechtfertigt, der Eintragung aufgrund bloßer Feststellung ohne Bestreiten eine weitergehende Bindungswirkung als einem Bescheid nach § 185 InsO i.V.m. § 251 III AO zuzubilligen.[243] *Smid* nimmt diese Judikatur zum Anlass, die einschränkende Auslegung des § 178 III InsO über den Bereich des Steuerverfahrensrechts hinaus auszudehnen, und zieht eine Parallele zur Säumnis im Zivilprozess: Er verweist darauf, dass der „Tabelleneintrag aufgrund versäumten Bestreitens" keine weitergehenden Wirkungen entfalten könne als ein Versäumnisurteil nach § 331 ZPO, gegen das dem Beklagten schließlich der Einspruch nach § 338 ZPO zustehe.[244]

Gegen eine Übertragung des vom BFH angeführten Rechtsgedankens spricht allerdings, dass § 130 AO eine explizite gesetzliche Anordnung enthält, die eine Durchbrechung der durch einen Verwaltungsakt erzeugten Bindungswirkung zulässt.[245] § 130 AO betrifft die Aufhebung rechtswidriger Verwaltungsakte und trägt damit dem Grundsatz des Gesetzesvorrangs sowie dem Schutz des Bürgers vor rechtswidrigem Verwaltungshandeln Rechnung.[246] Dass der Gesetzgeber in Ansehung der „Staatsfundamentalnorm"[247] des Art. 20 III GG eine Durchbrechung der Bestandskraft von Verwaltungsakten zulässt, ist also ein Phänomen, das seine Legitimation vorwiegend aus dem allgemeinen Gewaltverhältnis zwischen Staat und Bürger gewinnt.

Zwar hat der BFH die Möglichkeit einer Aufhebung bzw. Änderung der Eintragung zur Insolvenztabelle in den Grenzen des § 130 AO auf eine einschränkende Auslegung des § 178 III InsO gestützt.[248] Dasselbe Ergebnis kann hingegen auch mit einer analogen Anwendung des § 130 AO auf widerspruchslos zur Tabelle festgestellte Steuerforderungen erreicht

---

242 BFH ZInsO 2013, 880 (881); ebenso BFH NZI 2012, 96 (100).
243 BFH NZI 2012, 96 (100).
244 *Smid*, FS Beck, S. 505.
245 *Intemann*, Koenig-AO, § 130 Rn. 1.
246 *Maurer/Waldhoff*, Allgemeines Verwaltungsrecht, § 11 Rn. 72 f.
247 *Sommermann*, MKS-GG, Art. 20 Rn. 2.
248 BFH NZI 2012, 96 (100).

werden.[249] Da in diesen Fällen kein Verwaltungsakt als Gegenstand einer Aufhebung existiert, erscheint die Annahme einer Analogie methodisch sogar unumgänglich. Eine isolierte teleologische Reduktion des § 178 III InsO vermag nicht zu erklären, warum § 130 AO es erlaubt, das Ergebnis eines gläubigerautonomen, nicht-hoheitlichen Feststellungsverfahrens zu revidieren. Der Analogieschluss verdeutlicht zudem, dass die Begrenzung der Rechtskraft von Forderungsfeststellungen in den Entscheidungen des BFH nur scheinbar auf einer verminderten Bindungswirkung des § 178 III InsO beruht. Ausschlaggebend ist vielmehr die in § 130 AO enthaltene (gesetzliche) Erlaubnis zur Durchbrechung der Bindungswirkung. Wenn diese Erlaubnis aber den rechtsstaatlichen Anforderungen im Vertikalverhältnis zwischen Staat und Bürger geschuldet ist, kann damit keine generelle Einschränkung der Rechtskraftwirkungen des § 178 III InsO - insbesondere im Verhältnis zwischen Privatrechtssubjekten - begründet werden.

#### ee) Methodische Erwägungen

(1) Die bisherigen Überlegungen führen zu keinem eindeutigen Ergebnis. Das Fehlen einer richterlichen Rechtserkenntnis bei der freiwilligen Forderungsfeststellung unterstützt die Ansicht *Smids*. Ferner ist der von einigen Autoren behauptete Umkehrschluss aus § 186 I InsO ebenso wenig wie ein Vergleich mit den Wirkungen der Säumnis des Beklagten im Zivilprozess geeignet, eine teleologische Reduktion des § 178 III InsO auszuschließen. Auch aus der Judikatur des BFH zu § 130 AO kann kein Argument für eine generelle teleologische Reduktion des § 178 III InsO hergeleitet werden.

Es erscheint daher zielführend, die hier behandelte Rechtsfrage anhand der klassischen Auslegungskanones zu erörtern. Nach dem Wortlaut des § 178 III InsO wirkt die Feststellung einer Forderung zur Tabelle wie ein rechtskräftiges Urteil. Der BGH leitet aus dieser Formulierung eine uneingeschränkte materielle Rechtskraftwirkung in entsprechender Anwendung des § 322 I ZPO ab.[250] Dem ist beizupflichten: Hätte der Gesetzgeber nur einen nachträglichen Widerspruch im Feststellungsverfahren verhindern wollen, ohne zugleich die Beschränkungen des § 767 II ZPO im Falle einer Vollstreckungsabwehrklage auszuschließen, hätte es ausgereicht, der Tabellenfeststellung die Wirkung eines „vollstreckbaren Urteils“ beizumes-

249 Zum häufig wechselbezüglichen Verhältnis von Analogiebildung und teleologischer Reduktion im Allgemeinen: *Canaris/Larenz*, Methodenlehre, S. 214.
250 BGH NJW-RR 2013, 757 (758).

sen. Die genannte Interpretation des Wortlauts lässt sich mit einer systematischen Erwägung unterfüttern: Der Gesetzgeber differenziert - wie ein Blick auf § 201 II S. 1 InsO zeigt - durchaus zwischen den Wirkungen eines rechtskräftigen und denen eines vollstreckbaren Urteils. Obgleich die herrschende Ansicht[251] auch der Titulierung nach § 201 II S. 1 InsO eine materielle Rechtskraftwirkung beimisst, stärkt der systematische Vergleich doch das Wortlautargument. Dies gilt erst recht in Ansehung der Tatsache, dass die behauptete Rechtskraftwirkung des § 201 II S. 1 InsO - soweit ersichtlich - bislang keiner umfassenden kritischen Betrachtung unterzogen wurde. Dies wird im weiteren Verlauf dieser Arbeit nachzuholen sein.

(2) Nun ist es gerade ein Spezifikum jeder teleologischen Reduktion, eine Norm entgegen ihrem Wortlaut in bestimmten Fällen unangewendet zu lassen. Will man nicht die generelle Zulässigkeit einer teleologischen Reduktion in Frage stellen, kann der Wortlaut einer Norm demnach nicht als ausschlaggebendes Argument gegen eine Reduktion angeführt werden. Entscheidend ist vielmehr, ob eine „verdeckte" Gesetzeslücke besteht.[252] Eine solche liegt vor, wenn eine Norm (bzw. ein Normkomplex) einer Einschränkung bedarf, die in Ansehung ihrer Teleologie geboten ist, aber dem Wortsinn nicht entnommen werden kann.[253] Wenn der Gesetzgeber einer Norm jedoch bewusst einen umfassenden Anwendungsbereich beigemessen hat, darf diese Entscheidung nicht durch die Annahme einer teleologischen Reduktion unterlaufen werden.[254]

An dieser Stelle kann nun ein historisches Argument ins Feld geführt werden: „Vorgängernorm" des § 178 III InsO war § 145 II KO.[255] § 145 II KO regelte nach seinem Wortlaut[256] nur die Urteilswirkung der Tabellenfeststellung gegenüber den Konkursgläubigern. Gleichwohl wurde von der Rechtsprechung eine Erstreckung der Feststellungswirkung auf den Verwalter anerkannt.[257] Aus den Gesetzgebungsmaterialien zur InsO ergibt

---

251 BGH NZI 2018, 442 (443); *Hintzen*, MüKo-InsO, § 201 Rn. 25; *Jungmann*, Schmidt-InsO, § 201 Rn. 4; *Nicht*, BeckOK-InsO, § 201 Rn. 14, 16; *Wegener*, Uhlenbruck, § 201 Rn. 19; *Westphal*, NR-InsO, §§ 201-202 Rn. 9.

252 *Canaris/Larenz*, Methodenlehre, S. 210.

253 *Canaris/Larenz*, Methodenlehre, S. 210.

254 *Canaris/Larenz*, Methodenlehre, S. 211.

255 BT-Drs. 12/2443, S. 185.

256 Der Wortlaut des § 145 II KO lautete: „Die Eintragung in die Tabelle gilt rücksichtlich der festgestellten Forderungen ihrem Betrage und ihrem Vorrechte nach wie ein rechtskräftiges Urteil gegenüber allen Konkursgläubigern."

257 BGH NJW 1985, 271 (272).

sich, dass mit der Einführung des § 178 III InsO die von der Rechtsprechung antizipierte Urteilswirkung gegenüber dem Verwalter aus Gründen der Klarstellung explizit in den Normtext aufgenommen werden sollte.[258] Die Materialien verweisen in diesem Zusammenhang auf ein Urteil des BGH, in dem eine Rechtskraftwirkung der Tabellenfeststellung gegenüber dem Verwalter ausdrücklich bestätigt wurde.[259] In Ansehung dieses Umstands erscheint eine Annahme einer vom Gesetzgeber unerkannten, verdeckten Gesetzeslücke, die durch eine teleologische Reduktion des § 178 III InsO neutralisiert werden könnte, unangebracht. Im Ergebnis kann der Verwalter gegen rechtskräftig zur Tabelle festgestellten Forderung daher nur in den Grenzen der §§ 578 ff. ZPO bzw. § 767 II ZPO vorgehen.

#### c) Absonderungsrechtsstreit

Die Frage nach einer präjudiziellen Wirkung der Feststellungsergebnisse stellt sich im Streit um das Recht eines Gläubigers zur abgesonderten Befriedigung von Neuem. Die objektive Rechtskraftdimension des § 178 III InsO bestimmt abermals darüber, ob mit der rechtskräftigen Tabellenfeststellung auch die Verität der jeweiligen Forderung als Voraussetzung für die Entstehung bzw. den Fortbestand akzessorischer Sicherungsrechte determiniert wird. Das „Grundproblem" einer möglichen Präjudizialität des Tabelleneintrags wurde oben bereits ausführlich im Rahmen der Ausführungen zur Rangfeststellung behandelt.

##### aa) Rekapitulation der maßgeblichen Argumente gegen eine Präjudizwirkung

(1) Hier genügt es, die wesentlichen Gesichtspunkte, die gegen eine Präjudizwirkung der rechtskräftigen Forderungsfeststellung sprechen, in Erinnerung zu rufen: Die Feststellung einer Forderung zur Tabelle bewirkt nach der hier vertretenen Ansicht eine materielle Rechtskraft, die auf das *Haftungsrecht* des Anmeldenden in seiner Eigenschaft als Insolvenzgläubiger bezogen ist. Die Forderung als solche bildet nicht den Gegenstand des Feststellungsverfahrens. Zwar ist die Verität der Forderung eine Vorausset-

258 BT-Drs. 12/2443, S. 185.
259 BT-Drs. 12/2443, S. 185 unter Hinweis auf BGH NJW 1985, 271 (272).

zung für den Bestand des Haftungsrechts; sie wird aber als Vorfrage nicht von der Rechtskraftwirkung des § 178 III InsO erfasst.[260]

(2) Auch hier kann *Henckels* Gedanke einer Korrelation zwischen dem wirtschaftlichen Wert des verfahrensgegenständlichen Gläubigerrechts und dem Umfang der Rechtskraftwirkung fruchtbar gemacht werden.[261] Wird die Befriedigung aus einem Absonderungsgegenstand verlangt, so begehrt der Anspruchsteller für sich eine bevorzugte haftungsrechtliche Stellung ohne Einbindung in die „wechselseitige Ausgleichshaftung“[262] der Insolvenzgläubiger.[263] Mit der Anmeldung einer einfachen Insolvenzforderung wird dagegen zunächst nur eine insolvenzmäßige (quotale) Befriedigung geltend gemacht.[264] Würde die Feststellung der Forderung zur Tabelle im Absonderungsrechtsstreit zu einer Präklusion hinsichtlich aller forderungsbezogenen Einwendungen führen, müssten der Verwalter bzw. die Opponenten zur Vermeidung späterer Nachteile schon im Feststellungsverfahren prüfen, ob ggf. ein akzessorisches Sicherungsrecht besteht.[265] Denn dessen Valutierung könnte nach der Tabellenfeststellung nicht mehr erfolgreich bestritten werden. Eine solche Prüfungsobliegenheit würde die verfahrensbezogenen Anforderungen an die Beteiligten überspannen.[266]

(3) Überdies ist der Insolvenzschuldner nicht notwendig auch persönlicher Schuldner der durch den Absonderungsgegenstand gesicherten Forderung.[267] Dass der Inhaber eines dinglichen Sicherungsrechts an der Masse zugleich die Stellung eines persönlichen Gläubigers i.S.v. § 38 InsO einnimmt, ist also keineswegs selbstverständlich, wenn nicht gar zufällig. Es kann jedoch nicht von der mehr oder weniger zufälligen Stellung als persönlicher Gläubiger abhängen, ob es einem Absonderungsberechtigten möglich ist, die Verität einer Forderung als Voraussetzung für den Bestand

---

260 Vgl. *Gerhardt*, Jaeger-InsO, § 178 Rn. 68; *Smid*, FS Beck, S. 496.
261 *Henckel*, FS Michaelis, S. 157 ff., 161 ff.
262 *Häsemeyer*, KTS 1982, 507 (521).
263 *Spellenberg*, Gegenstand, S. 130.
264 *Henckel*, FS Michaelis, S. 158 f.
265 *Eckardt*, ZIP 1993, 1765 (1772), der in diesem Kontext sämtliche forderungsbezogenen Präjudizwirkungen ablehnt.
266 *Henckel*, FS Michaelis, S. 160 f.
267 *Brinkmann*, Uhlenbruck, § 52 Rn. 9.

eines akzessorischen Sicherungsrechts „vorab“ im Feststellungsverfahren bestätigen zu lassen.[268]

### bb) Konsistenz im Ergebnis

Die Verneinung einer Präjudizwirkung steht mit den obigen Überlegungen zur nachträglichen Anmeldung eines besseren Rangs bzw. der nachträglichen Geltendmachung einer festgestellten Forderung als Masseverbindlichkeit in Einklang. Inzwischen gelangen auch viele Autoren in der Literatur zu vergleichbaren Ergebnissen und verneinen eine Vorgreiflichkeit der Forderungsfeststellung im Hinblick auf ein die Forderung sicherndes Absonderungsrecht.[269] In diesem Kontext wurde ergänzend darauf hingewiesen, dass Absonderungsrechte als solche keiner förmlichen Anmeldung nach § 174 InsO unterliegen und daher a priori nicht von der Rechtskraftwirkung des § 178 III InsO erfasst werden können.[270] Dieser Überlegung ist zu folgen; sie ergänzt die Annahme, dass es den konkurrierenden Insolvenzgläubigern nicht zuzumuten ist, im Rahmen des Anmeldungs- und Prüfungsverfahrens, in dem nur eine quotale Haftungspartizipation beansprucht wird, zugleich den Bestand akzessorischer Sicherungsrechte zu prüfen.

### d) Ausschluss des Insolvenzanfechtungsanspruchs

Insbesondere von *Gerhardt* wird vertreten, dass sich der Verwalter durch das Unterlassen des Widerspruchs zugleich etwaiger Anfechtungsmöglichkeiten (§§ 129 ff. InsO) bezüglich der festgestellten Forderung begibt.[271] Die Aussage erscheint in dieser Pauschalität fragwürdig. Denn *Gerhardt* unterscheidet nicht zwischen Konstellationen, in denen die festgestellte Forderung unmittelbar aus einem Kausalgeschäft folgt, und solchen, in

---

268 Dieser Gedanke liegt auch den Ausführungen von *Häsemeyer*, AcP 188 (1988), 140 (154 f.) zugrunde.

269 *Eckardt*, KS-InsO, S. 557; *Gerhardt*, Jaeger-InsO, § 178 Rn. 68; *Schumacher*, MüKo-InsO, § 178 Rn. 15; *Sinz*, Uhlenbruck, § 178 Rn. 28; *Smid*, FS Beck, S. 496; *Smid*, RSZ-InsO, § 178 Rn. 4; a.A. RGZ 55, 157 (159 f.); mehrdeutig hat sich der BGH in NJW 1975, 122 zu dem hier behandelten Problem geäußert.

270 *Smid*, FS Beck, S. 495.

271 *Gerhardt*, Jaeger-InsO, § 178 Rn. 47; ebenso *Kayser/Freudenberg*, MüKo-InsO, § 129 Rn. 224.

denen die festgestellte Forderung auf einem abstrakten Rechtsgeschäft beruht (§§ 780, 781 BGB). Der Verwalter muss ggf. sogar prüfen, ob nur die Begründung des Kausalgeschäfts, das den Rechtsgrund für die Eingehung einer abstrakten Verpflichtung bildet, der Insolvenzanfechtung unterliegt oder ob auch die Begründung des abstrakten Rechtsgeschäfts einen Anfechtungstatbestand erfüllt. Zwischen diesen Fallgestaltungen ist im Folgenden zu differenzieren.

#### aa) Anfechtbarkeit der Begründung eines Kausalgeschäfts

Für *Gerhardt* folgt die Rechtfertigung des Anfechtungsausschlusses aus dem Umstand, dass die rechtskräftige Feststellung eines Haftungsrechts revidiert werden könnte, indem die zur Entstehung der haftungsbegründenden Forderung führende Rechtshandlung angefochten wird.[272] Dieser Gedanke erscheint zunächst einleuchtend: Anfechtbar begründete Forderungen sind einredebehaftet, sodass sie nicht zur Tabelle angemeldet werden dürfen.[273] Im Verhältnis zu Dritten erlöschen die Wirkungen des Rechtsgeschäfts erst mit der einvernehmlichen oder zwangsweisen Vertragsaufhebung in Erfüllung des Anfechtungsanspruchs.[274] Spätestens mit der Durchsetzung des Anfechtungsanspruchs würde also das Fundament des betroffenen Haftungsrechts - nämlich der Bestand der zugrundeliegenden Insolvenzforderung - entfallen. Insofern ist es grundsätzlich nachvollziehbar, dem Verwalter den Anfechtungsanspruch infolge der Forderungsfeststellung zu nehmen, um deren Rechtskraftwirkung abzusichern. Ansonsten könnte der Verwalter ggf. nachträglich im Wege des § 767 ZPO[275] die erfolgreich durchgeführte Anfechtung gegen das festgestellte Haftungsrecht einwenden.

(1) Es bleibt allerdings zu erwägen, ob der Verwalter mit einer solchen Einwendung nicht bereits gemäß § 767 II ZPO präkludiert wäre. Der geforderte Ausschluss des „Anfechtungseinwands“ könnte sodann ohne eine generelle Aberkennung des Anfechtungsanspruchs erreicht werden. Eine solche Lösung wäre durchaus systemgerecht, denn im allgemeinen Zivilprozessrecht wird die Rechtskraftwirkung des § 322 I ZPO ebenso

272 *Gerhardt*, Jaeger-InsO, § 178 Rn. 47.
273 *Borries/Hirte*, Uhlenbruck, § 143 Rn. 186a; *Jacoby*, KPB-InsO, § 143 Rn. 25.
274 BGH NZI 2014, 1057 (1058); *Borries/Hirte*, Uhlenbruck, § 143 Rn. 5b.
275 Dazu *Gerhardt*, Jaeger-InsO, § 178 Rn. 106 ff. m.w.N.

über die Präklusionswirkung des § 767 II ZPO und gerade nicht durch eine Modifikation des materiellen Rechts abgesichert.[276]

(2) Nach dem Wortlaut des § 767 II ZPO sind Einwendungen gegen einen rechtskräftig festgestellten Anspruch nur insoweit zulässig, als die Gründe, auf denen sie beruhen, erst nach dem Schluss der mündlichen Verhandlung entstanden sind, in der die Einwendungen spätestens hätten geltend gemacht werden müssen. An die Stelle der mündlichen Verhandlung tritt im Kontext des § 178 III InsO nach überwiegender Auffassung[277] der Moment der Eintragung des Tabellenvermerks. Erörterungsbedürftig ist nun, ob der Anfechtungseinwand des Verwalters erst nach der Eintragung entstanden ist. Die Fragestellung erinnert an einen anderen, vieldiskutierten Problemkreis: Bei der Ausübung von Gestaltungsrechten[278] ist umstritten, welcher Zeitpunkt für die Präklusion nach § 767 II ZPO maßgeblich ist. Einige Autoren stellen dabei auf die tatsächliche Ausübung des Gestaltungsrechts ab und vermeiden damit, dass nach dem materiellen Recht bestehende Ausübungsfristen faktisch verkürzt werden.[279] Nach dem BGH ist dagegen derjenige Zeitpunkt entscheidend, in welchem das Gestaltungsrecht erstmals hätte ausgeübt werden können.[280] Dadurch wird dem zivilgerichtlichen Urteil eine hohe Bindungswirkung beigemessen, die dem Telos des § 767 II ZPO entspricht.[281]

(3) Überträgt man nun den Standpunkt des BGH auf die hier behandelte Fallkonstellation, so ist für die Beurteilung der Präklusionswirkung nach § 767 II ZPO derjenige Zeitpunkt ausschlaggebend, in dem der Anfechtungsanspruch entstanden ist. Der insolvenzrechtliche Anfechtungsan-

---

276 Die Rechtskrafttheorien wurden unter A.I. dargestellt.

277 *Häsemeyer*, Insolvenzrecht, S. 623; *Schumacher*, MüKo-InsO, § 178 Rn. 58; *Sinz*, Uhlenbruck, § 178 Rn. 27; a.A. (Nichtbestreiten der Forderung im Prüfungstermin bzw. Zeitpunkt der Beendigung des Prüfungstermins) *Eckardt*, KS-InsO, S. 553.

278 In diesem Kontext ist anzumerken, dass die Insolvenzanfechtung nach allgemeiner Auffassung keinen gestaltungsrechtlichen Charakter aufweist, vgl. *Borries/Hirte*, Uhlenbruck, § 129 Rn. 6 m.w.N.

279 U.a. *Becker*, AcP 188 (1988), 24 (48); *Kindl*, Saenger-ZPO, § 767 Rn. 22; *Lackmann*, Musielak/Voit, § 767 Rn. 36 f.

280 St. Rspr. vgl. nur BGHZ 24, 97 (98) = NJW 1957, 986; BGHZ 34, 274 (279) = NJW 1961, 1067 (1068); BGHZ 100, 222 (225) = NJW 1987, 1691 f.; BGHZ 155, 392 (398 f.) = NJW 2003, 3134 (3135).

281 *Lorenz*, NJW 1995, 2258 (2260).

spruch entsteht spätestens mit Eröffnung des Insolvenzverfahrens.[282] Demnach würde bereits § 767 II ZPO den Verwalter regelmäßig daran hindern, eine nachträgliche Insolvenzanfechtung gegen eine - freilich nach Verfahrenseröffnung - festgestellte Forderung einzuwenden. Die Rechtskraftwirkung des § 178 III InsO wird auf diesem Wege abgesichert, ohne den Anfechtungsanspruch als solchen anzutasten. Die Geltendmachung dieses Anspruchs lässt die rechtskräftige Feststellung des Haftungsrechts unberührt; der Verwalter bleibt deshalb verpflichtet, den betroffenen Gläubiger bei der anteilsmäßigen Verteilung zu berücksichtigen.[283]

(4) Der Fortbestand des Anfechtungsanspruchs ist aus praktischer Sicht bedeutsam. Denn es besteht durchaus eine weitergehende Relevanz der Anfechtungsbefugnis z.B. im Hinblick auf Sicherheiten, die ein akzessorisches Verhältnis zur anfechtbar begründeten Forderung aufweisen. Wenn etwa im Wege der Insolvenzanfechtung erreicht werden kann, dass ein Sicherungsrecht an einem schuldnereigenen oder schuldnerfremden Gegenstand[284] nicht mehr valutiert, ist ein solches Vorgehen geeignet, die Zugriffsmöglichkeiten des Insolvenzverwalters zu erweitern und so die „freie" Masse anzureichern. Die Rechtskraft des § 178 III InsO würde dadurch keinesfalls unterlaufen, da diese nur eine insolvenzmäßige (quotale) Gläubigerbefriedigung manifestiert.

(5) Demnach schließt die rechtskräftige Feststellung einer Forderung, die aus einem Kausalgeschäft herrührt, einen etwaigen Anfechtungsanspruch hinsichtlich der Begründung dieser Verbindlichkeit nicht aus.[285] Es ist kein hinreichender Grund erkennbar, der eine solche Modifikation des materiellen Rechts zu rechtfertigen vermag. Richtigerweise führt schon die schlichte Anwendung des § 767 II ZPO zu angemessenen Ergebnissen.

---

282 BGHZ 15, 333 (337) = NJW 1955, 259 (260); BGHZ 101, 286 (288) = NJW 1987, 2821 (2822); *Borries/Hirte*, Uhlenbruck, § 143 Rn. 3; nach a.A. (so z.B. vertreten von *Kayser/Freudenberg*, MüKo-InsO, § 129 Rn. 186) entsteht der Anfechtungsanspruch mit Vollendung des Anfechtungstatbestands, ist jedoch durch die Eröffnung des Insolvenzverfahrens aufschiebend bedingt.

283 So zumindest i.E. auch *Gerhardt*, Jaeger-InsO, § 178 Rn. 47.

284 Ggf. kann erreicht werden, dass ein nachrangiges Pfandrecht des Schuldners „aufrückt"; zugegebenermaßen wäre in einer solchen Fallkonstellation jedoch fraglich, ob die Voraussetzungen des § 129 InsO (insb. eine zurechenbare Gläubigerbenachteiligung) vorliegen.

285 Auch *Smid* in FS Beck, S. 490 hat unter Hinweis auf RGZ 27, 91 (92) angedeutet, dass die Auffassung *Gerhardts* kritisch zu betrachten ist.

bb) Anfechtbarkeit der Begründung eines abstrakten Schuldvertrages

(1) Einfacher liegen die Dinge, wenn eine Forderung aus einem abstrakten Schuldvertrag zur Tabelle festgestellt wurde und später geltend gemacht wird, dass deren Begründung der Insolvenzanfechtung unterliegt. Es darf bezweifelt werden, dass in solchen Fällen stets die allgemeine Anfechtungsvoraussetzung der Gläubigerbenachteiligung gemäß § 129 I InsO gegeben ist. Würde im Wege der Insolvenzanfechtung nur die Forderung aus dem abstrakten Schuldvertrag beseitigt, so lebte die aus dem zugrundeliegenden, kausalen Rechtsverhältnis resultierende Forderung auf Einräumung des abstrakten Schuldversprechens wieder auf (§ 144 I InsO). Diese Forderung wäre gemäß § 45 InsO nach Maßgabe des gemeinen[286] bzw. gewöhnlichen[287] Wertes umzurechnen und könnte danach zur Insolvenztabelle angemeldet werden. Unter der Prämisse, dass der Wert des Anspruchs auf Einräumung des abstrakten Schuldversprechens dem nominalen Wert der zwischenzeitlich erlangten (abstrakten) Forderung entspricht, kann eine gläubigerbenachteiligende Wirkung nicht konstatiert werden. Das Haftungsrecht des anmeldenden Gläubigers würde infolge der Anfechtung zwar auf einer anderen Forderung beruhen, wäre jedoch nach Betrag und Rang regelmäßig identisch.

(2) Dem Reichsgericht[288] lag ein ganz ähnlicher Sachverhalt vor. Ein Bankhaus hatte einen Kontokorrentsaldo zur Konkurstabelle angemeldet, welcher später unbestritten zur Tabelle festgestellt wurde. Anschließend wandte sich der Verwalter im Wege der Anfechtung gegen einzelne der im Kontokorrent gutgeschriebenen Positionen. Diese betrafen Kundenwechsel, die das Bankhaus nach Auffassung des Verwalters vom Schuldner in anfechtbarer Weise erlangt hatte. Mit der Anfechtungsklage begehrte der Verwalter nun Rückgewähr des Erlöses aus den Wechseln. Das Reichsgericht hat daraufhin - entgegen der Vorinstanz - entschieden, dass dem Anfechtungsbegehren des Verwalters nicht die rechtskräftige Feststellung der Saldoforderung entgegengehalten werden könne.

Zur Begründung hat es ausgeführt, dass das mit der Anfechtungsklage verfolgte Begehren des Verwalters die Feststellungswirkung unberührt lasse. Soweit die erfolgreiche Anfechtung zur Rückgewähr der Erlöse führe, würden die ursprünglichen Forderungen wiederaufleben. Diese Forderun-

286 *Henckel*, Jaeger-InsO, § 45 Rn. 11; *Hess*, KK-InsO, § 45 Rn. 6.
287 *Bitter*, MüKo-InsO, § 45 Rn. 25.
288 RGZ 27, 91.

gen träten erst infolge des Urteilsvollzugs im Anfechtungsprozess und damit zeitlich nach der Feststellung des sodann zu niedrigen Saldos wieder in Kraft. Die Rechtskraft der Feststellung stehe einer Anmeldung der „auflebenden" Forderungen somit nicht entgegen.[289]

Das Reichsgericht geht in seiner Entscheidung implizit davon aus, dass die Rechtskraft der Forderungsfeststellung auch eine „negative" Komponente[290] umfasst, also den Gläubiger daran hindert, den festgestellten Forderungsbetrag nachträglich mittels Neuanmeldung zu erhöhen. Gegen eine solche „negative" Rechtskraftwirkung spricht der Wortlaut des § 178 III InsO; es finden vielmehr die allgemeinen zivilprozessualen Grundsätze zur Teilklage[291] Anwendung.[292] Würde gleichwohl eine solche „negative" Feststellungswirkung existieren, wäre es in der Tat unangemessen, das Bankhaus im Anfechtungsprozess zur Erlösherausgabe zu verurteilen und ihm zugleich unter Hinweis auf die Rechtskraft der Saldofeststellung eine Anmeldung der neu erstarkten Forderungen zu versagen. Dieses Resultat zu vermeiden, indem das Anfechtungsrecht ausgeschlossen wird, sodass mangels anfechtungsbedingten Wiederauflebens der ursprünglichen Forderungen kein Bedürfnis nach einer Erhöhung des festgestellten Saldos besteht, ist jedoch ein rein ergebnisorientierter Lösungsansatz.

Es ist aus dem Gesetz heraus nicht ersichtlich, warum die Feststellung des abstrakten Kontokorrentsaldos den Verwalter daran hindern sollte, die in das Kontokorrent eingestellten Einzelpositionen der Anfechtung zu unterwerfen. Die Zusammensetzung des Kontokorrentsaldos ist nur eine Vorfrage; die in das Kontokorrent eingestellten Forderungen nehmen nicht an der Rechtskraft teil.[293] Es wäre dem Verwalter allerdings verwehrt, gegen das festgestellte Haftungsrecht eine Bereicherungseinrede mit der Begründung zu erheben, dass einzelne Kontokorrentforderungen der Insolvenzanfechtung unterliegen. Dies folgt jedoch - wie bereits dargestellt - schon aus der Präklusionswirkung des § 767 II ZPO. Der materielle Anfechtungsanspruch bleibt davon per se unberührt.

289 Zum gesamten Absatz RGZ 27, 91 (93).
290 Zur Ablehnung einer „negativen" Rechtskraftwirkung des § 178 III InsO s. oben Fn. 140.
291 *Gottwald*, MüKo-ZPO, § 322 Rn. 125 ff. m.w.N.
292 Vgl. dazu oben B.I.3.a.aa.
293 RGZ 27, 91 (93).

#### cc) Zusammenfassung

Festzuhalten bleibt, dass der Verwalter seinen Anfechtungsanspruch hinsichtlich einer Forderung, die rechtskräftig zur Tabelle festgestellt wurde, nicht verliert. Die Rechtskraftwirkung des § 178 III InsO gebietet eine solche Einwirkung auf das materielle Recht nicht. Es ist ausreichend, dem Verwalter in entsprechender Anwendung des § 767 II ZPO anfechtungsbedingte Einwendungen gegen das festgestellte Haftungsrecht zu versagen. Diese Auffassung findet auch in dem oben zitierten Judikat des Reichsgerichts[294] eine Stütze: In der Entscheidung wurde nicht die Anfechtungsbefugnis als solche in Frage gestellt. Stattdessen hat sich das Reichsgericht - allerdings unter der falschen Prämisse einer „negativen“ Feststellungswirkung - faktisch an den Vorgaben des heutigen § 767 II ZPO orientiert.

## 2. Insolvenzgläubiger

Nach dem klaren Wortlaut des § 178 III InsO geht mit der Feststellung einer Forderung zur Tabelle auch eine Urteilswirkung gegenüber den konkurrierenden Insolvenzgläubigern einher. Dadurch soll im Wesentlichen die jeweilige Haftungspartizipation an der Masse gegenüber allen erfolgreichen Prätendenten gesichert werden. Die groben Leitlinien der materiellen Bindungswirkung des § 178 III InsO verlaufen im Vergleich zwischen Verwalter und den Insolvenzgläubigern durchaus parallel. Insbesondere wird das Problem einer möglichen Präjudizwirkung der Forderungsfeststellung unter veränderten Vorzeichen erneut zu betrachten sein.

### a) Nachträgliches Bestreiten durch Insolvenzgläubiger

Die Diskussion um eine Befugnis des Verwalters zu einem „nachträglichen“ Bestreiten lässt sich auf das Verhältnis der Insolvenzgläubiger untereinander erweitern. Allerdings wird diesbezüglich in der Literatur - soweit ersichtlich - keine teleologische Reduktion des § 178 III InsO vertreten.[295] Selbst *Smid* spricht die Möglichkeit eines nachträglichen Bestreitens durch

---

294 RGZ 27, 91.

295 *Thiele*, KK-InsO, § 178 Rn. 96 lehnt die Möglichkeit eines nachträglichen Gläubigerwiderspruchs wegen der Rechtskraftwirkung des Tabelleneintrags sogar ausdrücklich ab.

die Insolvenzgläubiger in seinem oben zitierten Beitrag nicht an.[296] Dabei könnten viele Gesichtspunkte, die dort gegen eine extensive materielle Bindungswirkung der Forderungsfeststellung angeführt wurden, auch für ein nachträgliches Widerspruchsrecht konkurrierender Gläubiger fruchtbar gemacht werden. Denn gegenüber den Insolvenzgläubigern gründet die Urteilswirkung des § 178 III InsO ebenso wenig auf einer gerichtlichen Rechtserkenntnis, sondern auf einem „Diskussionsverfahren“[297], das keine obligatorische Schlüssigkeitsprüfung umfasst.

Indessen sprechen dieselben Argumente, mit denen eine nachträgliche Widerspruchsmöglichkeit des Insolvenzverwalters abgelehnt wurde, auch gegen eine Verengung der materiellen Bindungswirkung gegenüber den Insolvenzgläubigern. Die entscheidenden Aspekte, die den Weg zu einer eingeschränkten Rechtskraftwirkung versperren, sind also erneut der eindeutige Wortlaut des § 178 III InsO sowie ein systematischer Vergleich zu § 201 II S. 1 InsO.[298] Das gilt erst recht in Ansehung des Umstands, dass gegenüber den „Konkursgläubigern“ schon § 145 II KO explizit eine Urteilswirkung angeordnet hat. Im Gesetzesentwurf zur Insolvenzordnung wurde diese Wirkung bewusst für das geltende Recht bestätigt,[299] sodass eine teleologische Reduktion des § 178 III InsO in Bezug auf die Insolvenzgläubiger dem erkennbaren Willen des Gesetzgebers widerspräche.

### b) Nachträgliche Rücknahme der Forderungsanmeldung

Der Problemkreis der nachträglichen Anmeldungs- bzw. Forderungsrücknahme betrifft - anders als die bisher dargestellten Fallgruppen - nicht unmittelbar das Binnenverhältnis zwischen unterschiedlichen Verfahrensakteuren. Im Fokus steht vielmehr die persönliche Bindung eines Gläubigers an die Feststellung seiner eigenen Forderung. Ob die Urteilswirkung dieser Feststellung durch eine einseitige „Rücknahme“[300] beseitigt werden kann, wird in Theorie und Praxis uneinheitlich beurteilt.[301] Soweit eine solche Rücknahmemöglichkeit abgelehnt wird, kann die Tabellenfeststel-

296 *Smid*, FS Beck, S. 502 ff.
297 *Kohler*, Konkursrecht, S. 551.
298 S. oben B.II.1.b).ee).
299 BT-Drs. 12/2443, S. 185.
300 Die „Rücknahme“ ist eine (wohl prozessuale) Erklärung des Gläubigers gegenüber dem Verwalter bzw. dem Insolvenzgericht.
301 Vgl. zu den verschiedenen Ansichten *Berner/Willmer*, NZI 2015, 877 (880 f.) sowie *Birnbreier/Schreiber*, ZInsO 2009, 2377 (2383) m.w.N.

lung grundsätzlich nur mit denjenigen Rechtsbehelfen revidiert werden, die auch gegen ein rechtskräftiges zivilprozessuales Urteil statthaft sind. Dies sind namentlich die Vollstreckungsgegenklage nach § 767 ZPO, die Wiederaufnahmeklage nach §§ 578 ff. ZPO sowie ggf. ein Vorgehen nach § 826 BGB.[302]

Für eine uneingeschränkte Rücknahmemöglichkeit nach Feststellung der Forderung führen *Birnbreier* und *Schreiber* an, dass die durch § 178 III InsO erzeugte Rechtskraft gerade nicht auf einem Urteil beruht. Wenn die Feststellung selbst schon durch schlichtes Nichtbestreiten bzw. die Eintragung des Tabellenvermerks zustande komme, könne für den actus contrarius zur Tabellenfeststellung keine Urteilsform verlangt werden.[303] Es sei daher nicht erforderlich, zur Beseitigung der Feststellungswirkungen den Klageweg zu beschreiten. *Specovius* nähert sich diesem Ergebnis mit einer anderen Begründung: Die Forderungsfeststellung erzeuge lediglich eine „Titulierungswirkung in […] eingeschränktem Umfange - nämlich nur gegenüber Insolvenzverwalter und Insolvenzgläubigern-"; wegen ihrer geringen Intensität könne die Rechtskraft sodann durch eine schlichte Rücknahme eliminiert werden.[304] Beide genannten Begründungsansätze sind bei genauerer Betrachtung nicht stichhaltig:

#### aa) Verwerfung des actus-contrarius-Gedankens

Die Aussage, dass die konstitutiven Merkmale eines Rechtsakts auch den actus contrarius, mit dem die Wirkungen des Rechtsakts beseitigt werden können, in qualitativer Hinsicht limitieren, ist eine bloße Behauptung mit zweifelhaftem Wahrheitsgehalt. So findet die Zwangsvollstreckung ausweislich des § 794 I Nr. 5 ZPO u.a. aus vollstreckbaren Urkunden statt, die ersichtlich nicht auf einem Urteil beruhen. Dennoch müssen materielle Einwendungen gegen einen solchen Titel mit der Klage nach § 767 ZPO verfolgt werden.[305] Zwar erzeugt eine vollstreckbare Urkunde in Ansehung des § 797 IV ZPO keine materielle Rechtskraft.[306] Trotzdem bleibt zu konstatieren, dass zumindest ihre Titulierungsfunktion nur durch ein

302 *Schumacher*, MüKo-InsO, § 178 Rn. 76 ff. m.w.N.

303 *Birnbreier/Schreiber*, ZInsO 2009, 2377 (2383).

304 *Specovius*, Braun-InsO, § 177 Rn. 24 f.

305 *Hoffmann*, BeckOK-ZPO, § 794 Rn. 70; *Kindl*, Saenger-ZPO, § 797 Rn. 33; *Lackmann*, Musielak/Voit, § 797 Rn. 9.

306 *Kindl*, Saenger-ZPO, § 767 Rn. 20.

Urteil aufgehoben werden kann, obwohl die Urkunde selbst nicht aus einem gerichtlichen Erkenntnisverfahren hervorgegangen ist. Die qualitativen Anforderungen an den Akt der Titulierung und den komplementären actus contrarius fallen mithin auseinander. Die Prämisse der Argumentation von *Birnbreier* und *Schreiber* ist in ihrer Pauschalität daher nicht haltbar.

#### bb) Keine verminderte subjektive Rechtskraftwirkung des Tabelleneintrags

Der Forderungsfeststellung nur eine eingeschränkte (subjektive) Rechtskraftwirkung zuzuschreiben, erscheint ebenfalls nicht überzeugend. Ein reguläres zivilgerichtliches Urteil wirkt nach § 325 I Var. 1 ZPO primär für die Parteien des zugrundeliegenden Rechtsstreits. Gegenüber Dritten oder gar erga omnes tritt grundsätzlich keine Bindungswirkung ein.[307] Als lex specialis zu § 325 I ZPO legt § 178 III InsO die subjektiven Rechtskraftgrenzen der Tabelleneintragung eindeutig fest; adressiert werden neben dem Verwalter auch sämtliche Insolvenzgläubiger. Rein quantitativ erfasst § 178 III InsO daher regelmäßig einen größeren Personenkreis als § 325 I ZPO. Die Forderungsfeststellung ist im Vergleich zum Urteil in einem Zweiparteienprozess nicht mit einer verminderten, sondern sogar mit einer erweiterten subjektiven Rechtskraftwirkung ausgestattet.[308] Dem argumentativen Ansatz von *Specovius* kann deshalb schon im Ausgangspunkt nicht gefolgt werden.

#### cc) Erneut: Keine teleologische Reduktion des § 178 III InsO

Die Diskussion um die nachträgliche Rücknahme einer festgestellten Forderung bzw. der zugrundeliegenden Anmeldung dreht sich erneut um die spezifische Reichweite des § 178 III InsO. Eine teleologische Reduktion der Norm wurde bereits ausgiebig diskutiert. Aus methodischer Perspektive fordern die Autoren der vorstehend abgelehnten Ansichten ebenfalls eine entsprechende Restriktion. So erklärt sich auch, dass der Grundgedanke von *Birnbreier* und *Schreiber* durchaus Parallelen zu den Ausführungen

---

307 *Gottwald*, MüKo-ZPO, § 325 Rn. 11.
308 *Berner/Willmer*, NZI 2015, 877 (881).

*Smids*[309] aufweist, wonach die beschränkende Vorschrift des § 767 II ZPO bei einem nachträglichen Verwalterwiderspruch keine Anwendung finden soll. Beide Ansätze fokussieren sich auf die Entstehung der Rechtkraftwirkung des § 178 III InsO. Aus dem Umstand, dass die Rechtskraft nicht auf einem gerichtlichen Akt der Rechtserkenntnis gründet, wird gefolgert, dass die Wirkungen der Forderungsfeststellung nicht mit denen eines Urteils vergleichbar seien. Wie bereits aufgezeigt, widerspricht eine teleologische Reduktion des § 178 III InsO jedoch der eindeutigen Intention des Gesetzgebers.[310] Es besteht keine „verdeckte“[311] Gesetzeslücke, die eine einschränkende Auslegung zu rechtfertigen vermag. Ein Festhalten am Wortlaut des § 178 III InsO bedeutet zugleich, dass eine nachträgliche Rücknahme der Forderungsanmeldung funktional der Klagerücknahme im allgemeinen Zivilprozessrecht entspricht.[312] Eine Klagerücknahme ist jedoch nach Eintritt der Rechtskraft des auf die Klage hin ergangenen Urteils ausgeschlossen.[313] Insofern kann mit *Sinz*[314] auch nicht die Dispositionsmaxime als Argument für die Zulässigkeit einer nachträglichen Anmeldungs- bzw. Forderungsrücknahme fruchtbar gemacht werden. Denn „die Dispositionsbefugnis der Parteien [endet] naturgemäß mit der Rechtskraft einer zivilprozessualen Entscheidung“.[315]

#### dd) Verzicht auf die Wirkungen der Forderungsfeststellung?

Ergänzend wird in der Literatur darauf hingewiesen, dass ein praktisches Bedürfnis dafür fehle, eine nachträgliche Rücknahme der Forderungsanmeldung zuzulassen.[316] Denn der Gläubiger könne zu jedem Zeitpunkt

---

309 *Smid*, FS Beck, S. 503 ff.

310 Vgl. oben B.II.1.b).ee); so im Hinblick auf die hier behandelte Problemstellung auch *Willmer*, NZI 2016, 168 (170).

311 *Canaris/Larenz*, Methodenlehre, S. 210.

312 *Berner/Willmer*, NZI 2015, 877 (881); *Schmerbach*, ZInsO 2016, 375 (376); auch AG Köln NZI 2016, 168 (169), wobei trotz dieser Erkenntnis im Ergebnis eine Rücknahme der Forderungsanmeldung bis zur Aufhebung des Insolvenzverfahrens für zulässig gehalten wird; dabei wird die Rechtskraftwirkung des § 178 III InsO ohne weitere Begründung mit der Titulierungsfunktion des § 201 II S. 1 InsO vermengt.

313 *Bacher*, BeckOK-ZPO, § 269 Rn. 8; *Foerste*, Musielak/Voit, § 269 Rn. 6; *Saenger*, Saenger-ZPO, § 269 Rn. 17.

314 *Sinz*, Uhlenbruck, § 177 Rn. 17.

315 *Berner/Willmer*, NZI 2019, 536 (540).

316 *Willmer*, NZI 2016, 168 (170).

auf die Wirkungen der Forderungsanmeldung „verzichten".[317] Ein Vollstreckungsverzicht wird im Gesetz nicht erwähnt. Dennoch wird die Existenz einer solchen Gestaltungsmöglichkeit in Literatur[318] und Rechtsprechung[319] stillschweigend vorausgesetzt. Der Verzicht erfordert einen Vertragsschluss[320] mit dem Verwalter und unterscheidet sich damit von einer einseitigen „Rücknahme" der Forderungsanmeldung. Die mit dem Verzicht einhergehende Verpflichtung des Gläubigers, die weitere Verfolgung des festgestellten Haftungsrechts zu unterlassen, ist als Schuldverhältnis zu qualifizieren. Da keine gesetzliche Anordnung existiert, welche die einseitige Begründung eines solchen Schuldverhältnisses erlaubt, folgt die Geltung des Vertragsprinzips unmittelbar aus § 311 I BGB.

(1) Bemerkenswert ist in diesem Kontext eine Entscheidung des BGH[321], die sich mit der Vollstreckbarkeit eines Prozessvergleichs befasst. Darin wird ausgeführt, dass eine außergerichtliche Übereinkunft der Parteien, welche die Pflichten aus dem Vergleich reduzieren soll, im Hinblick auf die Vollstreckbarkeit keine unmittelbare prozessuale Wirkung entfalten könne. Der BGH konstatiert: „Ebensowenig wie die verfahrensbeendende Wirkung des Prozeßvergleichs durch außergerichtliche Parteivereinbarungen eingeschränkt werden kann, ergibt sich auch sonst die Möglichkeit, die Vollstreckbarkeit durch außergerichtliche Erklärungen unmittelbar abzuändern." Dem Schuldner verbleibe im Falle einer Fortsetzung der Zwangsvollstreckung lediglich die Möglichkeit, seine Rechte im Wege der Vollstreckungsabwehrklage geltend zu machen. Diese Grundsätze gälten auch für die Vollstreckung aus Endurteilen. Zusammenfassend kann daher festgehalten werden: Ein Vollstreckungsverzicht muss streitigenfalls im Rahmen einer Klage nach § 767 ZPO vorgebracht werden, um die Vollstreckbarkeit des Titels zu beseitigen.[322] Der Verzicht bildet also eine nachträgliche Einwendung i.S.d. § 767 II ZPO, die von dessen Präklusionswirkung nicht erfasst wird.

317 *Schmerbach*, ZInsO 2016, 375 (376).

318 U.a. *Herget*, Zöller-ZPO, § 767 Rn. 12.43; *Holznagel*, NZFam 2014, 58 (59); *Lackmann*, Musielak/Voit, § 767 Rn. 26.

319 U.a.: BGH NZI 2011, 138 (139); BGH NJW 2017, 2202 (2203); OLG Celle NJW 2014, 3165 (3166).

320 So geht auch der BGH in NJW 1991, 2295 (2296) von der Zulässigkeit vollstreckungsbeschränkender „*Vereinbarungen*" aus; ebenso *Lüke/Arens*, Zivilprozessrecht, Rn. 579 („*vollstreckungsbeschränkende Verträge*").

321 BGH NJW 1982, 2072 (2073).

322 So wohl auch *Lackmann*, Musielak/Voit, § 767 Rn. 26.

Für das Insolvenzverfahren ist die Figur des Vollstreckungsverzichts zu modifizieren. Denn die Gesamtvollstreckung samt „Beschlagnahme“ des schuldnerischen Vermögens hat spätestens mit Insolvenzeröffnung (vgl. § 80 I InsO) und damit zeitlich vor der rechtskräftigen Forderungsfeststellung begonnen.[323] Der primäre Zweck des insolvenzspezifischen Vollstreckungsverzichts kann demnach nur darin bestehen, den Verwalter aus der Bindung an den jeweiligen Tabelleneintrag[324] zu entlassen und damit eine Teilnahme des Verzichtenden an der Verteilung zu verhindern.[325]

(2) Die Frage ist nun, ob die Bindung des Verwalters schon mit der Einigung über den Vollstreckungsverzicht aufgehoben wird oder ob der Verwalter formal an die Tabelleneintragung gebunden ist, bis die „Vollstreckbarkeit im weiteren Sinne“ mit einer erfolgreichen Klage nach § 767 ZPO beseitigt wurde. Die erstgenannte Variante dürfte den Bedürfnissen der Praxis am ehesten entsprechen. Zumindest bei Einigkeit aller Beteiligten ist es aus prozessökonomischer Perspektive kaum nachvollziehbar, den Verwalter, den verzichtenden Gläubiger und das Gericht aus rein formalen Gründen mit einem Vollstreckungsabwehrprozess zu belasten. Es soll daher ein Lösungsweg gefunden werden, der die Rechtskraftwirkung des § 178 III InsO respektiert und zugleich der „gelebten“ Praxis, in der die Bindung des Verwalters vielfach ohne eine zusätzliche Gerichtsentscheidung suspendiert wird,[326] ein tragfähiges dogmatisches Fundament bietet.

(3) Auf den ersten Blick erscheint es naheliegend, dem verzichtenden Gläubiger das aus § 242 BGB hergeleitete Verbot widersprüchlichen Verhaltens,[327] das als allgemeiner Rechtsgrundsatz auch das Zivilprozessrecht

---

323 *Spellenberg*, Gegenstand, S. 12.

324 Zur Bindung des Verwalters an die Tabellenfeststellungen bei der Errichtung des Verteilungsverzeichnisses s. oben B.II.1.a).

325 Ob mit dem Verzicht auch ein Verlust der sonstigen Teilnahmerechte (Akteneinsichtsrecht etc.) im Verfahren einhergeht, kann in Bezug auf die interessierende Fragestellung dahinstehen.

326 *Berner/Willmer*, NZI 2015, 877 (880); *Birnbreier/Schreiber*, ZInsO 2009, 2377 (2383); *Ringstmeier*, Praxis der Insolvenz, § 11 Rn. 197 ff.

327 *Schubert*, MüKo-BGB, § 242 Rn. 203 ff.; laut *Kähler*, OGK-BGB, § 242 Rn. 121 ff. lässt sich ein allgemeiner Grundsatz von Treu und Glauben aus gesetzessystematischen Erwägungen zwar nicht allein auf § 242 BGB stützen, jedoch erfordere der Gedanke eines rechtsethischen Minimalismus eine Ausweitung u.a. auf das Prozessrecht (insb. Rn. 124 ff.).

durchdringt,[328] entgegenzuhalten. Ein Gläubiger, der nach der rechtskräftigen Forderungsfeststellung in einen Verzicht einwilligt, setzt sich diametral in Widerspruch zu seinem vorherigen Verhalten, wenn er später die Aufnahme in das Verteilungsverzeichnis aufgrund des Tabelleneintrags fordert. Bei näherer Betrachtung hat das Gebot von Treu und Glauben im Insolvenzverfahren allerdings in Gestalt der Anfechtungseinrede, die in § 9 AnfG positiv normiert ist und deren Geltung auch im Insolvenzanfechtungsrecht mit Blick auf § 146 II InsO anerkannt ist,[329] eine spezialgesetzliche Ausprägung gefunden. Der Verwalter kann einen Widerspruch i.S.v. § 178 I InsO gegen eine in anfechtbarer Weise begründete Forderung auf die Anfechtungseinrede stützen.[330] In gleicher Weise muss er auch dem Begehren des verzichtenden Gläubigers auf Aufnahme in das Verteilungsverzeichnis begegnen können. Der Verwalter kann dem Gläubiger somit neben dem materiellen Verzicht einen aus der Anfechtungseinrede abgeleiteten Rechtsmissbrauchseinwand entgegenhalten. Diese Einrede hat - anders als der materielle Verzicht - nach der hier vertretenen Ansicht eine verfahrensrechtliche Dimension, die den Verwalter unmittelbar von der Bindung an den Tabelleneintrag befreit.

Dem könnte entgegnet werden, dass ein Gerichtsvollzieher die Einzelzwangsvollstreckung nicht ohne weiteres verweigern darf, weil sich der Gebrauch des zugrundeliegenden Titels als rechtsmissbräuchlich darstellt.[331] Denn im formalisierten Vollstreckungsverfahren begründet allein der Titel die Amtspflicht zur Vollstreckung. Dem Gerichtsvollzieher obliegt daher grundsätzlich nicht zu prüfen, ob der Vollstreckung ein Rechtsmissbrauchseinwand entgegensteht. Zwar ist der Insolvenzverwalter ebenso wie die Vollstreckungsorgane in der Einzelzwangsvollstreckung ein „Organ der Rechtspflege“.[332] Jedoch wird sein Status im Insolvenzrecht spezialgesetzlich geregelt: So bestimmt § 56 I S. 1 InsO spezifische Eignungsvoraussetzungen, die vom Insolvenzgericht im Rahmen der Bestellung zu beachten sind. Zudem ist der Verwalter gemäß § 1 S. 1 InsO der gesamten Gläubigergemeinschaft verpflichtet, von der er seine Stellung ggf. sogar unmittelbar ableitet (§§ 56a, 57 InsO). Für Pflichtverletzungen haftet er den Beteiligten gemäß §§ 60, 61 InsO persönlich; eine Haftungs-

328 BVerfGE 104, 220 (232); *Kähler*, OGK-BGB, § 242 Rn. 126.3; *Schubert*, MüKo-BGB, § 242 Rn. 367.
329 *Borries/Hirte*, Uhlenbruck, § 143 Rn. 186a sowie § 146 Rn. 10.
330 *Kichhof/Piekenbrock*, MüKo-InsO, § 143 Rn. 78.
331 *Jauernig/Berger*, ZwangsvollstreckungsR, § 1 Rn. 17.
332 *Marotzke*, ZInsO 2009, 1929 (1930).

überleitung gemäß Art. 34 S. 2 GG findet nicht statt. Die Aufgaben und Entscheidungsbefugnisse des Verwalters sind insgesamt deutlich weitreichender als die eines Gerichtsvollziehers. Diese hervorgehobene Position rechtfertigt es, dem Insolvenzverwalter die Möglichkeit zu eröffnen, einem verzichtenden Gläubiger unmittelbar die vorstehend begründete Einrede entgegenzuhalten.

#### ee) Auswirkungen eines Verzichts auf die Tabellenführung

Aus den vorstehenden Ausführungen ergibt sich nicht, ob die Tabelle anlässlich des Verzichts zu „berichtigen" ist. Den Maßstab für eine Berichtigung der Tabelle bildet nach Auffassung des BGH[333] § 164 I ZPO, der insoweit analog oder über § 4 InsO heranzuziehen ist.[334] Voraussetzung einer Berichtigung ist danach die Fehlerhaftigkeit bzw. Unrichtigkeit des jeweiligen Tabelleneintrags.[335] Berichtigungswürdig ist ein Eintrag also grundsätzlich nur, wenn er inhaltlich nicht mit dem Ergebnis der Forderungsprüfung übereinstimmt.[336] Ein Verzicht ändert allerdings nichts an dem Umstand, dass die betroffene Forderung im Prüfungstermin unstreitig geblieben ist. Ausgehend vom Zeitpunkt, in dem der Prüfungstermin endete, wird die Tabelleneintragung durch den „nachträglichen" Verzicht demnach nicht fehlerhaft.[337] Eine echte Berichtigungsmöglichkeit scheidet mithin aus. Um dennoch eine ausreichende Dokumentation zu gewährleisten, wird verschiedentlich vorgeschlagen, den Verzicht zumindest ergänzend als Bemerkung in die Tabelle aufzunehmen.[338] Einer solchen Ergänzung stünde die Rechtskraft des § 178 III InsO nicht entgegen.

#### ff) Titulierung gemäß § 201 II S. 1 InsO trotz Verzichts?

Wenn nun der Verzicht des Gläubigers keinen Anlass zu einer „echten" Tabellenberichtigung bietet, sind die tatbestandlichen Voraussetzungen des § 201 II S. 1 InsO bei wortlautgetreuer Gesetzesanwendung erfüllt.

333 BGH NZI 2017, 213; BGH NZI 2020, 895.
334 *Becker*, NR-InsO, § 178 Rn. 17.
335 *Schumacher*, MüKo-InsO, § 178 Rn. 51.
336 *Becker*, NR-InsO, § 178 Rn. 17.
337 *Becker*, NR-InsO, § 178 Rn. 17.
338 *Berner/Willmer*, NZI 2015, 877 (882); *Frege/Keller/Riedel*, Insolvenzrecht, Rn. 1649; *Sinz*, Uhlenbruck, § 174 Rn. 50.

Der verzichtende Gläubiger könnte weiterhin einen vollstreckbaren Tabellenauszug erlangen. In der Literatur finden sich Stimmen, die dieser Annahme widersprechen und die „Titulierungswirkung des § 201 II InsO“[339] entfallen lassen wollen.[340] Es fehlt allerdings eine nähere Begründung dieser Aussage. Teilweise wird auch die Reichweite des Verzichts auf das Recht zur Erlangung eines vollstreckbaren Tabellenauszugs erstreckt.[341] Den genannten Ansichten liegt ein Gedanke zugrunde, der aus normativer Perspektive durchaus nachzuvollziehen ist: Wer auf die originäre Funktion der Forderungsfeststellung - nämlich die Fixierung einer haftungsrechtlichen Partizipation an der Masse - verzichtet, kann sich das Insolvenzverfahren nicht zunutze machen, um isoliert in den Genuss der reflexartigen Titulierungswirkung[342] des § 201 II S. 1 InsO zu kommen.

(1) Gegen die Annahme, den (materiellen) Verzicht auf die Titulierung gemäß § 201 II S. 1 InsO auszudehnen, spricht schon der begrenzte Umfang der Verfügungsbefugnis des Insolvenzverwalters. Dem Verwalter obliegt es gemäß § 80 I InsO, „das zur Insolvenzmasse gehörende Vermögen zu verwalten und über es zu verfügen“. Die Wirkungen des § 201 II S. 1 InsO betreffen - wie schon die amtliche Normüberschrift vermuten lässt - nur die Rechte der Insolvenzgläubiger nach Verfahrensaufhebung. Die Nachhaftung ist vom treuhänderischen Auftrag des Verwalters nicht mehr gedeckt.[343] Es steht daher nicht zur Disposition des Verwalters, mit den Gläubigern Abreden über die Nachhaftung des Schuldners zu treffen. Solche Verzichtsvereinbarungen könnten nur mit dem Schuldner persönlich geschlossen werden.[344]

---

339 *Berner/Willmer*, NZI 2015, 877 (882).

340 *Berner/Willmer*, NZI 2015, 877 (882); ähnlich *Sinz*, Uhlenbruck, § 178 Rn. 44.

341 *Riedel*, MüKo-InsO, § 174 Rn. 43.

342 So sieht *Spellenberg*, Gegenstand, S. 151 in der Titulierungswirkung des § 164 II KO (entspricht § 201 II S. 1 InsO) nur ein „in eigentümlicher Weise mit dem Konkursfeststellungsverfahren verknüpftes […] Verfahren“, durch welches die „im Hinblick auf die im Konkurs ohnehin erfolgende Rechtsklärung doppelte Prozeßführung in bestimmtem Umfang vermieden […] werden soll“.

343 So meint auch *Spellenberg*, Gegenstand, S. 167 im Hinblick auf § 164 II KO, dass der „Konkursverwalter […] keinen Anlaß und auch keine Befugnis [hat], über den ursprünglichen Inhalt der Forderung zu entscheiden“.

344 *Spellenberg*, Gegenstand, S. 167, wobei nicht deutlich wird, ob der Verzicht auf einem Vertrag beruht oder nur (einseitig) gegenüber dem Schuldner erklärt werden muss.

(2) Mithin ist das normativ überzeugende Ergebnis, wonach ein Verzicht auf die Wirkungen der Forderungsfeststellung zugleich die Titulierungswirkung gegenüber dem Schuldner entfallen lässt, vorzugsweise auf zwei anderen methodischen Wegen zu erreichen: entweder durch eine teleologische Reduktion des § 201 II S. 1 InsO oder durch die Annahme einer amtswegig zu berücksichtigenden Einwendung gegen das Verlangen des Gläubigers nach einem vollstreckbaren Tabellenauszug bzw. einer entsprechenden Vollstreckungsklausel. Nach der Konzeption des Gesetzgebers beruht die Titulierungswirkung gegenüber dem Schuldner auf zwei verschiedenen Säulen. So erfordert § 201 II InsO nicht nur, dass es an einem Schuldnerwiderspruch fehlt bzw. ein solcher beseitigt wurde. Vielmehr muss zusätzlich die Feststellung der Forderung zur Tabelle erfolgt sein, was voraussetzt, dass im Anmeldungs- und Prüfungsverfahren kein erfolgreicher Widerspruch des Verwalters oder eines anderen Gläubigers erhoben wurde. Dies ist insoweit erstaunlich, als die Nachhaftung die Zusammensetzung und Verteilung der Insolvenzmasse nicht (mehr) betrifft; dennoch ist die gesetzgeberische Wertung zu akzeptieren.[345] Wenn die zweite Säule wegfällt, weil die Wirkungen der Forderungsfeststellung infolge des Verzichts suspendiert werden, widerspräche es dieser Wertung, dem Gläubiger dennoch einen Vollstreckungstitel zur Realisierung der Nachhaftung zu verschaffen. Damit besteht zugleich ein tragfähiges Fundament für eine teleologische Reduktion des § 201 II S. 1 InsO.

Im Übrigen dürfte die tatsächliche Motivation für den Verzicht des Gläubigers regelmäßig daraus erwachsen, dass die jeweilige Insolvenzforderung nachträglich erloschen ist.[346] Würde in solchen Fällen die Vollstreckung aus dem Tabellenauszug betrieben, könnte sich der Schuldner nicht nur mit der Vollstreckungsabwehrklage, sondern ggf. auch gestützt auf § 826 BGB[347] zur Wehr setzen. Soweit die Vollstreckung eine vorsätzliche sittenwidrige Schädigung des Schuldners darstellt, dürfte dies eine

---

345 *Spellenberg*, Gegenstand, S. 167 geht wohl davon aus, dass der Gesetzgeber eine Titulierung der Forderung gegenüber dem Schuldner gerade deshalb für angemessen hielt, weil die vorhergehende Prüfung durch Verwalter und konkurrierende Gläubiger eine erhöhte Richtigkeitsgewähr bietet.

346 *Frege/Keller/Riedel*, Insolvenzrecht, Rn. 1649.

347 Nach BGHZ 101, 380 (384 f.) setzt die Anwendung des § 826 BGB in diesem Kontext die Unrichtigkeit des Titels, die Kenntnis des Titelgläubigers von der Unrichtigkeit sowie das Vorliegen besonderer Umstände voraus, aufgrund deren es dem Gläubiger zugemutet werden muss, die ihm unverdient zugefallene Rechtsposition aufzugeben. Ob die letztgenannte Voraussetzung vorliegt, ist

Einwendung begründen, die das Insolvenzgericht[348] dem Verlangen des Gläubigers auf Erteilung einer Vollstreckungsklausel[349] entgegenhalten kann. Dies gilt erst recht, wenn der Verzicht des Gläubigers aus einer ergänzenden Bemerkung in der Tabelle[350] hervorgeht. Andernfalls müsste das Gericht sehenden Auges die Hand zum Rechtsmissbrauch reichen.

### c) Wirkungen außerhalb des Kerninsolvenzverfahrens

Nicht erörtert wurde bislang, ob die Rechtskraft der Forderungsfeststellung gegenüber den Insolvenzgläubigern auch außerhalb des Kerninsolvenzverfahrens Wirkungen erzeugt. In der Literatur wird die Fragestellung zumeist unter dem Begriff der Drittwirkung diskutiert.[351] Der Begriff birgt in dem hier behandelten Kontext Ungenauigkeiten; impliziert er doch die Betroffenheit von Personen, die am Insolvenzverfahren selbst nicht beteiligt sind. Insolvenzgläubiger sind allerdings Verfahrensbeteiligte. Passender erscheint daher die Bezeichnung „Folgewirkung". Als Ausgangspunkt für die weitere Betrachtung soll der nachstehende fiktive Fall[352] dienen:

A ist dem C zur Zahlung einer Geldsumme verpflichtet. B ist der Schuld des A im Wege einer sichernden Schuldmitübernahme[353] beigetreten, sodass im Außenverhältnis zu C ein Gesamtschuldverhältnis begründet wurde. Freilich bleibt A im Innenverhältnis zu B allein zur Zahlung verpflichtet. Über das Vermögen des A wird das Insolvenzverfahren eröffnet. Der Zahlungsanspruch des C wird in voller Höhe zur Tabelle festgestellt. Die Insolvenzmasse reicht jedoch nur aus, um die Kosten des Insolvenzverfahrens sowie die sonstigen Masseverbindlichkeiten zu begleichen. Eine Verteilung an die Insolvenzgläubiger erfolgt daher nicht. Sodann wendet

---

einzelfallabhängig und kann daher pauschal weder bejaht noch verneint werden.

348 Zur Zuständigkeit des Insolvenzgerichts s. *Meller-Hannich*, Jaeger-InsO, § 201 Rn. 16.

349 Zum Erfordernis der Erteilung einer Vollstreckungsklausel vgl. *Hintzen*, MüKo-InsO, § 201 Rn. 27 f. sowie *Wegener*, Uhlenbruck, § 201 Rn. 28 ff.

350 S. oben B.II.2.b).ee).

351 *Becker*, NR-InsO, § 178 Rn. 32; *Gerhardt*, Jaeger-InsO, § 178 Rn. 56 ff.; *Jungmann*, Schmidt-InsO, § 178 Rn. 26 f.; *Schumacher*, MüKo-InsO, § 178 Rn. 72 f.; *Sinz*, Uhlenbruck, § 178 Rn. 33; *Zenker*, BeckOK-InsO, § 178 Rn. 27.

352 Das Grundkonzept der Fallgestaltung ist angelehnt an *Fuchs/Masarwah*, NZI 2019, 401.

353 Zum quasi-akzessorischen Charakter der sodann entstehenden *„Sicherungsgesamtschuld"* siehe *Bartels*, JZ 2000, 608 ff.

sich C an den B und fordert ihn zur Zahlung der gesamten Geldsumme auf. B wendet ein, dass die Forderung noch vor Eröffnung des Insolvenzverfahrens über das Vermögen des A von diesem teilweise erfüllt worden sei.

#### aa) Der gedankliche Ausgangspunkt

C kann die teilweise Erfüllung nur dann mit Erfolg entgegengehalten werden, wenn B mit einer entsprechenden Einwendung nicht infolge der rechtskräftigen Forderungsfeststellung ausgeschlossen ist. Ein etwaiger Einwendungsausschluss könnte wie folgt begründet werden: In dem Insolvenzverfahren über das Vermögen des A war nicht nur der C, sondern vielmehr auch der B Insolvenzgläubiger. Denn B war jedenfalls Inhaber eines - zunächst auf Freistellung gerichteten - selbstständigen Ausgleichsanspruchs aus § 426 I BGB, der als Insolvenzforderung zu qualifizieren ist (vgl. § 41 InsO).[354] Die verfahrensrechtliche Bestimmung des § 44 InsO ändert an dieser materiell-rechtlichen Einordnung der Forderung nichts.[355] Zudem war B - aufschiebend bedingt durch die eigene Zahlung[356] - potenzieller Gläubiger der gemäß § 426 II S. 1 BGB sodann auf ihn übergehenden (Haupt-) Forderung des C. Ob dieser unselbstständige Regressanspruch schon vor der Zahlung an den (Haupt-) Gläubiger eine Insolvenzgläubigerstellung des ausgleichsberechtigten Gesamtschuldners zu begründen vermag, erscheint indessen zweifelhaft.[357] Es kommt im vorliegenden Fall allerdings nicht entscheidend darauf an.

Aus § 178 III InsO ergibt sich die urteilsgleiche Wirkung der Tabelleneintragung gegenüber allen Insolvenzgläubigern. Der Wortlaut der Norm lässt grundsätzlich eine Interpretation zu, wonach auch im Verhältnis der Insolvenzgläubiger untereinander fixiert wird, dass die jeweiligen

---

354 *Büteröwe*, Schmidt-InsO, § 38 Rn. 32; *Jilek/Kirchner*, BeckOK-InsO, § 38 Rn. 25; *Sinz*, Uhlenbruck, § 38 Rn. 39; BGHZ 114, 117 (122 f., noch zur VglO).

355 *Bitter*, MüKo-InsO, § 44 Rn. 16; *Fuchs/Masarwah*, NZI 2019, 401 (403).

356 OLG Jena NJOZ 2011, 2078 (2079).

357 Anders wohl *Ehricke/Behme*, MüKo-InsO, § 38 Rn. 35; Zwar ist anerkannt, dass eine Forderung durch einen Gläubigerwechsel nicht ihre Eigenschaft als Insolvenzforderung verliert (vgl. BGH ZIP 2008, 183; *Henckel*, Jaeger-InsO, § 38 Rn. 106; *Sinz*, Uhlenbruck, § 38 Rn. 38). Für die Begründung der Insolvenzgläubigerstellung ist jedoch die aktuelle Anspruchsinhaberschaft entscheidend, deren Wechsel sich erst mit der Zahlung an den ursprünglichen Gläubiger vollzieht.

(Insolvenz-) Forderungen zum Zeitpunkt der Eintragung des Tabellenvermerks[358] in der festgestellten Höhe bestehen. Unter der Annahme einer solchen Rechtskraftdimension könnte B dem C die vorherige Teilerfüllung der von ihm abgesicherten Leistungspflicht des A nicht mehr erfolgreich entgegenhalten (sog. Präjudizialität[359]). Er wäre in einem von C angestrengten Folgeprozess mit einer entsprechenden Einwendung präkludiert. Dies gälte freilich nur, wenn die Rechtskraftwirkung nicht von vornherein auf die Manifestation des insolvenzspezifischen Konkurrenzverhältnisses der Gläubiger beschränkt ist.[360]

#### bb) Relevante Fallgruppen

Die aufgeworfene Fragestellung ist nicht nur im Verhältnis eines ausgleichsberechtigten Gesamtschuldners zum Hauptgläubiger von Relevanz. Der Ausgangsfall soll nur exemplarisch zum generellen Problem einer möglichen Folgewirkung des § 178 III InsO überleiten:

(1) Eine Folgewirkung ist vielmehr im Hinblick auf weitere Personalsicherheitsgeber zu diskutieren: So bildet der Bestand der Hauptforderung gemäß § 767 I BGB eine tatbestandliche Voraussetzung des Bürgschaftsanspruchs. Wird also eine durch Bürgschaft gesicherte Hauptforderung in der Insolvenz des Hauptschuldners in voller Höhe zur Tabelle festgestellt und wendet sich der Gläubiger danach an den Bürgen, könnten dessen Einwendungen gegen die Verität der Hauptforderung rechtskraftbedingt ebenso ausgeschlossen sein.[361] Die Insolvenzgläubigerstellung des Bürgen ergibt sich (zumindest) aus dessen (aufschiebend bedingten) Regressanspruch gegen den Schuldner.[362]

(2) In Bezug auf Drittforderungen gegen die Gesellschaft ähnelt die haftungsrechtliche Stellung von Gesellschaftern einer OHG derjenigen von Personalsicherheitsgeben.[363] Die Gesellschafter haften gemäß §§ 128, 129

358 Zum Streit um den Zeitpunkt des Eintritts der Rechtskraftwirkung s. oben Fn. 162.
359 *Musielak*, Musielak/Voit, § 322 Rn. 10 ff.
360 So der ergänzende Begründungsansatz von *Gerhardt*, Jaeger-InsO, § 178 Rn. 57.
361 Genau diesen Fall bilden *Fuchs/Masarwah*, NZI 2019, 401.
362 *Fuchs/Masarwah*, NZI 2019, 401 (403); der Regressanspruch des Bürgen folgt jedenfalls aus § 670 BGB, vgl. *Habersack*, MüKo-BGB, § 765 Rn. 7.
363 *Schmidt*, MüKo-HGB, § 128 Rn. 16.

HGB akzessorisch für die Verbindlichkeiten der Gesellschaft.[364] In der Gesellschaftsinsolvenz ergibt sich die Insolvenzgläubigerstellung der Gesellschafter, die eine Einbeziehung in den Kreis der Rechtskraftbetroffenen für möglich erscheinen lässt, sodann aus § 110 I HGB: Die Begleichung von Gesellschaftsverbindlichkeiten ist grundsätzlich – auch wenn damit zugleich eine eigene Verpflichtung aus § 128 S. 1 HGB erfüllt wird[365] - als erforderliche Aufwendung in Gesellschaftsangelegenheiten zu qualifizieren.[366] Sofern die Verbindlichkeit gegenüber dem Gesellschaftsgläubiger noch nicht erfüllt wurde, besteht im Innenverhältnis zwischen Gesellschafter und Gesellschaft ein Anspruch auf Freistellung.[367] Mithin ist der Ersatzanspruch gemäß § 110 I HGB jedenfalls zur Zeit der Eröffnung des Insolvenzverfahrens (vgl. § 38 InsO) begründet.[368] Aus diesem Umstand folgt, dass der persönlich haftende Gesellschafter einer OHG regelmäßig Inhaber einer Insolvenzforderung ist.[369] Wird nun die Forderung eines Gläubigers in der Insolvenz der Gesellschaft rechtskräftig in voller Höhe zur Tabelle festgestellt, könnte dies die Grundlage für eine akzessorische Haftung aus § 128 S. 1 HGB i.V.m. § 93 InsO schaffen. Dann wären Einwendungen des Gesellschafters gegen den Bestand der Hauptverbindlichkeit in den Grenzen des § 767 II ZPO ausgeschlossen.

(3) Weitere Anwendungsfälle einer Folgewirkung könnten zudem aus einer mehr oder weniger „zufälligen“ Insolvenzgläubigerstellung resultieren. Ist beispielsweise der Erwerber eines Handelsgewerbes zugleich Inhaber einer Kaufpreisforderung gegen den vormaligen Unternehmensträger und fällt dieser nach dem Erwerbsvorgang in Insolvenz,[370] so fragt sich, ob die Feststellung der Forderung eines Drittgläubigers auch den

---

364 *Boesche*, Oetker-HGB, § 128 Rn. 5.

365 *Lieder*, Oetker-HGB, § 110 Rn. 7.

366 *Langhein*, MüKo-HGB, § 110 Rn. 11; *Stengel*, Personengesellschaften, § 3 Rn. 84; *v. Ditfurth*, Hdb. Gesellschaftsrecht, § 53 Rn. 85.

367 *v. Ditfurth*, Hdb. Gesellschaftsrecht, § 53 Rn. 89.

368 Offenbleiben kann daher, ob und unter welchen Voraussetzungen sich dieser Freistellungsanspruch in Ansehung der Sperrwirkung des § 93 InsO während des Insolvenzverfahrens durch eine Leistung des Gesellschafters in einen Erstattungs- bzw. Zahlungsanspruch umwandeln kann; vgl. dazu *Bitter*, MüKo-InsO, § 44 Rn. 36; *Knof*, Uhlenbruck, § 44 Rn. 6.

369 *Langhein*, MüKo-HGB, § 110 Rn. 9; *Stengel*, Personengesellschaften, § 3 Rn. 90; vgl. auch BGH NZG 2018, 100 (103).

370 Zur Anwendbarkeit des § 25 I S. 1 HGB bei einem Unternehmenserwerb vor Eröffnung des Insolvenzverfahrens s. BGH NJW 2006, 1001 (1002) sowie BGH NJW-RR 2009, 820 (821).

Erwerber im Hinblick auf seine Haftung für ebendiese Forderung gemäß § 25 I S. 1 HGB bindet. Denn es besteht eine Akzessorietät zwischen der Einstandspflicht des Erwerbers und der originären Leistungspflicht des Veräußerers,[371] sodass deren rechtskräftige Feststellung eine präjudizielle Wirkung gegenüber dem Erwerber entfalten könnte.

(4) Gerade die letztgenannte Konstellation lässt bereits starke Zweifel an der Legitimation einer Folgewirkung aufkommen. Kann eine Rechtskraftbetroffenheit in Folgeprozessen tatsächlich von der Frage anhängen, ob eine (beklagte) Partei „unseligerweise" Inhaberin einer Insolvenzforderung war? Es ist jedenfalls nicht ersichtlich, warum ein zufälliger Umstand dazu geeignet sein sollte, eine Rechtskrafterstreckung sachlich zu rechtfertigen. Der BFH sah sich in seiner Entscheidung vom 17.09.2019[372] gleichwohl nicht daran gehindert, eine auf § 178 III InsO gestützte Folgewirkung anzunehmen. In dem zugrundeliegenden Sachverhalt wurde der Geschäftsführer einer insolventen GmbH per Haftungsbescheid gemäß § 191 I i.V.m. §§ 34 I, 69 AO, § 35 GmbHG für Steuerverbindlichkeiten der Gesellschaft in Anspruch genommen. Mit seiner Klage beantragte der Geschäftsführer die Aufhebung des Haftungsbescheids. Das Finanzgericht entschied, dass der Kläger mit Einwendungen gegen die Höhe der Haftungssumme ausgeschlossen sei, soweit die haftungsbegründenden Steuerforderungen im Insolvenzverfahren über das Vermögen der Gesellschaft unwidersprochen zur Tabelle festgestellt wurden. Der BFH wies die Revision gegen das finanzgerichtliche Urteil zurück: Der Geschäftsführer sei aufgrund offener Gehaltsforderungen ebenfalls Insolvenzgläubiger i.S.d. § 38 InsO gewesen und daher gemäß § 178 III InsO an die Eintragungen in der Tabelle gebunden. Der Wortlaut des § 178 III InsO enthalte keinen Anhaltspunkt dafür, dass sich die „Wirkung des Tabelleneintrags […] auf das Insolvenzverfahren oder den Insolvenzschuldner beschränkt."[373]

#### cc) Rückblick: Objektive Rechtskraftdimension

Um den Problemkreis der Folgewirkung einer stringenten Lösung zuzuführen, ist eine Rückbesinnung auf die oben dargestellten Leitlinien zur objektiven Rechtskraftdimension erforderlich. Es wurde aufgezeigt, dass

371 *Thiessen*, MüKo-HGB, § 25 Rn. 26.
372 BFH ZIP 2020, 186.
373 BFH ZIP 2020, 186 (188).

nicht die Forderung als solches, sondern das Haftungsrecht des Gläubigers an der Masse den Gegenstand des Feststellungsverfahrens bestimmt. Die Verität der Forderung bildet in Bezug auf den Bestand dieses Haftungsrechts nur eine Vorfrage, die nicht von der Rechtskraft des § 178 III InsO erfasst wird.

(1) Die Überlegungen zu einer möglichen Folgewirkung der Tabellenfeststellung basieren in der vorliegenden Fallkonstellationen auf der Dependenz zwischen einer Insolvenzforderung und einer (quasi-) akzessorischen Forderung desselben Anspruchsberechtigten gegen einen anderen Insolvenzgläubiger. Wenn jedoch die Verität der Insolvenzforderung im Rahmen des Feststellungsverfahrens nur eine Vorfrage darstellt, deren Beurteilung nicht in Rechtskraft erwächst, kann die Feststellung a priori keine präjudizielle Wirkung hinsichtlich akzessorischer Ansprüche erzeugen. Denn als Ergebnis des Prüfungsverfahrens wird (nur) ein Haftungsrecht fixiert, das inhaltlich die Summe der insolvenzspezifischen Voraussetzungen einer quotalen Partizipation des Gläubigers an der Masse beschreibt. Der Bestand eines solchen Haftungsrechts ist jedoch umgekehrt keine tatbestandliche Voraussetzung für die Verität der akzessorischen Forderung. Dieser dogmatische Gesichtspunkt allein ist bereits geeignet, das gedankliche Konstrukt einer Folgewirkung abzulehnen. Demgegenüber verkennt der BFH in der oben dargestellten Entscheidung[374] die objektive Rechtskraftdimension des § 178 III InsO. Er nimmt eine Folgewirkung an, obwohl der Bestand der festgestellten Steuerverbindlichkeiten - jedenfalls gegenüber den anderen Insolvenzgläubigern[375] - durch den Tabelleneintrag nicht unmittelbar tituliert wird.

(2) Aus demselben Grund kann in Anfechtungsprozessen gegen Insolvenzgläubiger ebenfalls keine Folgewirkung angenommen werden. So wurde in der instanzgerichtlichen Rechtsprechung verschiedentlich eine präjudizielle Wirkung der Tabellenfeststellung für die (Vor-) Frage angenommen, ob die festgestellte Forderung im Streit um die Beurteilung der Zahlungsunfähigkeit des Schuldners zu berücksichtigen ist.[376] Diese Annahme

---

374 BFH (Fn. 372).

375 Ob die Steuerverbindlichkeit als solche gegenüber dem Schuldner rechtskräftig tituliert wird, richtet sich dagegen nach § 201 II S. 1 InsO (vgl. nur BFHE 257, 515 sowie BFHE 259, 221). Die Wirkungen des § 201 II S. 1 InsO werden weiter unten ausführlich behandelt.

376 OLG Celle ZInsO 2012, 90 (92); OLG Hamm ZInsO 2013, 1425 (1428); LG Hannover ZInsO 2016, 1588 (1591).

gründet auf einer unzutreffenden Vorstellung vom Gegenstand des Feststellungsverfahrens. Die Manifestation eines Haftungsrechts in der Tabelle bedingt noch keine rechtskräftige Feststellung der dem Haftungsrecht zugrundeliegenden Forderung. Ob ein Gläubiger ein Haftungsrecht an der Insolvenzmasse beanspruchen kann, ist für die retrospektive Beurteilung der Zahlungsunfähigkeit des Schuldners dagegen nicht von direkter Relevanz.[377]

Wer der hier vertretenen Auffassung zur objektiven Rechtskraftdimension des § 178 III InsO nicht folgen will, muss sich zumindest mit *Schoppmeyers*[378] Gegenargumenten auseinandersetzen. Er bemerkt zutreffend, dass die Forderungsfeststellung keinesfalls eine Aussage darüber enthält, zu welchem Zeitpunkt eine (Insolvenz-) Forderung erstmals entstanden und fällig geworden ist.[379] In Rechtskraft würde allenfalls erwachsen, dass die Forderung im Zeitpunkt der Insolvenzeröffnung begründet war und zum Zeitpunkt der Feststellung noch fortbesteht. Für die anfechtungsrechtliche Beurteilung der Zahlungsunfähigkeit des Schuldners ist jedoch keiner der genannten Zeitpunkte entscheidend.

Die durch § 178 III InsO ausgelöste Rechtskraft ist mithin ungeeignet, in Anfechtungsprozessen eine Bindung der Parteien in Form einer Folgewirkung zu generieren. Zur Klarstellung sei darauf hingewiesen, dass die Ablehnung einer präjudiziellen Wirkung nicht daran hindert, die Forderungsfeststellung im Rahmen der Beweiswürdigung nach § 286 I ZPO zu berücksichtigen.[380]

#### dd) Teleologische Erwägungen

Soweit der Ansicht des RG[381] gefolgt wird, wonach die Forderung selbst Gegenstand des Feststellungsverfahrens ist, kann eine Präjudizialität jedenfalls nicht mehr allein mit dem vorstehenden dogmatischen Argument verneint werden. Die Ablehnung einer Folgewirkung erweist sich jedoch auch aus anderen Gründen als richtig.

---

377 Ähnlich *Schoppmeyer*, ZInsO 2016, 2157 (2160).
378 *Schoppmeyer*, ZInsO 2016, 2157 ff.
379 *Schoppmeyer*, ZInsO 2016, 2157 (2161).
380 *Schoppmeyer*, ZInsO 2016, 2157 (2162).
381 RGZ 55, 157 (160).

(1) *Gerhardt* meint, die Ausdehnung der Rechtskraft des § 178 III InsO dürfe in subjektiver Hinsicht nicht über den Wortlaut und Sinn des Gesetzes hinaus erstreckt werden.[382] Obwohl diese Aussage ihrerseits näherer Begründung bedarf, weist sie doch den Weg zu einem sachgerechten Umgang mit dem Problemkreis der Folgewirkung. Die aus § 178 III InsO resultierende Bindungswirkung soll die verfahrensrechtliche Position der Insolvenzgläubiger absichern, das haftungsrechtliche Konkurrenzverhältnis in Bezug auf die Masse fixieren und so eine solide Basis für den Vollzug der Tabelle schaffen.[383] Diese Zwecke erfordern es nicht, der Forderungsfeststellung eine Ausstrahlungswirkung auf Rechtsverhältnisse beizumessen, die nicht geeignet sind, den reibungslosen Ablauf des Kerninsolvenzverfahrens zu beeinflussen. *Schoppmeyer* konstatiert in diesem Kontext prägnant: „Die Norm [§ 178 III InsO] trägt nicht weiter als die ihr zugrunde liegende Interessenlage".[384] Diesem Gedanken folgend, ist der Wirkungskreis des § 178 III InsO auf das zur Zweckerreichung erforderliche Maß zu beschränken und eine Folgewirkung aus teleologischen Gründen abzulehnen.[385] Andernfalls bestünde sogar die Gefahr, dass Feststellungsstreitigkeiten nur ausgetragen werden, um etwaige Folgewirkungen zu vermeiden. Ein solcher Effekt würde die dem § 178 InsO intendierte Steigerung der Verfahrenseffizienz[386] sogar konterkarieren.

#### ee) Systematische Erwägungen

Die teleologische Deutung des § 178 III InsO wird durch zwei systematische Aspekte untermauert.

(1) Aus § 325 I ZPO ergibt sich, dass das Zivilprozessrecht der Rechtskraft auch in subjektiver Hinsicht enge Grenzen zieht. Gesetzliche Rechtskrafterstreckungen auf Dritte besitzen mithin Ausnahmecharakter.[387] Weil

---

382 *Gerhardt*, Jaeger-InsO, § 178 Rn. 57.

383 *Fuchs/Masarwah*, NZI 2019, 401 (403); *Schoppmeyer*, ZInsO 2016, 2157 (2158); vgl. auch oben B.II.1.a).

384 *Schoppmeyer*, ZInsO 2016, 2157 (2159).

385 *Fuchs/Masarwah*, NZI 2019, 401 (403 f.) wollen in der Idee einer Folgewirkung wegen „erkennbar fehlender Zweckdienlichkeit" sogar einen Verfassungsverstoß erkennen.

386 *Schoppmeyer*, ZInsO 2016, 2157 (2159).

387 BGHZ 3, 385 (388); *Musielak*, Musielak/Voit, § 325 Rn. 3.

§ 178 III InsO die Rechtskraftwirkung einem weiten Personenkreis auferlegt, ist die Norm insofern als Ausnahmevorschrift - oder zumindest als außergewöhnliche Vorschrift - zu qualifizieren. Gerade im systematischen Vergleich zu § 325 I ZPO stützt die Singularität des § 178 III InsO in der Rechtsordnung somit die These, wonach dessen Wirkungen auf das Notwendigste zu beschränken sind.[388] Nur eine solche enge Norminterpretation fügt sich in das Grundkonzept des Gesetzgebers zur Reichweite der subjektiven Rechtskraft ein.

(2) Ein weiteres systematisches Argument für die hier vertretene Ansicht kann aus § 179 II Alt. 2 InsO hergeleitet werden. Danach obliegt es dem Bestreitenden, einen Widerspruch zu verfolgen, wenn für die angemeldete Forderung ein Endurteil vorliegt. Die Vorschrift besagt nach ihrem Wortlaut nur, wer Träger der sog. Betreibungslast ist.[389] Jedoch sind der Verwalter wie die Opponenten im Rahmen des Feststellungsverfahrens ebenso an die Rechtskraft des vorinsolvenzlich ergangenen Urteils gebunden.[390] Nach allgemeiner Auffassung kann der Widerspruch gegen eine entsprechende Forderung daher nur mit denjenigen Mitteln verfolgt werden, die gegen ein rechtskräftiges Urteil statthaft sind.[391] Faktisch besteht deshalb regelmäßig keine Möglichkeit, die angemeldete Forderung erfolgreich zu bestreiten.[392] Die Rechtskraft des Endurteils beansprucht auch in der Gesamtvollstreckung Geltung. Die Früchte des vorinsolvenzlich gewonnenen Prozesses bleiben dem anmeldenden Gläubiger erhalten. Ihn darüber hinaus in den Genuss der hier diskutierten Folgewirkung kommen zu lassen, erscheint indessen gänzlich unangemessen.[393] Dem Gläubiger einer durch Endurteil titulierten Forderung würde die Forderungsfeststellung grundlos eine Erweiterung der subjektiven Rechtskraftdimension besche-

---

388 So implizit auch *Schoppmeyer*, ZInsO 2016, 2157 (2159); dagegen kann eine einschränkende Interpretation des § 178 III InsO nicht bereits mit einer abstrakten Metaregel, nach der Ausnahmevorschriften generell eng auszulegen sind, begründet werden, vgl. *Rosenkranz*, JA 2015, 783 (784 ff.).

389 *Jungmann*, Schmidt-InsO, § 179 Rn. 20; *Schumacher*, MüKo-InsO, § 179 Rn. 29; *Sinz*, Uhlenbruck, § 179 Rn. 27.

390 Dies wurde bereits in den Motiven zur KO, S. 367 angenommen; vgl. i.Ü. Fn. 391.

391 *Becker*, NR-InsO, § 179 Rn. 19; *Jungmann*, Schmidt-InsO, § 179 Rn. 21; *Leithaus*, AL-InsO, § 179 Rn. 5; *Schumacher*, MüKo-InsO, § 179 Rn. 33; *Sinz*, Uhlenbruck, § 179 Rn. 33; *Specovius*, Braun-InsO, §§ 179-181 Rn. 16; *Zenker*, BeckOK-InsO, § 179 Rn. 17, 19.

392 *Schoppmeyer*, ZInsO 2016, 2157 (2160).

393 *Schoppmeyer*, ZInsO 2016, 2157 (2160).

ren, die über das Insolvenzverfahren hinaus Wirkungen zeitigte. Die von einer solchen Rechtskrafterweiterung Betroffenen hätten außerhalb der von §§ 578 ff., 767 ZPO gesteckten Grenzen zu keinem Zeitpunkt eine Möglichkeit, Einwendungen gegen die titulierte Forderung vorzubringen.

### ff) Grundrechtliche Erwägungen

Das vorgenannte Resultat einer Folgewirkung wäre zudem nicht mit den grundrechtlichen Verfahrensanforderungen vereinbar. Vermittelt durch den Akt der Forderungsfeststellung wären die Opponenten außerhalb des Insolvenzverfahrens faktisch an das Ergebnis des vorinsolvenzlich ergangenen Urteils gebunden. Art. 103 I GG garantiert jedoch rechtliches Gehör und damit zumindest ein Recht zur Stellungnahme.[394] Gewährleistet sein muss die Gelegenheit, sich zum entscheidungserheblichen Sachverhalt zu äußern und dadurch das Verfahrensergebnis beeinflussen zu können.[395] Diese Gelegenheit würde den konkurrierenden Gläubigern bei Anerkennung einer Folgewirkung verwehrt. Die Widerspruchsmöglichkeit nach den §§ 178 I S. 1, 179 II InsO ist nicht geeignet, die Gehörsverletzung zu negieren. Denn die Möglichkeit, Einwendungen gegen die angemeldete Forderung mit Erfolg vorzubringen, wird durch § 767 II ZPO drastisch beschränkt.

*Fuchs* und *Marsawah* haben richtig bemerkt, dass eine solche Gehörsverletzung ebenso in dem oben dargestellten Szenario einer „Folgewirkung gegenüber dem Bürgen“[396] droht.[397] Zwar ist der Bürge materiell-rechtlich als Insolvenzgläubiger zu qualifizieren. Trotzdem hindert ihn § 44 InsO verfahrensrechtlich daran, seine Insolvenzforderung - nämlich den Regressanspruch gegen den Schuldner - zur Tabelle anzumelden.[398] Weil die Widerspruchsberechtigung von einer (wirksamen) Anmeldung der ei-

---

394 BVerfGE 1, 418 (429); BVerfGE 84, 188 (190); BVerfGE 89, 28 (35); BVerfGE 98, 218 (263); BVerfGE 109, 13 (37 f.); *Nolte/Aust*, MKS-GG, Art. 103 Rn. 28.

395 BVerfGE 84, 188 (190); BVerfGE 89, 28 (35); *Nolte/Aust*, MKS-GG, Art. 103 Rn. 39.

396 Vgl. oben bb).(1).

397 *Fuchs/Masarwah*, NZI 2019, 401 (404).

398 *Knof*, Uhlenbruck, § 44 Rn. 8; *Bitter*, MüKo-InsO, § 44 Rn. 12 verweist darauf, dass die Teilnahmemöglichkeit des Regressberechtigten vom Anmeldeverhalten des Hauptgläubigers abhängig ist.

genen Forderung abhängt,[399] hat der Bürge in den Fällen des § 44 InsO keine Möglichkeit, die Hauptforderung ganz oder teilweise zu bestreiten. Mithin kann der Bürge im Feststellungsverfahren regelmäßig keine eigenen Einwendungen gegen den Bestand der Hauptforderung vorbringen.[400] Die Anerkennung einer Folgewirkung würde in solchen Fällen daher seinen Anspruch auf rechtliches Gehör verletzen,[401] unabhängig davon, ob für die Hauptforderung bereits ein (rechtskräftiges) Endurteil i.S.v. § 179 II Alt. 2 InsO gegen den Insolvenzschuldner vorlag.

#### gg) Zusammenfassung und Ausblick

Eine Ausdehnung der Rechtskraft des § 178 III InsO auf Rechtsverhältnisse außerhalb des Insolvenzverfahrens ist mithin aus vielfältigen Gründen zu verwerfen. Regelmäßig dürfte in Folgeprozessen nur die Verität der angemeldeten Insolvenzforderung, nicht jedoch der Bestand eines insolvenzspezifischen Haftungsrechts als Vorfrage relevant sein. Selbst wenn die Bindungswirkung der Forderungsfeststellung über das Insolvenzverfahren hinausreichte, käme dieser Extension aus rechtsdogmatischen Gründen kaum praktische Bedeutung zu. Gleichwohl ist eine Folgewirkung auch aufgrund von übergeordneten teleologischen, systematischen sowie grundrechtlichen Erwägungen abzulehnen.

Die Ablehnung einer unmittelbaren Folgewirkung des § 178 III InsO schließt es dagegen nicht aus, über den „Umweg" des § 201 II S. 1 InsO eine mittelbare Folgewirkung der Tabellenfeststellung zu begründen. Dieser „Umweg" erfreut sich insbesondere in der höchstrichterlichen Rechtsprechung wachsender Beliebtheit.[402] Darauf ist im Folgenden im Detail einzugehen.

---

399 Ganz h.M.: *Eickmann/Wimmer*, InsO-Hdb, § 62 Rn. 3; *Jungmann*, Schmidt-InsO, § 178 Rn. 1; *Schumacher*, MüKo-InsO, § 178 Rn. 21; *Sinz*, Uhlenbruck, § 178 Rn. 12; *Zenker*, BeckOK-InsO, § 178 Rn. 6; vgl. i.Ü. *Gerhardt*, Jaeger-InsO, § 176 Rn. 32 m.w.N.; der Wortlaut des § 178 I S. 1 InsO erscheint insofern zu weit geraten; a.A. wohl *Becker*, NR-InsO, § 176 Rn. 16.

400 *Fuchs/Masarwah*, NZI 2019, 401 (404).

401 So hat der BGH auch außerhalb des Insolvenzrechts eine generelle Erstreckung der Rechtskraft von Urteilen gegen den Hauptschuldner auf den Bürgen ausdrücklich abgelehnt, vgl. BGHZ 210, 348 (355 f., 358).

402 BGH NZI 2018, 442 (Bindungswirkung gegenüber Kommanditisten); BGH NZI 2014, 73 (Bindungswirkung gegenüber dem Erben im Streit mit dem Nachlassinsolvenzverwalter); BFHE 257, 515 sowie BFHE 259, 221 („Drittwirkung" gegenüber dem GmbH-Geschäftsführer).

## C. Einbeziehung des Schuldners gemäß § 201 II S. 1 InsO

In Literatur und Rechtsprechung wird vergleichsweise wenig Mühe darauf verwandt, den Bedeutungsgehalt sowie die teleologische Rechtfertigung von § 201 II S. 1 InsO zu erhellen. Dabei wirft die Norm und insbesondere ihr Verhältnis zu § 178 III InsO Fragen auf:

Nach seinem Wortlaut erlaubt § 201 II S. 1 InsO denjenigen Insolvenzgläubigern, „deren Forderungen festgestellt und nicht vom Schuldner im Prüfungstermin bestritten worden sind, [...] aus der Eintragung in die Tabelle *wie aus einem vollstreckbaren Urteil* die Zwangsvollstreckung gegen den Schuldner betreiben.“ Damit begründet die Norm in erster Linie eine erleichterte Vollstreckungsmöglichkeit zur Realisierung der Nachhaftung.[403] Demgegenüber lässt § 178 III InsO der Eintragung in der Tabelle für die festgestellten Forderungen dieselbe Wirkung zukommen „wie ein rechtskräftiges Urteil“. Der Gesetzgeber differenziert also augenscheinlich zwischen rechtskräftigen und vollstreckbaren Urteilen. Eine materielle Rechtskraftwirkung des Tabelleneintrags ergibt sich unmittelbar nur aus dem Wortlaut des § 178 III InsO. Aus § 201 II S. 1 InsO ebenfalls eine entsprechende Wirkung gegenüber dem Schuldner herzuleiten, bedürfte dagegen einer besonderen Rechtfertigung. Dennoch entspricht die letztgenannte Lesart der ganz herrschenden Meinung in Literatur und Rechtsprechung.[404]

Gemäß § 178 III InsO erwächst mit der Forderungsfeststellung nach den oben dargelegten Grundsätzen nur das insolvenzspezifische Haftungsrecht in Rechtskraft. Wenn mit der Titulierung gemäß § 201 II S. 1 InsO zugleich eine materielle Rechtskraftwirkung einhergehen sollte, bezieht sich diese notwendigerweise auf einen anderen Gegenstand. Denn mit dem Nachforderungsrecht gemäß § 201 I InsO macht der Insolvenzgläubiger kein Haftungsrecht an der Insolvenzmasse geltend. Vielmehr soll gegen den Schuldner regelmäßig ein auf Zahlung in Geld gerichteter persönlicher Anspruch vollstreckt werden. Ein solcher Zahlungsanspruch setzt materiell-rechtlich lediglich die Verität der jeweiligen Insolvenzforderung

---

403 *Spellenberg*, Gegenstand, S. 151 (zu § 164 II KO).

404 Zur Rspr. s. oben Fn. 402; aus der Literatur: *Hintzen*, MüKo-InsO, § 201 Rn. 25; *Nicht*, BeckOK-InsO, § 201 Rn. 16; *Pehl*, Braun-InsO, § 201 Rn. 11; *Wegener*, Uhlenbruck, § 201 Rn. 19; *Westphal*, NR-InsO, §§ 201-202 Rn. 9.

voraus. Die Verität war im Anmeldungs- und Prüfungsverfahren jedoch nur eine Vorfrage, die gerade nicht von der Rechtskraft des § 178 III InsO erfasst wird.[405] Folglich unterschiede sich eine aus § 201 II S. 1 InsO resultierende Bindungswirkung nicht nur in subjektiver, sondern auch in objektiver Hinsicht von der des § 178 III InsO.[406]

## I. Hergebrachtes Verständnis von § 201 II S. 1 InsO

### 1. Konkretisierung der Fragestellung

Die genannten Aspekte bieten Anlass für eine genauere Auseinandersetzung mit der Titulierungsfunktion des § 201 II S. 1 InsO. Dabei steht außer Frage, dass der Tabelleneintrag als Vollstreckungstitel taugt.[407] Möchte sich der Schuldner im Nachhinein gegen die Zwangsvollstreckung mit der Behauptung zur Wehr setzen, dass ihm materielle Einwendungen gegen den titulierten Anspruch zustehen, muss er eine Vollstreckungsabwehrklage nach § 767 ZPO erheben.[408] Die Gretchenfrage ist nun, ob der Schuldner von der Präklusionsvorschrift des § 767 II ZPO betroffen ist. Deren Anwendbarkeit würde voraussetzen, dass die Tabellenfeststellung auch gegenüber dem Schuldner eine materielle Rechtskraftwirkung erzeugt und daher nicht § 797 IV ZPO (ggf. analog) heranzuziehen ist. Die Anwendbarkeit des § 797 IV ZPO wurde - wie oben dargestellt - von *Smid* schon im Hinblick auf eine nachträgliche Widerspruchsmöglichkeit des Verwalters angedacht. Einer damit einhergehenden teleologischen Reduktion des § 178 III InsO stehen jedoch systematische und historische Gesichtspunkte entgegen, die ein Festhalten am Wortlaut der Norm erfordern. Indessen gelten für die Wirkungen des § 201 II S. 1 InsO schon wegen des anderslautenden Normtextes nicht dieselben Maßstäbe. Die Ablehnung einer teleologischen Reduktion des § 178 III InsO präjudiziert die in diesem Abschnitt zu behandelnde Frage mithin nicht.

---

405 S. oben B.I.1.a) sowie B.I.3.a).bb).

406 *Eckardt*, KS-InsO, S. 547; *Krumm*, StuW 2012, 329 (339); *Sinz*, Uhlenbruck, § 184 Rn. 6.

407 *Jungmann*, Schmidt-InsO, § 201 Rn. 4.

408 *Wegener*, Uhlenbruck, § 202 Rn. 4.

## 2. Blick in die Konkursordnung

Dass § 767 II ZPO nach allgemeiner Auffassung[409] auf die Vollstreckungsabwehrklage des Schuldners gegen den aus dem Tabelleneintrag vollstreckenden Gläubiger Anwendung findet, lässt sich historisch mit der Rechtsprechung des Reichsgerichts zu § 164 II KO - dem damaligen Äquivalent zu § 201 II S. 1 InsO[410] - erklären. Obwohl dessen Wortlaut kaum Anlass dazu gab, war das RG der Ansicht, dass die Norm als Rechtsfolge nicht nur eine Vollstreckungsmöglichkeit eröffnet, sondern zugleich die rechtskräftige Feststellung des persönlichen Anspruchs gegen den Schuldner bedingt.[411] Die Literatur hatte sich dieser Rechtsprechung angeschlossen.[412]

### a) Literaturstimmen

Zwar bemerkte *Lent*[413] durchaus, dass das Gesetz „freilich [...] nur von der Vollstreckbarkeit" redet. Die Rechtfertigung einer urteilsgleichen Wirkung gegenüber dem Schuldner sucht er daher in der „ausdrücklichen oder stillschweigenden Anerkennung des Anspruchs durch die Beteiligten". Insbesondere der Schuldner sei gemäß § 141 II KO verpflichtet, sich über die angemeldeten Forderungen im Prüfungstermin zu erklären. Sein Nichtbestreiten bedeute daher deren stillschweigende Anerkennung.

Hingegen meint *Seuffert*[414], eine Urteilswirkung gegenüber dem Schuldner könne keinesfalls auf ein zu vermutendes Einverständnis gestützt werden. Ansonsten würde die Bindung nur eintreten, wenn dem Gemeinschuldner die Forderungsanmeldung überhaupt bekannt war.[415] Vielmehr sei die Rechtskraftwirkung eine „aus Zweckmäßigkeitsgesichtspunkten angeordnete Versäumnisfolge". Übe der Schuldner seine prozessuale Befugnis zum Bestreiten nicht aus, so binde das Gesetz auch ihn an den Ausgang

409 Vgl. oben Fn. 404.

410 BT-Drs. 12/2443, S. 187.

411 RGZ 16, 32 (35); RGZ 35, 80 (81); RGZ 46, 8 (10); RGZ 74, 63; RGZ 93, 209 (213); RGZ 112, 297 (299).

412 *Mentzel*, Kommentar zur KO, § 164 Rn. 2; *Seuffert*, Konkursprozessrecht, S. 389; vgl. *Lent*, Jaeger-KO, § 164 Rn. 4 m.w.N.

413 *Lent*, Jaeger-KO, § 164 Rn. 4.

414 *Seuffert*, Konkursprozessrecht, S. 389.

415 *Seuffert* geht wohl davon aus, dass ein wirksames Anerkenntnis des Schuldners ein Erklärungsbewusstsein erfordert, welches die Kenntnis von der Forderungsanmeldung voraussetzt.

des Feststellungsverfahrens. Schließlich habe schon das Preußische Obertribunal - unter Geltung der Preußischen KO von 1855 - den Feststellungen eine Urteilswirkung gegenüber dem Konkursschuldner zuerkannt.

### b) Einbeziehung der Motive zur Konkursordnung

Teilweise wurden die Motive zur Konkursordnung herangezogen, um eine mit der Forderungsfeststellung einhergehende Bindung des Schuldners zu begründen.[416] Dort wird ausgeführt, dass es wohl der „juristischen Konsequenz des Konkursrechts entspreche", die nachfordernden Gläubiger auf den Klageweg gegen den Schuldner zu verweisen.[417] Die vom Preußischen Obertribunal vertretene Gegenauffassung, wonach die „Vollstreckbarkeit der Feststellung" auf den früheren Gemeinschuldner auszudehnen ist, befriedige hingegen die „praktischen Bedürfnisse".[418] Die Gesetzgebung dürfe daher nicht auf dem Standpunkt juristischer Konsequenz verharren, sondern müsse berücksichtigen, dass die Interessen der Gläubiger unzweifelhaft gefährdet würden, wenn „dieselben genöthigt werden sollten, trotz der ihre Forderung mittelbar anerkennenden Tabelle [...] sie gegen den Schuldner von neuem durch Klage zu verfolgen".[419] Versäume es der Schuldner, sich im Prüfungstermin über jede Forderung zu erklären, sei es gerechtfertigt, „der im Konkursverfahren erfolgenden Feststellung gegen ihn maßgebende Wirksamkeit zu geben".[420]

## 3. Rechtskraftdimension des § 201 II S. 1 InsO nach herrschender Lesart

Die hergebrachte Deutung des § 201 II S. 1 InsO soll im Folgenden als Ausgangspunkt dienen, um die Auswirkungen einer rechtskräftigen Bindung des Schuldners an das Ergebnis des Feststellungsverfahrens vollständig zu erfassen. Erst danach ist zu erörtern, ob die herrschende Lesart uneingeschränkte Zustimmung verdient (unter II.).

---

416 *Lent*, Jaeger-KO, § 164 Rn. 4.
417 Motive zur KO, S 384.
418 Motive zur KO, S 384.
419 Motive zur KO, S 384.
420 Motive zur KO, S 385.

### a) Objektive Rechtskraftdimension

Einleitend wurde bereits festgestellt, dass sich die objektive Rechtskraftdimension des § 201 II S. 1 InsO - unter der Prämisse, dass diese Norm eine Rechtskraft erzeugt - von der des § 178 III InsO unterschiede.[421] Gegenüber dem Schuldner würde derjenige prozessuale Anspruch manifestiert, auf dem die jeweilige Insolvenzforderung gründet. Damit entspräche der objektive Rechtskraftumfang dem eines rechtskräftigen Urteils, das auf eine erfolgreiche Leistungsklage des Insolvenzgläubigers hin erginge.[422]

#### aa) Zum „Grund der Forderung"

Ebenso wie im Kontext des § 178 III InsO bleibt zu erwägen, ob der „Grund der Forderung" als inhaltsbestimmendes Element des zu fixierenden prozessualen Anspruchs einer Modifikation nach Maßgabe der SKL-M-Rechtsprechung[423] bedürfte. Wenngleich die Titulierung der persönlichen Forderung gegenüber dem Schuldner nur eine „Nebenwirkung"[424] des Insolvenzverfahrens darstellt, leitet sie sich doch aus der Feststellungswirkung des § 178 I S. 1, III InsO ab. Für den Umfang der Rechtskraft gegenüber dem Schuldner sollte daher derjenige Lebenssachverhalt maßgebend sein, welcher durch die Forderungsanmeldung konkretisiert wurde und auf dem das (sodann festgestellte) Haftungsrecht des Gläubigers beruht. Andernfalls würde die Bindung des Schuldners nicht mit dem Inhalt des Anmeldungs- und Prüfungsverfahrens korrespondieren, aus dem die Regelung des § 201 II S. 1 InsO ihre sachliche Legitimation zieht[425]. Eine Modifikation des Forderungsgrundes in Bezug auf § 178 I S. 1, III i.V.m. § 174 II InsO beeinflusst demnach reflexartig den Inhalt des nach § 201 II S. 1 InsO titulierten Anspruchs.

---

421 Vgl. Fn. 406.

422 Vgl. *Spellenberg*, Gegenstand, S. 151: „So ist § 164 II KO als ein [...] in eigentümlicher Weise mit dem Konkursfeststellungsverfahren verknüpftes [...] Verfahren zu verstehen [...]. Es vertritt dabei die Leistungsklage."

423 BGH (Fn. 83).

424 *Spellenberg*, Gegenstand, S. 149.

425 Motive zur KO, S. 384 f.

### bb) Blick auf das Restschuldbefreiungsverfahren

Fraglich ist, ob die objektive Dimension einer auf § 201 II S. 1 InsO beruhenden Rechtskraft - deren Existenz unterstellt - sogar noch über die isolierte Manifestation eines prozessualen Anspruchs hinausreicht. Dazu muss der Blick auf das Restschuldbefreiungsverfahren gerichtet werden:

In Insolvenzverfahren über das Vermögen natürlicher Personen bleiben Deliktsforderungen i.S.d. § 175 II InsO gemäß § 302 Nr. 1 InsO von der Erteilung der Restschuldbefreiung unberührt; d.h. die in § 201 I InsO vorgesehene Nachhaftung des Schuldners kann tatsächlich realisiert werden. Bei nuancierter Betrachtung setzt die Ausnahme einer Verbindlichkeit von der Erteilung der Restschuldbefreiung dreierlei voraus: (1) Die Verbindlichkeit muss nicht nur materiell-rechtlich als Deliktsforderung i.S.d. § 175 II InsO (insb. Verbindlichkeiten aus vorsätzlich begangenen unerlaubten Handlungen) zu qualifizieren sein. (2) Erforderlich ist überdies die Teilnahme des betreffenden Gläubigers am insolvenzrechtlichen Feststellungsverfahren[426] sowie (3) die Angabe des deliktischen Forderungsattributs im Rahmen der Anmeldung gemäß § 174 II InsO[427]. Wiewohl die genannten Voraussetzungen korrelieren, sind sie doch zumindest gedanklich zu unterscheiden.

### cc) Einbeziehung eines deliktischen Forderungsattributs

Die Korrelation tritt besonders deutlich zutage, wenn man davon ausgeht, dass mit der widerspruchslosen[428] Feststellung einer als „deliktisch" angemeldeten Forderung zugleich das deliktische Forderungsattribut gegenüber dem Schuldner in Rechtskraft erwächst.[429] Entgegen der Auffassung der Bundesregierung[430] vermag § 178 III InsO eine solche Rechtskraftwir-

426 *Sternal*, Uhlenbruck, § 302 Rn. 23.

427 *Stephan*, MüKo-InsO, § 302 Rn. 38.

428 Dem unterbliebenen steht ein beseitigter Widerspruch gleich, vgl. §§ 178 I S. 1, 201 II S. 2 InsO.

429 So in aller Deutlichkeit nunmehr BGHZ 223, 123 (126) = NZI 2019, 897 (899) unter Verweis auf BT-Drs. 14/6468, S. 18; ebenso LG Lübeck NZI 2018, 609; *Hintzen*, MüKo-InsO, § 201 Rn. 20b; *Sternal*, Uhlenbruck, § 302 Rn. 32 ff.; differenzierend: *Hain*, VIA 2018, 33 (35); krit.: *Vallender*, NZI 2001, 561 (567); a.A. LG Koblenz NZI 2018, 569; AG Zeitz NZI 2019, 435 (436); *Flockenhaus*, Musielak/Voit, § 850f Rn. 10.

430 BT-Drs. 14/5680, S. 27 f.

kung nicht zu legitimieren, weil die Norm schon ausweislich ihres Wortlautes nicht das Verhältnis zum Schuldner betrifft.[431] Eine entsprechende Wirkung müsste vielmehr anderweitig begründet werden.

Unproblematisch ist die Annahme einer rechtskräftigen Feststellung der Forderungsqualifikation jedenfalls, wenn das Forderungsattribut Gegenstand eines Feststellungsprozesses (analog)[432] § 184 InsO war und der Widerspruch des Schuldners gegen den deliktischen Charakter des angemeldeten Gläubigerrechts durch Urteil beseitigt wurde. Die Wirkung des Urteils ergibt sich sodann unmittelbar aus § 322 I ZPO.[433] Anders liegen die Dinge, wenn es an einem (ggf. isolierten)[434] Schuldnerwiderspruch von vornherein fehlt oder wenn ein zunächst erfolgter Widerspruch gemäß § 184 II S. 2 InsO als nicht erhoben gilt. Eine Rechtskraftwirkung hinsichtlich des deliktischen Forderungsattributes kann in diesen Fällen nur aus § 201 II S. 1 InsO hergeleitet werden.

Ob es in der Sache berechtigt ist, durch eine widerspruchslose Tabellenfeststellung sogar die Deliktseigenschaft einer Forderung uno actu zu fixieren, wird im weiteren Verlauf der Arbeit noch zu erörtern sein. An dieser Stelle ist aber bereits festzuhalten, dass eine solche Fixierung notwendig eine Ausweitung der objektiven Rechtskraftdimension des § 201 II S. 1 InsO voraussetzt. Ob ein prozessualer Anspruch materiell-rechtlich auf einem deliktischen Tatbestand beruht, ist für dessen Bestand allenfalls eine Vorfrage, über die ein reines Leistungsurteil nicht rechtskräftig befinden würde. Der Gläubiger müsste bei der Verfolgung eines Leistungsanspruchs durch Individualklage eine titelergänzende Feststellungsklage[435] erheben,

---

431 Ebenso *Graf-Schlicker/Remmert*, NZI 2001, 569 (572); auch in der Beschlussempfehlung des Rechtsausschusses (BT-Drs. 14/6468, S. 18) wurde der dogmatisch unschlüssige Verweis auf § 178 III InsO offenbar aus dem Gesetzesentwurf der Bundesregierung übernommen.

432 Der BGH lässt auch einen isolierten Widerspruch des Schuldners gegen den deliktischen Ursprung einer Forderung zu und wendet in diesen Fällen § 184 InsO entsprechend an, vgl. nur BGH NZI 2006, 536 (537); BGH NZI 2007, 416; BGH NZI 2013, 1025 (1026 f.); BGH NZI 2014, 568 (569).

433 Klagen nach § 184 InsO sind als echte Feststellungsklagen i.S.d. § 256 ZPO zu qualifizieren: OLG Braunschweig IWRZ 2019, 275; *Zenker*, BeckOK-InsO, § 184 Rn. 10; *Schumacher*, MüKo-InsO, § 184 Rn. 3; gleiches gilt für die vom BGH für zulässig erachtete negative Feststellungsklage des Schuldners, der eine nicht-titulierte Gläubigerforderung bestreitet (kein Fall des § 184 II S. 1 InsO): BGH NZI 2009, 189 (190); BGH NZI 2013, 1025 (1027 ff.).

434 Zur Zulässigkeit des isolierten Schuldnerwiderspruchs s. Fn. 432

435 Zur Möglichkeit einer titelergänzenden Feststellungsklage s. *Smid*, MüKo-ZPO, § 850f Rn. 22 ff. m.w.N.

um den deliktischen Ursprung seiner Forderung nachzuweisen. Für die Titulierung einer Forderung gemäß § 201 II S. 1 InsO gilt im Ausgangspunkt Entsprechendes. Die Titulierung des prozessualen Anspruchs reicht für sich genommen nicht aus, um dessen Deliktscharakter nachzuweisen. Wenn die zugrundeliegende Verbindlichkeit als deliktisch i.S.d. § 175 II InsO angemeldet und das Deliktsattribut nicht bestritten wurde, ist es für eine das Attribut umfassende Rechtskraftwirkung notwendig, den Tabelleneintrag gedanklich um einen „Feststellungstenor" zu ergänzen.

#### b) Subjektive Rechtskraftdimension

In den letzten Jahren bildete die subjektive Rechtskraftdimension des § 201 II S. 1 InsO den Schwerpunkt diverser höchstrichterlicher Entscheidungen.[436] Sie wirft in besonderem Maße dogmatische und verfassungsrechtliche Fragen auf und soll deshalb vertieft behandelt werden. Weitestgehend unproblematisch ist dabei die Einbeziehung des Schuldners als direktem Normadressaten (aa). Zu Bedenken Anlass gibt hingegen eine Tendenz der Rechtsprechung, zunehmend eine (mittelbare) Erstreckung der Rechtskraft auf Dritte zu akzeptieren (bb-ee). Zentrale Bedeutung erlangen in diesem Zusammenhang Rechtsvorschriften, die eine Abhängigkeit der persönlichen Leistungspflicht des Schuldners von der Einstandspflicht eines Dritten für eben diese Verbindlichkeit begründen (vgl. z.B. §§ 69 i.V.m. 166 AO; §§ 767 I S. 1, 768 I S. 1 BGB; §§ 128 S. 1, 129 I HGB). Solche Vorschriften werden im Folgenden unter dem Begriff „Scharniernormen" zusammengefasst.

##### aa) Primäre Bindung des Schuldners

Die von der herrschenden Ansicht anerkannte materielle Rechtskraftwirkung des § 201 II S. 1 InsO bindet in erster Linie den Schuldner persönlich. Er wird mit materiellen Einwendungen gegen den titulierten Anspruch ausgeschlossen, soweit diese vor der Eintragung des Tabellenvermerks[437] entstanden sind.[438]

---

436 Vgl. Fn. 402.

437 Der maßgebliche Zeitpunkt ist im Detail umstritten, vgl. Fn. 162.

438 *Hintzen*, MüKo-InsO, § 202 Rn. 4; *Wegener*, Uhlenbruck, § 202 Rn. 4; *Westphal*, NR-InsO, § 202 Rn. 26.

Der Vollständigkeit halber ist noch auf § 201 III InsO hinzuweisen. Die Norm darf nicht dahingehend fehlinterpretiert werden, dass sie den „Titulierungsmechanismus“ des § 201 II S. 1 InsO in Ansehung des Restschuldbefreiungsverfahrens vollständig suspendiert.[439] Das Gericht hat dem Insolvenzgläubiger weiterhin auf Verlangen einen vollstreckbaren Auszug aus der Tabelle zu erteilen, soweit es an einem wirksamen Schuldnerwiderspruch fehlt.[440] In dem Zeitraum zwischen der Beendigung des Insolvenzverfahrens und dem Ende der Abtretungsfrist (sog. Wohlverhaltensperiode) verhindert allein § 294 I InsO die Zwangsvollstreckung in das Vermögen des Schuldners.[441] Wird sodann die Restschuldbefreiung gewährt, folgt daraus für den Schuldner eine nachträgliche Einwendung gegen den titulierten Anspruch,[442] deren Geltendmachung nicht von § 767 II ZPO ausgeschlossen wird. Dennoch muss der Schuldner die Zwangsvollstreckung - nach dem Wegfall der Sperrwirkung des § 294 I InsO - im Falle einer Restschuldbefreiung mit der Vollstreckungsgegenklage abwehren.[443]

#### bb) Reflexwirkung gegenüber Geschäftsführern

Der BFH hat in mehreren Entscheidungen angenommen, dass die Feststellung von Forderungen in der Insolvenz einer Gesellschaft gemäß § 201 II S. 1 InsO eine materielle Rechtskraft erzeuge, die sich gegebenenfalls auch die Geschäftsführung entgegenhalten lassen müsse. Im Fokus standen dabei Fälle der Geschäftsführerhaftung für Steuerverbindlichkeiten der insolventen Gesellschaft gemäß § 69 AO.

---

439 LG Leipzig NZI 2006, 603 f.; *Frege/Keller/Riedel*, Insolvenzrecht, Rn. 1847; a.A. AG Göttingen ZInsO 2008, 1036 (1037).

440 BGH NZI 2014, 568 (569 f.); LG Göttingen NZI 2005, 689; LG Tübingen NZI 2006, 647; *Pape*, ZVI 2014, 1 (4).

441 LG Leipzig NZI 2006, 603 f.; *Wegener*, Uhlenbruck, § 201 Rn. 14; *Pape*, ZVI 2014, 1 (2 f.).

442 *Jungmann*, Schmidt-InsO, § 201 Rn. 11.

443 BGH NZI 2008, 737 (738); BGH NZI 2014, 568 (569 f.); *Jungmann*, Schmidt-InsO, § 201 Rn. 11; ebenso *Pape*, ZVI 2014, 1 (4), der darauf hinweist, dass der Schuldner nach Erteilung der Restschuldbefreiung analog § 371 BGB die Herausgabe einer zuvor erteilten vollstreckbaren Tabellenausfertigung verlangen kann; *Lissner*, ZVI 2014, 368 (370 ff.) fasst die verfahrensrechtlichen Folgen für den Schuldner zusammen; a.A. AG Göttingen ZInsO 2008, 1036 (1037); AG Göttingen NZI 2011, 546 (547).

(1) Über eine solche Haftungskonstellation hatte zunächst der VII. Senat des BFH in seinem Urteil vom 16.05.2017[444] zu befinden. Dem Urteil lag folgender (stark verkürzter) Sachverhalt zugrunde:

Der Kläger war alleiniger Gesellschafter und Geschäftsführer einer GmbH, über deren Vermögen am 01.01.2010 das Insolvenzverfahren eröffnet wurde. In dem Verfahren wurden u.a. Forderungen wegen rückständiger Lohnsteuern aus den Monaten August und September 2009 widerspruchslos zur Tabelle festgestellt. Nachdem sich aus einem Bericht des Insolvenzverwalters ergab, dass für die Insolvenzgläubiger keine Quotenaussichten bestünden, erließ das Finanzamt einen Haftungsbescheid, mit dem der Kläger für die festgestellten Lohnsteuern in Anspruch genommen wurde. Im erfolglosen Einspruchsverfahren wehrte sich der Kläger gegen seine Inanspruchnahme mit der Behauptung, dass die Löhne für die Monate August und September nicht mehr ausgezahlt worden seien. Die daraufhin erhobene Klage, mit der die Aufhebung des Haftungsbescheids beantragt wurde, hat das FG Mecklenburg-Vorpommern abgewiesen.[445] Gegen das Urteil des FG wandte sich die Revision des Klägers.

Fraglich war, ob der Kläger im gerichtlichen Verfahren trotz Feststellung der Lohnforderungen zur Tabelle mit Erfolg einwenden kann, dass der Steuertatbestand nicht erfüllt wurde. Der BFH hat dem Kläger diesen Einwand von vornherein verwehrt: Er müsse sich die bestandskräftigen Lohnsteueranmeldungen nach § 166 AO entgegenhalten lassen und könne sich daher nicht darauf berufen, dass die Löhne in den Monaten August und September tatsächlich nicht gezahlt worden seien.[446] Die von § 166 AO ausgelöste Drittwirkung bedürfe mit Blick auf Art. 103 I GG auch keiner Einschränkung im Einzelfall. Denn dem Kläger sei rechtliches Gehör nicht versagt worden. Es sei ihm in seiner Funktion als Geschäftsführer

444 BFHE 257, 515 = DStRE 2017, 1249 = ZIP 2017, 1464.

445 FG Mecklenburg-Vorpommern DStRE 2017, 1072.

446 Bei Lohnsteueranmeldungen handelt es sich gemäß § 168 S. 1 AO um Steuerfestsetzungen unter dem Vorbehalt der Nachprüfung. Der Eintritt formeller Bestandskraft lässt daher den Anspruch auf Änderung der Steuerfestsetzung nach § 164 II S. 2 AO nicht entfallen, sodass der potenzielle Haftungsschuldner grundsätzlich „uneingeschränkt Einwendungen gegen die Richtigkeit dieser Steuerfestsetzung […] geltend machen [kann]“ (BFHE 249, 315, 320 f., Rn. 26). Nach Auffassung des BFH entfällt diese Einwendungsbefugnis jedoch mit der rechtskräftigen Feststellung der mit den Lohnsteueranmeldungen festgesetzten Steuerforderungen zur Tabelle gemäß § 201 II S. 1 InsO (Überlagerung des Steuerrechts durch Regelungen der InsO).

und gesetzlicher Vertreter der GmbH möglich gewesen, die Forderungen des Finanzamtes im Prüfungstermin zu bestreiten und damit ggf. einer gerichtlichen Klärung zuzuführen. Das gefundene Ergebnis entspreche auch dem Zweck des § 166 AO. Die mit Präklusionswirkung ausgestattete Regelung wolle eine Verzögerung des Haftungsverfahrens durch eine erneute Prüfung der primären Steuerforderung verhindern. Der Gesetzgeber mute es dem haftenden Geschäftsführer daher zu, „selbst dafür Sorge zu tragen, wie er die ihm eingeräumte uneingeschränkte Rechtsmittelbefugnis sicherstellen will."[447]

(2) Diese Entscheidung wurde vom XI. Senat des BFH mit Urteil vom 27.09.2017[448] inhaltlich bestätigt. Hier setzte das Finanzamt gegenüber einer GmbH die Umsatz- und Körperschaftsteuer inkl. Solidaritätszuschlag für die Jahre 2003 bis 2005 aufgrund geschätzter Besteuerungserklärungen unter dem Vorbehalt der Nachprüfung fest. Dagegen legte die GmbH Einsprüche ein. Auf Antrag des Finanzamtes vom 31.03.2006 eröffnete das Amtsgericht Landshut im November 2006 das Insolvenzverfahren über das Vermögen der GmbH. Das Finanzamt meldete nach Abgabe der Steuererklärungen durch den Verwalter neu berechnete Forderungen wegen Umsatz- und Körperschaftsteuer inkl. Solidaritätszuschlag für die Jahre 2003 bis 2005 an. Diese wurden nach einem Schriftverkehr mit dem Verwalter, der die Forderungen anfangs bestritten hatte, zur Tabelle festgestellt. Die Klägerin und Geschäftsführerin erhob für die GmbH keinen Widerspruch gegen die Forderungen. Noch vor Aufhebung des Insolvenzverfahrens wurde die Klägerin per Haftungsbescheid für die festgestellten Steuerforderungen in Anspruch genommen. Dagegen wehrte sich die Klägerin wiederum mit der Behauptung, dass die Steuerschulden der GmbH nicht in der festgestellten Höhe bestünden. Die Anfechtungsklage der Geschäftsführerin gegen den Haftungsbescheid blieb letztinstanzlich erfolglos. Der BFH bestätigte, dass die Klägerin die von § 201 II S. 1 InsO ausgelösten Rechtswirkungen der Forderungsfeststellung gegenüber der GmbH gemäß § 166 AO auch gegen sich selbst gelten lassen müsse. Mit der Forderungsfeststellung hätten sich zugleich die Einsprüche der GmbH erledigt. Insoweit entspricht die Entscheidung weitestgehend derjenigen des VII. Senats.

447 BFHE 257, 515 (519, Rn. 10).
448 BFHE 259, 221 = NZI 2018, 122 = ZIP 2017, 2401.

In der Revisionsbegründung wurde allerdings eine durchaus interessante Frage aufgeworfen: Hätte das Finanzamt[449] die Einspruchsverfahren im Falle eines Widerspruchs der GmbH gegen die angemeldeten Steuerforderungen überhaupt fortführen können bzw. müssen? Der BFH prüfte daraufhin, ob dem Finanzamt das Rechtsschutzbedürfnis (Feststellungsinteresse) im Hinblick auf eine erleichterte Realisierung der Nachhaftung fehlt, weil die GmbH nach Aufhebung des Insolvenzverfahrens wegen Vermögenslosigkeit ggf. ohnehin gelöscht würde. Die Geschäftsführerin hätte - unterstellt man ein fehlendes Feststellungsinteresse des Finanzamtes - sodann keine Möglichkeit gehabt, eine materielle Überprüfung der angemeldeten Forderung herbeizuführen. Der BFH ging dennoch davon aus, dass die Anwendung des § 166 AO nicht zu einer Rechtsschutzverkürzung führt. Er verweist zunächst auf ein Urteil des BGH vom 11.07.2013,[450] wonach das Rechtsschutzbedürfnis für die Verfolgung eines durch die schuldnerische GmbH erhobenen Widerspruchs fortdauert, solange die Unmöglichkeit der Vollstreckung nach Aufhebung des Insolvenzverfahrens nicht sicher feststeht: Schließlich sei es den Gesellschaftern gemäß § 60 I Nr. 4 GmbHG u.U. noch gestattet, die Fortsetzung der Gesellschaft zu beschließen. Mit dieser Begründung bejahte der BFH auch ein potenzielles Feststellungsinteresse des Finanzamtes.[451] Es sei der Insolvenzschuldnerin somit möglich gewesen, Einwendungen gegen die materielle Rechtmäßigkeit der Steuerforderungen im Rahmen der aufzunehmenden Einspruchsverfahren vorzubringen und ggf. gerichtlichen Rechtsschutz zu erlangen.

An dieser Stelle bleibt anzumerken, dass die Begründung des BFH die Argumentation der Revisionsklägerin nicht vollständig aufgreift. Dort wurde in Frage gestellt, ob schon dem Widerspruch der schuldnerischen GmbH das Rechtsschutzbedürfnis abzusprechen sei, weil kein schützenswertes Interesse daran bestehe, die Titulierung der Forderungen gegenüber einer nach Aufhebung des Insolvenzverfahrens inexistenten GmbH zu verhindern. Aus der vorstehend zitierten Entscheidung des BGH ergibt sich jedoch unmittelbar, dass die Unsicherheit über die Fortsetzung der

449 Im Streitfall galt der im Jahr 2007 eingeführte § 184 II InsO noch nicht, vgl. Art. 103c EGInsO. Daher lag eine etwaige Betreibungslast beim Finanzamt.

450 BGH NJW-RR 2013, 1268 = NZI 2013, 801 = ZIP 2013, 1640.

451 Im Urteil des BFH heißt es dazu wörtlich: „Besteht Unsicherheit darüber, ob eine Vollstreckung nach § 201 II InsO möglich sein wird, ist das Rechtsschutzbedürfnis [sogar] nach neuem Recht zu bejahen."

Gesellschaft ebenso für die Schuldnerin ein Bedürfnis nach Rechtsschutz zeitigt.

(3) Die dargestellten Leitentscheidungen wurden durch den BFH in zwei weiteren Judikaten ausdrücklich bestätigt.[452] Die Rechtsprechung zur Drittwirkung der Forderungsfeststellung gegenüber dem Geschäftsführer gemäß § 166 AO kann demnach als gefestigt bezeichnet werden.[453] Den in Revisionsbegründungen wiederkehrend vorgetragenen verfassungsrechtlichen Bedenken gegen eine Drittwirkung entgegnet der BFH routiniert, dass die Kläger durchaus die Möglichkeit gehabt hätten, mit ihren Einwendungen gegen eine Haftung vor Gericht gehört zu werden.[454] Das BVerfG hat diese Sichtweise anscheinend bestätigt. Eine Verfassungsbeschwerde gegen das Senatsurteil vom 27.09.2017[455] wurde nicht zur Entscheidung angenommen.[456]

#### cc) Reflexwirkung gegenüber Gesellschaftern

Abseits des Steuerrechts finden sich in der höchstrichterlichen Rechtsprechung zum Problemkreis der „Drittwirkung der Forderungsfeststellung“ vornehmlich Entscheidungen zur Gesellschafterhaftung. Dabei zeichnet sich eine Entwicklung zu einer steigenden Akzeptanz der Drittwirkung ab, die im Folgenden aufgezeigt werden soll.

(1) In seinem Urteil vom 12.02.1902 beschäftigte sich schon das RG[457] mit den Auswirkungen der Konkursfeststellung auf die Haftung der Gesellschafter einer Kommanditgesellschaft:

Ein Einzelkaufmann hatte u.a. mit den späteren Beklagten einen Vertrag über die Gründung einer Kommanditgesellschaft geschlossen. Danach sollten die Beklagten der Gesellschaft als Kommanditisten beitreten. Im Juni 1900 wurde über das Vermögen der Kommanditgesellschaft das Konkursverfahren eröffnet. Mit seiner Klage forderte der Konkursverwalter - unter Berufung auf § 171 II HGB - von den Beklagten Zahlungen in Höhe

---

452 BFH NZI 2019, 89 (93) sowie BFH GmbHR 2019, 131 (133).

453 Ähnlich *Engels*, NZI 2019, 89 (94).

454 BFH NZI 2019, 89 (94) unter Hinweis auf BVerfG NJW 1997, 726 f.; im Ergebnis ebenso BFH GmbHR 2019, 131 (133).

455 BFH (Fn. 448).

456 BVerfG, Beschl. v. 12.09.2018, Az.: 1 BvR 1251/18 (juris).

457 RGZ 51, 33.

der noch nicht geleisteten Hafteinlagen. Die Beklagten bestritten, dass Gläubiger vorhanden waren, welche die Zahlung der Hafteinlagen gemäß § 171 I Hs. 1 HGB hätten verlangen können. Die von ihnen geforderten Einlagen seien zur Tilgung von Schulden, für die sie haften müssten, nicht erforderlich.

Das Berufungsgericht hatte diesbezüglich angenommen, dass schon durch die Eröffnung des Konkursverfahrens eine hinreichende Überschuldung der Gesellschaft festgestellt wurde. Die Überschuldung wiederum belege die Notwendigkeit der Einlagenzahlung zum Zwecke der Gläubigerbefriedigung. Ferner sei der Bestand der Gläubigerforderungen durch die Feststellung im Prüfungstermin auch mit Wirkung gegenüber den Kommanditisten manifestiert worden. Diese könnten mithin nicht einwenden, dass Forderungen der Gläubiger nicht bestünden und deshalb die Hafteinlage zu deren Befriedigung nicht erforderlich sei.

Das RG erachtete die Erwägungen des Berufungsgerichts für rechtsirrtümlich. Dem Konkursverwalter müsse der Einwand entgegengesetzt werden können, dass eine Inanspruchnahme der Kommanditisten gemäß § 171 I Hs. 1, II HGB nicht notwendig ist. Die Forderungsfeststellung habe nur ein Anrecht des Gläubigers auf anteilige Befriedigung aus der Konkursmasse zur Folge. Dieses Anrecht zu manifestieren, sei der primäre Zweck der Feststellung. Im Hinblick auf die Massezugehörigkeit der im Handelsregister eingetragenen Hafteinlage habe die Feststellung dagegen keine präjudizielle Wirkung. Wäre dies der Fall - so das RG weiter - fehlte es an einer Möglichkeit des Kommanditisten, Einwendungen gegen die Gläubigerforderungen und die damit einhergehende persönliche Inanspruchnahme vorzubringen. Den Beklagten sei es daher nicht verwehrt, die Einzahlung der rückständigen Einlagen mit der Begründung zu verweigern, dass die festgestellten Gesellschaftsschulden in Wirklichkeit nicht bestehen. Das RG hat eine Drittwirkung der Forderungsfeststellung gegenüber den Kommanditisten demnach unmissverständlich abgelehnt.

(2) Eher beiläufig äußert sich der BGH in einem Urteil vom 14.11.2005[458] dazu, ob sich der Insolvenzverwalter gegenüber einem aus Durchgriffshaftung in Anspruch genommenen GmbH-Gesellschafter auf die Rechtskraft der Tabelleneintragungen berufen kann. Die Entscheidung ist allerdings von Interesse, weil der BGH darin ausdrücklich verfassungsrechtliche Bedenken gegen eine Drittwirkung der Forderungsfeststellung äußert:

---

458 BGHZ 165, 85 = NZI 2006, 365 = ZIP 2006, 467 = NJW 2006, 1344.

Die Beklagte war Alleingesellschafterin und vormalige Geschäftsführerin der schuldnerischen W-GmbH, über deren Vermögen im Februar 2000 das Insolvenzverfahren eröffnet wurde. Es wurden Forderungen in Höhe von 2,5 Millionen DM zur Tabelle festgestellt. Der Verwalter nahm die Beklagte in entsprechender Anwendung des § 128 S. 1 HGB i.V.m. § 93 InsO aus Durchgriffshaftung in Anspruch. Zur Begründung führte der Verwalter aus, dass die Schuldnerin über keine ordnungsgemäße Buchführung verfügt habe und ihre Geschäfte größtenteils durch Barzahlungen abgewickelt hätte. Der Verbleib der eingenommenen Gelder sei nicht nachvollziehbar. Es müsse daher von einer Vermögensvermischung ausgegangen werden, die eine Durchgriffshaftung rechtfertige. Das LG Hildesheim sowie das OLG Celle entsprachen dem Klageantrag des Verwalters.

Der BGH hob das Urteil des OLG Celle auf die Revision der Beklagten hin auf und verwies den Rechtsstreit zurück. Zwar bestätigte der BGH die Ansicht des Berufungsgerichts, wonach im Falle einer Vermögensvermischung § 13 II GmbHG teleologisch zu reduzieren sei und daher eine Durchgriffshaftung der GmbH-Geschäftsführerin in entsprechender Anwendung des § 128 S. 1 HGB in Betracht komme. Aus § 93 InsO folge auch die Befugnis des Verwalters, eine Durchgriffshaftung klageweise geltend zu machen. Allerdings habe das Berufungsgericht die materiellen Voraussetzungen der Durchgriffshaftung nicht rechts- und verfahrensfehlerfrei festgestellt. Daher könne das angefochtene Urteil keinen Bestand haben.

Im Hinblick das vorliegende Problem sind die abschließenden Hinweise des BGH aufschlussreich. Das Berufungsgericht hatte angenommen, dass die Beklagte wegen der Rechtskraftwirkung der Tabelleneinträge keine Einwendungen gegen den materiellen Bestand der festgestellten Forderungen - die der Höhe nach im Wege der Durchgriffshaftung geltend gemacht wurden - erheben könne.[459] Der BGH widersprach dieser Auffassung: Für die Beklagte sei die spätere Inanspruchnahme durch den Verwalter zur Zeit des ersten Prüfungstermins nicht erkennbar gewesen, sodass sie nicht für ihre Beteiligung am Feststellungsverfahren hätte sorgen können. Eine

459 Das Berufungsgericht hatte die Rechtskraftwirkung gegenüber der Beklagten nach Angabe des BGH ausschließlich auf § 178 III InsO i.V.m. § 129 I HGB gestützt. Die Normenkette ist zumindest unvollständig, denn die Akzessorietätsvorschriften der §§ 128 S. 1, 129 I HGB knüpfen an den Anspruch gegen die Gesellschaft (Insolvenzschuldnerin) an, der über § 178 III InsO keinesfalls tituliert wird. Denn § 178 III InsO adressiert gerade nicht den Schuldner, vgl. dazu BGH NZI 2014, 73 (76, Rn. 19) sowie BGH NZI 2018, 442 (443, Rn. 22). Insofern kann eine Rechtskraftwirkung nur über die „Brücke“ des § 201 II S. 1 InsO hergeleitet werden.

(faktische) Drittwirkung der Tabelleneintragungen komme jedoch nur in Betracht, wenn die Beklagte zuvor in das Feststellungsverfahren einbezogen worden wäre und Gelegenheit gehabt hätte, den Anmeldungen zu widersprechen, um auf diesem Wege Einwendungen gegen die Forderungen vorzubringen. Andernfalls würde Art. 103 I GG verletzt.

Obwohl einer durch die Scharniernorm des § 129 I HGB vermittelten Drittwirkung des Tabelleneintrags keine generelle Absage erteilt wird, bekundet der BGH zumindest eine gesteigerte Sensibilität im Hinblick auf das Gebot rechtlichen Gehörs. Trotzdem offenbart die Entscheidung, dass der II. Zivilsenat die grundlegenden Bedenken des RG, wonach das rechtliche Konstrukt einer Drittwirkung den Zweck der Forderungsfeststellung außer Acht lässt, nicht teilt.

(3) Schließlich hat der BGH mit seinem Urteil vom 20.02.2018[460] eine „mittelbare" Drittwirkung der Forderungsfeststellung bzw. des Tabelleneintrags gegenüber Kommanditisten ausdrücklich anerkannt. Der zugrundeliegende Sachverhalt erinnert stark an den des RG (s.o. Fn. 457):

Der Beklagte war als Kommanditist an der schuldnerischen Kommanditgesellschaft beteiligt, über deren Vermögen am 01.04.2014 das Insolvenzverfahren eröffnet wurde. Es wurden Forderungen i.H.v. knapp zwei Millionen Euro zur Tabelle festgestellt. Obwohl die Kommanditgesellschaft seit ihrer Gründung mit Ausnahme des Jahres 2006 fortlaufend Verluste erwirtschaftet hatte, erhielt der Beklagte in den Jahren 2004 bis 2007 „Gewinnausschüttungen" i.H.v. insgesamt 5.100 Euro. Das Kapitalkonto des Beklagten war zuvor unter die Hafteinlage herabgemindert worden. Nachdem der Beklagte vorprozessual bereits 2.500 Euro gezahlt hatte, machte der Verwalter unter dem Gesichtspunkt der Einlagenrückgewähr einen Anspruch in Höhe der restlichen 2.600 Euro klageweise geltend. Das AG entsprach dem Klageantrag. Berufung und Revision blieben erfolglos.

Der Beklagte wendete ein, dass das Vermögen der Kommanditgesellschaft bereits zur Befriedigung der Gläubiger ausreiche und seine Inanspruchnahme daher nicht erforderlich sei. Der Verwalter legte zur substantiierten Darlegung der die Aktivmasse übersteigenden Gläubigerforderungen die Insolvenztabelle vor. Dies ist nach Ansicht des BGH ausreichend: Der Beklagte könne nicht mehr mit Erfolg bestreiten, dass die ohne Widerspruch der Schuldnerin festgestellten Forderungen tatsächlich bestehen. Gegenüber der Schuldnerin ergebe sich eine „mittelbare" Rechtskraftwirkung in Bezug auf den Bestand der Forderungen aus § 201 II S. 1 InsO. Aus den §§ 161 II, § 129 I HGB folge, dass der Kommanditist - von per-

460 BGH NZI 2018, 442 = ZIP 2018, 640.

sönlichen Einwendungen abgesehen - keine weitergehenden Einwendungen geltend machen kann als die Gesellschaft selbst. Bemerkenswert sind in diesem Kontext die Ausführungen des BGH zur dogmatischen Einordnung des gefundenen Ergebnisses: „Dahingestellt bleiben kann insoweit, ob der Sache nach eine Rechtskrafterstreckung auf die Gesellschafter oder ein Einwendungsausschluss vorliegt.“

Das Gebot rechtlichen Gehörs würdigt der BGH, indem er auf die Möglichkeit des Kommanditisten verweist, gegenüber dem vertretungsberechtigten Gesellschafter oder dem Verwalter auf einen Widerspruch hinzuwirken. Diese Möglichkeit sei - trotz fehlender eigener Widerspruchsberechtigung des Kommanditisten - ausreichend, um den Anforderungen des Art. 103 I GG zu genügen. Der Kommanditist müsse schließlich auch sonst die vom vertretungsberechtigten Gesellschafter eingegangenen Verpflichtungen sowie dessen Prozessführung hinnehmen. Daher könne im Hinblick auf das insolvenzrechtliche Feststellungsverfahren nichts anderes gelten. Entscheidend bleibe, dass der Kommanditist mit der Erbringung seiner Einlage eine Haftung ausschließen könne.

Gerade mit dem letztgenannten Aspekt führt der BGH gesellschaftsrechtliche Wertungen in seine Begründung ein: Kommanditisten genießen aufgrund ihrer beschränkten Haftung ein besonderes Privileg. Im „Gegenzug“ werden sie dafür grundsätzlich von der Geschäftsführung und Vertretung der Gesellschaft ausgeschlossen. Dieser Ausschluss sei - so der BGH - unbedenklich, weil Kommanditisten durch die Leistung der Hafteinlage einer persönlichen Inanspruchnahme durch Gesellschaftsgläubiger entgehen können. Ihre haftungsrechtliche Situation werde somit unabhängig vom (Prozess-) Verhalten der vertretungsberechtigten Gesellschafter. Dies relativiert nach Auffassung des BGH wohl die verfassungsrechtlichen Bedenken gegen eine mittelbare Bindung der Kommanditisten an die Ergebnisse des Feststellungsverfahrens.

#### dd) Reflexwirkung gegenüber sonstigen Dritten

Weitere denkbare Konstellationen einer Drittwirkung des Tabelleneintrages betreffen insbesondere Bürgen als Personalsicherheitsgeber. Soweit das Sicherungsrecht vom Bestand des gesicherten Rechts abhängt,[461] steht in Frage, ob die Rechtskraftwirkung der Forderungsfeststellung gegenüber dem Hauptschuldner auch den Sicherungsgeber erfasst. Dies wäre anzu-

---

461 Zur akzessorischen Natur vgl. BGHZ 210, 348 (356, Rn. 23) m.w.N.

nehmen, wenn die Judikatur des BGH, die gegenüber dem akzessorisch haftenden Gesellschafter eine zumindest mittelbare Rechtskrafterstreckung annimmt,[462] auf andere Situationen übertragen werden kann, in denen Dritte für die Erfüllung einer Insolvenzforderung akzessorisch einstehen müssen.

(1) Aufschluss gibt eine Entscheidung des BGH vom 14.06.2016.[463] Auch wenn das Urteil keinen insolvenzrechtlichen Bezug aufweist, beschreibt es doch die Funktionsweise der hier interessierenden „Scharniernorm" des § 768 I S. 1 BGB. In dem zugrundeliegenden Sachverhalt wurde eine Hauptschuldnerin rechtskräftig zur Rückzahlung eines Darlehens verurteilt. Für diese Verbindlichkeit hatte sich der Beklagte verbürgt. Im Bürgschaftsprozess musste der BGH nun darüber befinden, ob der Beklagte gegen seine Inanspruchnahme noch die ursprünglich eingetretene Verjährung der Hauptverbindlichkeit einwenden konnte.

Obwohl der BGH im Ergebnis eine abgeleitete Verjährungseinrede des Bürgen verneinte, lohnt ein Blick auf die Urteilsbegründung: Zwar könne sich der Beklagte infolge der rechtskräftigen Verurteilung der Hauptschuldnerin nicht mehr auf den zu unterstellenden Ablauf der Regelverjährung der Hauptverbindlichkeit berufen. Dies folge allerdings nicht aus einer Rechtskrafterstreckung nach § 325 ZPO zu Lasten des Bürgen, sondern ergebe sich aus dem Zusammenspiel der beiden materiell-rechtlichen Vorschriften § 768 I S. 1 und § 197 I Nr. 3 BGB. Durch die Verurteilung der Hauptschuldnerin sei gemäß § 197 I Nr. 3 BGB jedenfalls eine neue, 30-jährige Verjährungsfrist in Gang gesetzt worden, sodass die Verjährungseinrede der Beklagten nicht mehr i.S.d. § 768 I S. 1 BGB „zustehe". Auch der Vergleich zu § 767 I S. 1 BGB erfordere kein anderes Ergebnis, da die Norm - im Gegensatz zu § 768 I S. 1 BGB - allein auf den materiell-rechtlichen Bestand der Hauptverbindlichkeit Bezug nehme, der durch eine rechtskräftige Verurteilung des Hauptschuldners gerade nicht berührt werde.

Freilich vermischt der BGH mit seinen Ausführungen einen „prozessualen" mit einem „materiell-rechtlichen" Begründungsansatz:[464] Die eigentliche Kernfrage lautet, ob das Gericht im Bürgschaftsprozess die Verjährung der Hauptverbindlichkeit anhand des materiellen Rechts überprüfen darf oder ob einer solchen Prüfung die Rechtskraft des gegen den

---

462 BGH (Fn. 460).
463 BGH (Fn. 461).
464 *Brinkmann*, ZZP 130 (2017), 345 (346).

Hauptschuldner ergangenen Urteils entgegensteht. Obwohl die inzidente Entscheidung über den Bestand von Einreden im Leistungsprozess grundsätzlich nicht in Rechtskraft erwächst,[465] hat der BGH der Verurteilung des Hauptschuldners in Bezug auf den Bürgen dennoch eine „präjudizielle Wirkung" beigemessen. Demnach geht der BGH wohl davon aus, dass es dem Prozessgericht im Bürgschaftsprozess versagt ist, eigenständig zu prüfen, ob die Hauptschuld bereits vor Erhebung der Klage gegen den Hauptschuldner verjährt war. *Leitmeier* sieht in diesem Ergebnis faktisch eine „Drittwirkung der Rechtskraft"[466].

Unabhängig davon, ob diese dogmatische Kritik berechtigt ist, lässt die Entscheidung auch folgende (materiell-rechtliche) Deutung zu: Zwar darf das Gericht im Bürgschaftsprozess die Verjährung der Hauptverbindlichkeit eigenständig prüfen. Jedoch schafft § 197 I Nr. 3 BGB eine Verknüpfung zwischen dem Prozessausgang und dem materiellen Recht.[467] In den Bürgschaftsprozess kann ein gegen den Hauptschuldner ergangenes Urteil daher als Beweismittel (vgl. § 415 ff. ZPO) eingebracht werden, um zu dokumentieren, dass für die Hauptverbindlichkeit nunmehr die 30-jährige Verjährungsfrist maßgeblich ist.[468] Dies ist aber nicht gleichbedeutend mit einer echten Rechtskrafterstreckung, wie sie § 325 I ZPO vorsieht oder vom BGH (anscheinend) in § 129 I HGB hineingelesen wird[469].

Ferner wurde in der hier besprochenen Entscheidung bestätigt, dass die Verurteilung des Hauptschuldners zur Leistung den Bürgen keinesfalls daran hindert, Einwendungen im materiell-rechtlichen Sinne gegen seine Inanspruchnahme vorzubringen. Für den Regelungskreis des § 767 I S. 1 BGB hat der BGH eine echte, „prozessuale" Rechtskrafterstreckung zu Lasten des Bürgen also ausdrücklich abgelehnt.[470]

---

465 *Saenger*, Saenger-ZPO, § 322 Rn. 23 m.w.N.

466 *Leitmeier*, NJW 2017, 1273 (1274).

467 *Brinkmann*, ZZP 130 (2017), 345 (355).

468 Ob die faktische Übertragung der 30-jährigen (abgeleiteten) Verjährungsfrist auf den Bürgen im Ergebnis - also unabhängig von der prozessrechtlichen Einordnung - richtig ist, darf bezweifelt werden; *Mayer*, JZ 2017, 317 (319) führt dazu aus: „Die im Verhältnis zwischen Gläubiger und Hauptschuldner geltende neue 30-jährige Verjährungsfrist ist schlicht eine materiell-rechtliche Folge der rechtskräftigen Verurteilung des Hauptschuldners zur Zahlung, an die der Bürge ebenso wenig wie an die Verurteilung als solche gebunden ist."

469 Darauf wird im Folgenden näher einzugehen sein, vgl. insb. Fn. 602, 603.

470 BGHZ 210, 348 (356, Rn. 24); zuvor bereits BGHZ 76, 222 (230 f.); BGHZ 107, 92 (96); die Literatur ist dieser Auffassung gefolgt, vgl. nur *Stürner*, Staudinger, Vorbem. zu §§ 765-778 Rn. 179; *Madaus*, OGK-BGB, § 765 Rn. 252; *Mayer*, JZ 2017, 317 (319); *Schack*, NJW 1988, 865 (870).

(2) Bezogen auf § 201 II S. 1 InsO ergibt sich folgendes Bild: Ebenso wenig wie ein stattgebendes Leistungsurteil gegen den Hauptschuldner, bedingt auch die erfolgreiche Forderungsfeststellung bzw. der Tabelleneintrag jedenfalls keine „prozessuale" Rechtskraftwirkung gegenüber dem akzessorisch haftenden Bürgen. Scheidet demnach eine „echte" Rechtskrafterstreckung a priori aus, ist die Frage, ob § 201 II S. 1 InsO überhaupt eine materielle Rechtskraft gegenüber dem Schuldner erzeugt, für den Bürgen - wenn überhaupt - nur von untergeordneter Bedeutung.

## II. Bewertung der extensiven Bindungswirkung

Im vorstehenden Abschnitt wurde aufgezeigt, dass eine aus § 201 II S. 1 InsO abgeleitete Rechtskraft mit einer inhaltlichen Bindungswirkung einhergeht, die unter Einbeziehung Dritter weit über das Kerninsolvenzverfahren hinausreicht. Obwohl die Literatur einer Dritt- bzw. Folgewirkung des § 178 III InsO durchweg ablehnend gegenübersteht,[471] werden gegen eine aus § 201 II S. 1 InsO folgende Drittwirkung kaum Bedenken erhoben. Dieses Paradoxon ist auffällig und bietet isoliert bereits genügend Anlass für eine nähere Untersuchung.

### 1. Materielle Rechtskraftwirkung des § 201 II S. 1 InsO?

Fraglich ist schon im Ansatz, ob die erfolgreiche Titulierung einer Insolvenzforderung gemäß § 201 II S. 1 InsO überhaupt eine materielle Rechtskraftwirkung zu begründen vermag. Dies erscheint vor allem in denjenigen Fällen bedenklich, in denen die Titulierung nicht auf einem gerichtlichen Verfahren beruht, durch welches ein erhobener Widerspruch beseitigt wurde (vgl. §§ 184 I 1, 201 II S. 2 InsO), sondern auf dem schlichten Nichtbestreiten des Schuldners. Denn bereits in einem anderen Kontext wurde bemerkt,[472] dass eine ungeschmälerte materielle Rechts-

---

471 *Becker*, NR-InsO, § 178 Rn. 32, *Breutigam*, BK-InsO, § 178 Rn. 20; *Gerhardt*, Jaeger-InsO, § 178 Rn. 56; *Jungmann*, Schmidt-InsO, § 178 Rn. 26; *Kießner*, FK-InsO, § 178 Rn. 20; *Leithaus*, AL-InsO, § 178 Rn. 8; *Pape/Schaltke*, KPB-InsO, § 178 Rn. 14; *Schumacher*, MüKo-InsO, § 178 Rn. 72; *Sinz*, Uhlenbruck, § 178 Rn. 33; *Specovius*, Braun-InsO, § 178 Rn. 20; *Zenker*, BeckOK-InsO, § 178 Rn. 27.

472 S. oben B.II.1.b).

kraftwirkung, die nicht auf einem gerichtlichen Akt der Rechtserkenntnis gründet, auf Vorbehalte stößt und ggf. einer besonderen Legitimation bedarf.

#### a) Hergebrachte Begründungsansätze

Zunächst sind die bisher in der Literatur entwickelten Ansätze zur Begründung einer uneingeschränkten Urteilswirkung der Tabelleneintragung gegenüber dem Schuldner zu betrachten.

##### aa) Wortlaut

Wie bereits angedeutet, bietet der Wortlaut des § 201 II S. 1 InsO wenig Anhaltspunkte, die auf eine materielle Rechtskraftwirkung hindeuten. Zwar wird in der Literatur teilweise angenommen, dass ein „vollstreckbares Urteil" i.S.d. § 201 II S. 1 InsO denklogisch eine materielle Rechtskraftwirkung voraussetzt.[473] Diese Annahme ist aber zumindest ungenau. Nach § 704 ZPO findet die Zwangsvollstreckung aus Endurteilen statt, die (formell) rechtskräftig sind oder für vorläufig vollstreckbar erklärt wurden und einen vollstreckungsfähigen Inhalt aufweisen.[474]

Der Eintritt der materiellen Rechtskraftwirkung eines Urteils setzt notwendig dessen formelle Rechtskraft voraus.[475] Wenn ein Urteil für vorläufig vollstreckbar erklärt werden kann, obgleich es noch nicht formell rechtskräftig ist, eröffnet der Gesetzgeber den Zugang zur Zwangsvollstreckung also regelmäßig[476] bereits vor Eintritt der materiellen Rechtskraft. Aus dem Umstand, dass § 201 II S. 1 InsO die Zwangsvollstreckung „wie aus einem vollstreckbaren Urteil" zulässt, kann somit nicht zweifelsfrei auf eine materielle Rechtskraftwirkung gegenüber dem Schuldner geschlossen werden.

Auch der Wortlaut des § 164 II KO als „Vorläufer" des § 201 II S. 1 InsO spricht gegen eine materielle Bindungswirkung zu Lasten des Schuld-

473 *Pehl*, Braun-InsO, § 201 Rn. 11.

474 Vgl. *Götz*, MüKo-ZPO, § 704 Rn. 5 ff.

475 *Althammer*, Stein/Jonas, § 322 Rn. 8; *Büscher*, Wieczorek/Schütze, § 322 Rn. 13; *Gottwald*, MüKo-ZPO, § 322 Rn. 24; *Musielak*, Musielak/Voit, § 322 Rn. 5.

476 *Götz*, MüKo-ZPO, § 704 Rn. 15 führt in diesem Zusammenhang aus, dass grundsätzlich alle Endurteile für vorläufig vollstreckbar zu erklären seien.

ners. Nach § 164 II KO fand „gegen den Schuldner aus der Eintragung in die Tabelle die Zwangsvollstreckung unter entsprechender Anwendung der §§ 724 bis 793 der Zivilprozeßordnung statt." Damit statuierte § 164 II KO in erster Linie eine Vollstreckungsmöglichkeit. Eine urteilsgleiche Wirkung wurde im Wortlaut der Norm nicht einmal angedeutet.[477] Mit der Einführung von § 201 InsO wollte der Gesetzgeber die Regelung des § 164 KO (lediglich) sinngemäß übernehmen.[478] Die Normgenese deutet also darauf hin, dass hinter der Verwendung des Wortes „Urteil" in § 201 II S. 1 InsO keine spezifische Regelungsabsicht steht.

#### bb) Vergleich zum zivilprozessualen Anerkenntnis

Oben wurde bereits ausgeführt, dass der „rechtfertigende Grund" für eine rechtskräftige Titulierung gegenüber dem Schuldner bisweilen in einem stillschweigenden Anerkenntnis gesucht wurde.[479] Im Nichtbestreiten des Schuldners ein solches Anerkenntnis zu erblicken, bedeutet zugleich, dem bloßen Schweigen eine rechtliche Bedeutung beizumessen. In der Rechtsgeschäftslehre wird aus der sog. negativen Vertragsbegründungsfreiheit[480] gefolgert, dass schlichtes Schweigen gerade keinen Erklärungstatbestand erfüllt.[481] Der BGH hat diesen Gedanken mitunter auf das Prozessrecht übertragen.[482] Es erscheint deswegen schon im Grundsatz fragwürdig, ob der Schuldner durch bloßes Nichtbestreiten einer Forderung automatisch ein „Anerkenntnis" hinsichtlich des mit der Anmeldung geltend gemachten Anspruches abgibt.[483]

Weitere Zweifel an der „Anerkenntnistheorie" ergeben sich aus § 201 II S. 1 InsO selbst. Denn einen Vollstreckungstitel gegenüber dem Schuldner erlangen nur diejenigen „Insolvenzgläubiger, deren Forderungen festgestellt […] worden sind." Demnach verhindert u.a. ein erfolgreicher Widerspruch des Verwalters die Titulierung und damit eine erleichterte Realisierung der Nachhaftung. Würde die Titulierung allein auf einem

---

477 Gleichwohl wurde § 164 II KO in Literatur und Rechtsprechung eine urteilsgleiche Wirkung zugebilligt, vgl. Fn. 411, 412.

478 BT-Drs. 12/2443, S. 187.

479 *Lent*, Jaeger-KO, § 164 Rn. 4; *Bender*, JZ 1987, 503 (504).

480 *Busche*, MüKo-BGB, § 147 Rn. 6.

481 *Möslein*, OGK-BGB, § 146 Rn. 34.

482 BGH NJW 2007, 2122.

483 So meint auch *Saenger*, Saenger-ZPO, § 307 Rn. 2, dass „bloßes Schweigen oder Nichtverhandeln" für ein Anerkenntnis i.S.d. § 307 ZPO nicht ausreiche.

Anerkenntnis (= Verhalten) des Schuldners beruhen, dürfte die Titulierung durch einen Widerspruch des Verwalters nicht verhindert werden können.[484] Das gilt umso mehr, als dessen Verwaltungs- und Verfügungsbefugnis auf die Masse beschränkt ist[485] und das nachhaftende Schuldnervermögen gerade nicht erfasst.

Lässt sich die Titulierung nach dem Vorstehenden also nicht mit einem „Anerkenntnis“ des Schuldners begründen, dann bedarf es einer anderweitigen Rechtfertigung dafür, dem Gläubiger über § 201 II S. 1 InsO nicht nur einen Vollstreckungstitel zu verschaffen, sondern überdies eine materielle Rechtskraftwirkung anzunehmen.

#### cc) Vergleich zum Versäumnisurteil

Wenn sich die Titulierung gegenüber dem Schuldner als eine „aus Zweckmäßigkeitsgesichtspunkten angeordnete Versäumnisfolge“[486] erwiese, könnte der Gesichtspunkt der Säumnis zugleich zur Rechtfertigung einer Urteilswirkung dienen. Dieser „Säumnistheorie“ ist zuzugeben, dass auch ein Versäumnisurteil i.S.d. § 331 ZPO formell wie materiell in Rechtskraft erwächst, sofern dagegen nicht fristgerecht Einspruch erhoben wird.[487] Allerdings ist zu prüfen, ob das bloße Unterlassen eines Widerspruchs durch den Schuldner tatsächlich den von § 331 ZPO aufgestellten Voraussetzungen für den Erlass eines Versäumnisurteils entspricht. Eine ähnliche Frage wurde oben bereits in einem anderen Zusammenhang erörtert.[488] Dort ging es darum, ob die Rechtskraftwirkung des § 178 III InsO auf einem „Versäumnis“ des Verwalters bzw. der konkurrierenden Gläubiger basiert, wenn diese es unterlassen haben, der angemeldeten und sodann festgestellten Forderung zu widersprechen (vgl. § 178 I S. 1 InsO). Erneut ist der entscheidende Gesichtspunkt die fehlende Schlüssigkeitsprüfung im Rahmen des Anmeldung- und Prüfungsverfahrens: Eine Titulierung gemäß § 201 II S. 1 InsO kann nach dem Gesetzeswortlaut erfolgen, ohne dass ein Gericht zuvor untersucht, ob die mit der Anmeldung vorgebrachten Tatsachen den geltend gemachten prozessualen Anspruch tragen. Dieser Umstand spricht dagegen, eine etwaige Urteilswirkung des

484 Vgl. *Spellenberg*, Gegenstand, S. 156 f.
485 *Mock*, Uhlenbruck, § 80 Rn. 8.
486 *Seuffert*, Konkursprozessrecht, S. 389; s. oben C.I.2.a).
487 *Prütting*, MüKo-ZPO, § 331 Rn. 39.
488 S. oben B.II.1.b).bb).

§ 201 II S. 1 InsO isoliert auf einen Vergleich mit den Wirkungen der Säumnis im Zivilprozess zu stützen.

### dd) Vergleichbarkeit von Tabelleneintragung und Vollstreckungsbescheid?

Doch die ZPO kennt einen anderen Vollstreckungstitel, der ohne vorhergehende, uneingeschränkte Schlüssigkeitsprüfung erlangt werden kann[489] und dennoch mit einer vollen (materiellen) Rechtskraftwirkung ausgestattet ist:[490] den Vollstreckungsbescheid als „Schlusspunkt" des Mahnverfahrens. Möglicherweise beruht also eine aus § 201 II S. 1 InsO folgende Urteilswirkung auf demselben Grund, der auch die Rechtskraftwirkung des Vollstreckungsbescheides legitimiert.

(1) Allerdings unterscheidet sich der Vollstreckungsbescheid von der feststellenden Tabelleneintragung in einem wesentlichen Punkt. Denn die Eintragung des Prüfungsergebnisses in der Tabelle ist eine rein beurkundende Tätigkeit[491] und stellt - anders als der Erlass eines Vollstreckungsbescheids[492] - keine gerichtliche *Entscheidung* dar, die einen Leistungsbefehl enthält und der Unangreifbarkeit zugänglich ist[493] (vgl. zum Vollstreckungsbescheid § 700 I ZPO). Diese Divergenz ist insofern relevant, als die materielle Rechtskraft vorwiegend dazu dient, den inhaltlichen Bestand gerichtlicher Entscheidungen zu schützen.[494] Wenn dem Prüfungsvermerk indessen keine gerichtliche Entscheidung zugrunde liegt, ist es zur Vermeidung inhaltlicher Widersprüche nicht erforderlich, die Tabelleneintragung mit einer materiellen Rechtskraftwirkung zu versehen. Gleichwohl bleibt anzumerken, dass die Prüfungsdichte des Gerichts bei Erlass eines Vollstreckungsbescheides qualitativ hinter der dadurch erzeugten Urteilswirkung zurückbleibt: Obwohl mit dem Vollstreckungsbescheid über den geltend

---

489 *Schüler*, MüKo-ZPO, § 691 Rn. 14 f.

490 BGHZ 112, 54; BGH NJW 2005, 2991; ausführlich: *Prütting/Weth*, Rechtskraftdurchbrechung, S. 5 ff., 19; *Althammer*, Stein/Jonas, § 322 Rn, 62 ff.; *Schüler*, MüKo-ZPO, § 700 Rn. 9; *Voit*, Musielak/Voit, § 700 Rn. 3; a.A. *Braun*, Rechtskraft, S. 91 ff.; *Grün*, NJW 1991, 2860 (2862); *Vollkommer*, FS Gaul, S. 776 f.

491 *Schumacher*, MüKo-InsO, § 178 Rn. 47.

492 *Gierl*, Saenger-ZPO, § 699 Rn. 18 ff.; *Voit*, Musielak/Voit, § 699 Rn. 5 f.; kritisch *Braun*, JZ 1987, 789 (792).

493 *Gerhardt*, Jaeger-InsO, § 178 Rn. 18; *Smid*, Forderungen, S. 175.

494 *Gottwald*, MüKo-ZPO, § 322 Rn. 2, 4; *Gruber*, BeckOK-ZPO, § 322 Rn. 1.

gemachten prozessualen Anspruch als solchen „entschieden“ wird, erfolgt im Vorwege keine kongruente Prüfung der materiellen Anspruchsvoraussetzungen. Die Rechtskraftwirkung des Vollstreckungsbescheides besteht daher nicht, um eine bestimmte rechtliche Würdigung des erlassenden Gerichts abzusichern. Vielmehr kann es nur darum gehen, das Entscheidungsergebnis zu konsolidieren.

(2) Der letztgenannte Aspekt wurde u.a. von *Grün* zum Anlass genommen, einer „vollen materiellen Rechtskraft des Vollstreckungsbescheids die Berechtigung [abzusprechen]“:[495] Es bestehe ein „innerer Zusammenhang“ zwischen tatsachenbezogener Schlüssigkeitsprüfung und materieller Rechtskraft.[496] Mit der Abschaffung der Schlüssigkeitsprüfung im Mahnverfahren[497] sei die Parallelität zum Versäumnisverfahren aufgehoben worden. Um das Gleichgewicht zwischen Richtigkeitsgewähr und Rechtskraft wiederherzustellen, müsse die Rechtsqualität des Vollstreckungsbescheids uminterpretiert werden. In einigen Fallgruppen sei daher eine Einschränkung der materiellen Rechtskraftwirkung erforderlich.[498] Gegen die Ansicht *Grüns* wurde zu Recht eingewandt, dass sie den klaren Wortlaut des § 796 II ZPO - der wiederum die Anwendbarkeit des § 767 II ZPO voraussetzt[499] - ignoriert und die Gleichstellung von Vollstreckungsbescheid und Versäumnisurteil durch den Gesetzgeber in § 700 I ZPO übersieht.[500] Das BVerfG hat zudem angedeutet, dass verfassungsrechtlichen Bedenken gegenüber einer Rechtskraftwirkung des Vollstreckungsbescheids (trotz fehlender Schlüssigkeitsprüfung) im Einzelfall mit einer Rechtskraftdurchbrechung nach § 826 BGB begegnet werden kann.[501]

(3) Mithin ist die Annahme einer urteilsgleichen Wirkung des Vollstreckungsbescheids allenfalls deshalb hinnehmbar, weil diese in §§ 700 I,

495 *Grün*, NJW 1991, 2860 (2862); so im Ergebnis auch *Braun*, Rechtskraft, S. 91 ff.; *ders.*, ZIP 1987, 687 (690); *ders.*, JZ 1987, 789 (793 f.) *Vollkommer*, FS Gaul, S. 776 f.; *ders.*, NJW 1991, 30 (32).

496 Dazu ausführlich auch *Braun*, JZ 1987, 789 (790 f.).

497 Vgl. BGBl. 1977 S. 3291 ff.

498 Vgl. dazu auch *Grün*, MDR 1991, 122 (123).

499 *Wolfsteiner*, MüKo-ZPO, § 796 Rn. 6.

500 *Mühlhausen*, MDR 1995, 770 (771); ebenso *Gaul*, FS Henckel, S. 266; *Grunsky*, ZIP 1986, 1361 (1365).

501 BVerfG NJW 1991, 2412 (2413).

796 II ZPO eindeutig normiert wurde.[502] Damit hat der Gesetzgeber von seiner Einschätzungsprärogative Gebrauch gemacht und das Spannungsverhältnis zwischen Rechtssicherheit und Einzelfallgerechtigkeit ausgestaltet.[503] Diese Aussage erscheint in Bezug auf § 201 II S. 1 InsO dagegen bedenklich. Eine Urteilswirkung gegenüber dem Schuldner geht aus dem Wortlaut des § 201 II S. 1 InsO nicht zweifelsfrei hervor.[504] Die Tabelleneintragung ist also aus zweierlei Gründen nicht freiweg mit einem Vollstreckungsbescheid vergleichbar: Es fehlt nicht nur an einer „gerichtlichen Entscheidung", sondern ebenso an einer eindeutigen Regelung zur materiellen Rechtskraft. Gleichwohl bedürfen die Parallelen zwischen Vollstreckungsbescheid und vollstreckbarem Tabelleneintrag im weiteren Verlauf dieser Arbeit noch einer vertieften Erörterung.

#### ee) Zur Normgenese

Insbesondere aus den Motiven zur Konkursordnung wurde auf den Willen des historischen Gesetzgebers geschlossen, den Tabelleneintrag gegenüber dem Schuldner mit einer urteilsgleichen Wirkung zu versehen.[505] Bei genauerer Betrachtung ist diese Schlussfolgerung jedoch keineswegs zwingend. Die Titulierung der Konkursforderungen gegenüber dem „Kridar" sollte laut den Motiven dazu beitragen, die „bloßen Standpunkt juristischer Konsequenz […] mit den praktischen Bedürfnissen zu versöhnen".[506] Vornehmlich galt es also zu vermeiden, dass die Gläubiger „trotz der ihre Forderungen mittelbar anerkennenden Tabelle […] genötigt werden", gegen den Schuldner zusätzlich eine Leistungsklage anzustrengen.[507] Zur Erreichung dieses Ziels ist die Implementierung einer auf dem Tabelleneintrag gründenden Vollstreckungsbefugnis ausreichend. Schließlich führt schon die Vollstreckungsmöglichkeit faktisch zu einer Umkehr der Pro-

---

502 *Braun*, JZ 1987, 789 (793) verweist in diesem Kontext zurecht darauf, dass es dem Rechtsanwender in Ansehung des Gesetzeswortlauts „verwehrt sein [dürfte] dem Vollstreckungsbescheid die Rechtskraft ganz abzusprechen". Da eine uneingeschränkte Rechtskraft laut Braun indessen eine Schlüssigkeitsprüfung voraussetzt, plädiert er dafür, dem Vollstreckungsbescheid eine „Rechtskraft von geringerer Intensität" beizumessen; vgl. auch *Braun*, Rechtskraft, S. 91 ff.

503 BVerfG NJW-RR 1993, 232.

504 S. oben C.II.1.a).aa).

505 U.a. *Lent*, Jaeger-KO, § 164 Rn. 4.; vgl. oben C.I.2.b).

506 Motive zur KO, S. 384 f.

507 Motive zur KO, S. 384.

zessführungslast. Die Gläubiger müssen ihre Insolvenzforderungen gerade nicht „von neuem durch Klage [...] verfolgen".[508] Vielmehr obliegt es dem Schuldner, die Vollstreckung ggf. mit einer Vollstreckungsgegenklage nach § 767 ZPO abzuwehren, wobei ihn regelmäßig die Beweislast für rechtsvernichtende und rechtshemmende Einwendungen trifft.[509] Um die in den Motiven aufgestellte Befürchtung, wonach „das Interesse der Gläubiger unzweifelhaft gefährdet" würde, wenn sie ihr Nachforderungsrecht in einem neuen Prozess erstreiten müssten[510], zu entkräften, ist es nicht unbedingt geboten, die Titulierung überdies mit einer materiellen Rechtskraftwirkung auszustatten.

### b) Begründbarkeit einer materiellen Rechtskraftwirkung?

Die vorstehenden Ausführungen haben gezeigt, dass sich eine materielle Rechtskraftwirkung der Tabelleneintragung gegenüber dem Schuldner weder aus dem Wortlaut noch aus der Normgenese des § 201 II S. 1 InsO ergibt. Auch vergleichende Ansätze zum Anerkenntnis oder zur Säumnis im Zivilprozess bilden isoliert keine tragfähige Grundlage für die Annahme einer urteilsgleichen Wirkung.

#### aa) Zusammenhang zwischen Schlüssigkeitsprüfung und Rechtskraft

Die weitere Suche nach einer solchen Grundlage würde sich a priori erübrigen, wenn eine materielle Rechtskraftwirkung - zumindest im Bereich des Zivil(prozess)rechts - stets eine vorherige Sach- bzw. Schlüssigkeitsprüfung durch ein Gericht voraussetzte. Denn Richter wie Rechtspfleger sind grundsätzlich nicht dazu berufen, die Verität des mit der Forderungsanmeldung geltend gemachten Anspruchs vor Eintragung des Feststellungsvermerks inhaltlich zu prüfen.[511]

---

508 Motive zur KO, S. 384.

509 *Lackmann*, Musielak/Voit, § 767 Rn. 29; *Preuß*, BeckOK-ZPO, § 767 Rn. 35.

510 Motive zur KO, S. 384.

511 *Bender*, JZ 1987, 503 (504) hat diesbezüglich angemerkt, dass das Konkursgericht *„keine sitten- oder gesetzeswidrigen Forderungen zur Tabelle feststellen darf."* Doch auch nach dieser durchaus erwägenswerten Auffassung trifft das Gericht nur eine stark eingeschränkte Prüfungspflicht.

(1) *Braun*[512] leitet das Erfordernis eine Schlüssigkeitsprüfung als Voraussetzung für die Entstehung „uneingeschränkter Rechtskraft“[513] im Zivilprozess aus dessen Hauptfunktion - namentlich der Rechtserkenntnis[514] - ab. So sei etwa die Verurteilung eines säumigen Beklagten nur dann als Erkenntnis des „Rechts“ anzusehen, wenn dieser zur Einlassung verpflichtet war. Sonst „wäre die Klageerhebung nichts anderes als eine Art Faustschlag, der dann, wenn er nicht abgewehrt wird, mit staatlicher Unterstützung ins Ziel träfe.“[515] Eine Einlassungspflicht des Beklagten könne wiederum nur aus dem „Verhältnis der Parteien zueinander“[516] folgen: Der Kläger dürfe eine Reaktion des Beklagten erwarten, wenn die von ihm vorgetragenen Tatsachen den Klageantrag rechtfertigen und er daher „im Recht erscheint“[517]. Ob der Kläger den „äußeren Schein des Rechts für sich hat“[518] und der Beklagte aus diesem Grunde zur Einlassung verpflichtet ist, müsse durch das Gericht im Rahmen der Schlüssigkeitsprüfung festgestellt werden. *Braun* führt weiter aus, dass ohne Schlüssigkeitsprüfung gar kein „Urteil im Rechtssinn“[519] zustande komme. Denn es liege keine „Entscheidung“ vor, wenn sich das Gericht „die bloße Rechtsbehauptung des Klägers ungeprüft zu eigen [macht]“[520]. Das Gericht dürfe sich als „neutraler Dritter“ im Falle der Untätigkeit des Beklagten „zur Strafe nicht einfach auf die Seite [des Klägers] stellen.“[521] Andernfalls verdiene es den Namen „Gericht“ nicht. Erst die Prüfung des Parteivorbringens durch das Gericht als „neutrale“ Instanz rechtfertige es also, dem Beklagten in der Sache Nachteile aufzuerlegen und ihn rechtskräftig an das Entscheidungsergebnis zu binden. *Braun* folgert sodann: „Die Schlüssigkeitsprüfung ist nicht angeordnet worden, weil der Gesetzgeber es so gewollt hat [...], sondern der Gesetzgeber hat es so gewollt, weil ohne dies die Neutralität des Gerichts und damit die Grundlage des ganzen Prozesses gefährdet wäre.“[522]

---

512 *Braun*, Rechtskraft, S. 69 ff.; *ders.*, JZ 1987, 789 ff.
513 *Braun*, JZ 1987, 789.
514 *Braun*, Rechtskraft, S. 91.
515 *Braun*, JZ 1987, 789 (790).
516 *Braun*, JZ 1987, 789 (790); vgl. *Braun*, Rechtskraft, S. 74 f.
517 *Braun*, JZ 1987, 789 (791).
518 *Braun*, Rechtskraft, S. 78.
519 *Braun*, JZ 1987, 789 (791).
520 *Braun*, JZ 1987, 789 (791).
521 *Braun*, JZ 1987, 789 (790).
522 *Braun*, JZ 1987, 789 (791).

(2) Die von *Braun* benannten strukturellen Gesichtspunkte sind durchweg beachtlich.[523] Dies gilt jedenfalls für den Bereich des klassischen Zivilprozesses. Die Quintessenz von *Brauns* Ausführungen lautet, dass allein das Schweigen des Beklagten unter Zubilligung rechtlichen Gehörs nicht ausreicht, um ihm gegenüber eine materielle Rechtskraftwirkung zu erzeugen. Ansonsten erhielte „die Rechtskraft [...] ihre Rechtfertigung [...] bereits daraus, daß der Schuldner es unterlassen hat, sie abzuwenden.“[524] Das bedeutet jedoch nicht zwangsläufig, dass außerhalb des klassischen Zivilprozesses keine andere Möglichkeit zur Legitimation materieller Rechtskraft denkbar ist als diejenige einer Schlüssigkeitsprüfung durch ein neutrales Gericht: Im Forderungsfeststellungsverfahren obliegt es allen voran dem Insolvenzverwalter, die materielle Berechtigung der angemeldeten Forderungen - also deren „Schlüssigkeit“ - zu überprüfen.[525] Auch wenn der Verwalter kein öffentliches Amt ausübt[526], gründen seine Befugnisse und Pflichten doch auf einer hoheitlichen Entscheidung, namentlich der Bestellung durch das Insolvenzgericht. Daraus folgern einige Autoren sogar, der Verwalter sei eine „hoheitlich beliehene Person mit amtsähnlicher Stellung“.[527] Die historische Entwicklung des Feststellungsverfahrens deutet darauf hin, dass auch der Gesetzgeber dem Verwalter - zumindest im administrativen Bereich[528] - bisweilen eine gerichtsersetzende Funktion

---

523 Ob auch den weitergehenden Schlussfolgerungen *Brauns* zuzustimmen ist, steht dagegen auf einem anderen Blatt: *Braun* überträgt das Erfordernis einer Schlüssigkeitsprüfung als Voraussetzung materieller Rechtskraft auf das Mahnverfahren und billigt dem Vollstreckungsbescheid daher nur eine Rechtskraft von minderer Intensität zu; dazu kritisch *Münzberg*, JZ 1987, 477 ff.

524 *Braun*, JZ 1987, 789.

525 *Eckardt*, KS-InsO, S. 546; *Gerhardt*, Jaeger-InsO, § 176 Rn. 25; *Schumacher*, MüKo-InsO, § 178 Rn. 18; eindrücklich auch BFH ZIP 2005, 954 f. In der Entscheidung bejaht der BFH ein Widerspruchsrecht des Konkursverwalters gegen eine Forderung, auf die voraussichtlich keine Quote entfallen wird: Das Rechtsschutzbedürfnis des Verwalters entfalle keineswegs dadurch, dass dem Schuldner zur Verhinderung der Nachhaftung ein eigenes Widerspruchsrecht zusteht. Damit erkennt der VII. Senat zumindest implizit an, dass der Verwalter angemeldeten Forderungen (ausschließlich) zum Schutz des Schuldners widersprechen kann bzw. muss.

526 BVerfGE 116, 1 (13).

527 *Wellensiek*, NZI 1999, 169 (171) unter Verweis auf *Schick*, NJW 1991, 1328 (1329).

528 Der Übertragung einer rechtsprechenden Tätigkeit auf den Verwalter wäre nicht mit den Artt. 92, 97 GG vereinbar. Die dem Verwalter übertragene „Schlüssigkeitsprüfung“ ist bei funktionaler Betrachtung nicht als rechtspre-

einräumt.[529] Mit Einführung der Insolvenzordnung wurden ihm Aufgaben übertragen, die vormals dem Konkursgericht oblagen. Dazu gehört vor allem die Anlage und Führung der Insolvenztabelle bis zur Niederlegung gemäß § 175 I S. 2 InsO. Die Aufgabenverlagerung zeugt implizit[530] davon, dass der Gesetzgeber dem Insolvenzverwalter die notwendige Unabhängigkeit und Zuverlässigkeit zuschreibt, um als „externer Funktionsträger in Zivilsachen“[531] zu agieren.[532] Es erscheint daher durchaus erwägenswert, die Legitimation einer materiellen Rechtskraftwirkung des Tabelleneintrags gegenüber dem Schuldner kumulativ auf dessen „Säumnis“ - also das Unterlassen eines eigenen Widerspruchs - und die durch den Verwalter erfolgte „Schlüssigkeitsprüfung“ zu stützen.

Diese These wird durch folgendes Argument bekräftigt: In der höchstrichterlichen Rechtsprechung ist darauf hingewiesen worden, dass das Institut der materiellen Rechtskraft in der Regel gerichtlichen Urteilen vorbehalten bleibt, weil das gerichtliche Verfahren Fehlerquellen auf ein Minimum reduziert und daher im Ergebnis eine gesteigerte Richtigkeitsgewähr bietet.[533] Die Forderungsprüfung durch den unabhängigen und fachkundigen[534] Verwalter erhöht ebenso die Gewähr für die Richtigkeit der Feststellungen in der Tabelle. Dies erklärt zugleich, warum die Titulierung einer Forderung gegenüber dem Schuldner sogar durch ein erfolgreiches Bestreiten des Verwalters verhindert wird, obwohl § 201 II S. 1 InsO nicht dessen originären Verantwortungsbereich, nämlich die Verwaltung und Verteilung der Insolvenzmasse, berührt: Die Rechtsmacht des Insolvenzverwalters, durch seinen Widerspruch zugleich die Vollstreckung in das nachhaftende Schuldnervermögen zu beeinflussen, besteht in erster

---

chende Tätigkeit zu qualifizieren. Dazu fehlt es an einer Letztentscheidungsbefugnis des Verwalters. Denn nach dessen Widerspruch kann gemäß §§ 179 I InsO ein Feststellungsprozess initiiert und eine richterliche Entscheidung herbeigeführt werden. Vgl. *Classen*, MKS-GG, Art. 92 Rn. 11, 32.

529 Vgl. *Kübler*, FS Henckel, insb. S. 497 ff.

530 Mit der Aufgabenübertragung wurde primär eine Entlastung der Gerichte bezweckt, s. BT-Drs. 12/7302, S. 151.

531 *Preuß*, Zivilrechtspflege durch externe Funktionsträger, S. 302.

532 BT-Drs. 12/7302, S. 159 („in den neuen Bundesländern hat sich die Verlagerung der Anmeldung auf den Verwalter bewährt“).

533 BGHZ 9, 129 (133) = NJW 1953, 862 (863); BVerwGE 48, 271 (276) = NJW 1976, 340 f.

534 Vgl. § 56 I InsO; zur erforderlichen Geschäfts- bzw. Fachkunde s. *Zipperer*, Uhlenbruck, § 56 Rn. 17 ff.

Linie, weil er als „Organ der Rechtspflege“[535] - losgelöst von den Interessen der Insolvenzgläubiger - für die Richtigkeit der Tabellenfeststellungen einsteht.[536] Die Prüfung der Forderungen durch den Verwalter eröffnet insofern einen zureichenden Anknüpfungspunkt für die Begründung einer materiellen Rechtskraftwirkung.[537]

(3) Die vorstehenden Überlegungen vermeiden zugleich einen offenkundigen Wertungswiderspruch: Würde man dem Tabelleneintrag gegenüber dem Schuldner eine Urteilswirkung absprechen, weil die festgestellten Forderungen keiner Schlüssigkeitsprüfung durch ein neutrales Gericht unterliegen, müsste dies gleichermaßen für die Rechtskraftwirkung gegenüber den konkurrierenden Gläubigern nach § 178 III InsO gelten. Indessen wurde eine einschränkende Auslegung des § 178 III InsO im Hinblick auf dessen Rechtsfolgen oben bereits abgelehnt.[538]

#### bb) Gesetzessystematik

Ein weiteres Argument für die Annahme einer urteilsgleichen Wirkung des § 201 II S. 1 InsO kann sodann aus dessen Satz 2 hergeleitet werden. Dort wird die Situation des unterbliebenen Widerspruchs gleichgesetzt mit derjenigen, in welcher ein erhobener Widerspruch im Klagewege beseitigt wurde. In beiden Situationen erhält der Gläubiger den Tabelleneintrag als Titel an die Hand. Würde dem Tabelleneintrag jegliche materielle Rechtskraftwirkung gegenüber dem Schuldner abgesprochen, gälte dies also grundsätzlich auch für Fälle, in denen der Insolvenzgläubiger die Vollstreckungsmöglichkeit zunächst mit einer Klage nach § 184 I InsO „erstreiten“ musste. Denn der Gesetzgeber hat hinsichtlich ihrer Rechtswirkungen gerade nicht zwischen der „erstrittenen“ und der „freiwilligen“ Forderungstitulierung (unterbliebener Schuldnerwiderspruch)

535 *Marotzke*, ZInsO 2009, 1929 (1930); laut *Preuß*, Zivilrechtspflege durch externe Funktionsträger, S. 302 ff., dient die Einbindung des Verwalters in die Rechtspflege gar der Erfüllung der staatlichen Justizgewährungspflicht.

536 So erkennt auch *Thole*, ZGR 2019, 301 (314) an, dass „die Grundpflicht des Verwalters, unberechtigte Forderungsanmeldungen durch eigenen Widerspruch abzuwehren, zwar primär im Interesse der Gesamtgläubigerschaft [besteht], aber auch die Schuldnerin selbst wegen der drohenden Nachhaftung [schützt].“

537 In diese Richtung deuten auch die Ausführungen von *Braun*, ZIP 1987, 687 (689).

538 S. oben unter B.II.2.a).

differenziert. Es erschiene befremdlich, dem Tabelleneintrag gegenüber dem Gläubiger im Falle einer „erstrittenen“ Titulierung keine Rechtskraftwirkung zukommen zu lassen,[539] obwohl die Verität der Forderung[540] Gegenstand[541] gerichtlicher Rechtserkenntnis war: Wenn die erhöhte Richtigkeitsgewähr des gerichtlichen Verfahrens regelmäßig das Fundament der materiellen Rechtskraft bildet (s.o.), kann sie demjenigen, der ein solches Verfahren durchlaufen hat, nicht ohne weiteres vorenthalten werden. Dies gilt erst recht in Anbetracht des Umstands, dass es dem Gläubiger nach überwiegender Auffassung selbst bei einem „Verzicht“ auf eine insolvenzmäßige Befriedigung verwehrt ist, während des Insolvenzverfahrens eine Leistungsklage gegen den Schuldner anzustrengen und damit auf anderem Wege einen materiell rechtskräftigen Leistungstitel zur Verwirklichung der Nachhaftung zu erlangen.[542]

### cc) Verwirkungsgedanke

Nach den vorstehenden Ausführungen ist es mithin trotz fehlender Schlüssigkeitsprüfung durch ein „neutrales“ Gericht nicht ausgeschlossen, dem Tabelleneintrag gegenüber dem Schuldner in Ansehung der Forderung eine bindende Wirkung beizumessen. Auch *Braun* erkennt an, dass vornehmlich der Gesetzgeber darüber zu entscheiden hat, ob ein Vollstreckungstitel mit Rechtskraft ausgestattet wird. Trotz rechtspolitischer und

---

539 Unberührt bliebe freilich die allgemeine Rechtskraftwirkung des Feststellungsurteils gemäß § 322 I ZPO; diese Wirkung beruht jedoch nicht unmittelbar auf der Eintragung in der Insolvenztabelle.

540 Zum Prüfungsumfang bei Schuldnerwidersprüchen vgl. *Schumacher*, MüKo-InsO, § 184 Rn. 2.

541 Zum Streitgegenstand einer Feststellungsklage gegen den Schuldner vgl. *Eckardt*, KS-InsO, S. 547; *Sinz*, Uhlenbruck, § 184 Rn. 6.

542 Vgl. § 87 InsO; dennoch wird teilw. eine Leistungsklage gegen den Schuldner für zulässig erachtet, soweit eine *„insolvenzmäßige Feststellung“* der Forderung unterbleibt und zugleich die Möglichkeit einer Zwangsvollstreckung aus dem Leistungsurteil auf die Zeit nach der Verfahrensaufhebung beschränkt wird: *Schumacher*, MüKo-InsO, § 184 Rn. 6; ebenso *Eckardt*, KS-InsO, S. 547 f.; ähnlich *Spellenberg*, Gegenstand, S. 158 f. (allerdings zur Rechtslage unter Geltung der KO); a.A. (h.M.): BGH NZI 2005, 108 (109); *Becker*, NR-InsO, § 184 Rn. 13; *Breuer/Flöther*, MüKo-InsO, § 87 Rn. 2; *Gerhardt*, Jaeger-InsO, § 184 Rn. 11; *Herchen*, HaKo-InsO, § 184 Rn. 17; *Kayser*, HK-InsO, § 87 Rn. 1; *Mock*, Uhlenbruck, § 87 Rn. 25; *Sinz*, Uhlenbruck, § 184 Rn. 8; *Smid*, RSZ-InsO, § 184 Rn. 2; *Specovius*, Braun-InsO, § 184 Rn. 6; *Zenker*, BeckOK-InsO, § 184 Rn. 10.

dogmatischer Zweifel sei es dem Rechtsanwender versagt, die Entscheidung der Legislative vollständig zu konterkarieren.[543] Zwar zwingt der Wortlaut des § 201 II S. 1 InsO gerade nicht zur Annahme einer materiellen Rechtskraftwirkung, jedoch legt insbesondere die Gesetzessystematik ein solches Resultat nahe. Eine weitergehende Rechtfertigung für eine inhaltliche Bindung des Schuldners wurde bislang in dessen „Säumnis" (unterlassener Widerspruch) in Verbindung mit der durch den Verwalter vorzunehmenden Forderungsprüfung gesucht.

(1) Den Gesichtspunkt der „Säumnis" im weiteren Sinne zieht auch *Gaul* heran, um die Rechtskraft eines Vollstreckungsbescheides - dessen Erlass ebenfalls keine gerichtliche Schlüssigkeitsprüfung voraussetzt - zu legitimieren: Wer sich trotz Belehrung und mehrfacher Möglichkeit, von einem Gericht gehört zu werden, im Mahnverfahren nicht verteidigt, der habe das Recht verwirkt, an der inhaltlichen Berechtigung der titulierten Forderung zu zweifeln.[544] Diese Argumentation kann auch im Hinblick auf § 201 II S. 1 InsO fruchtbar gemacht werden. So hat der Schuldner jedenfalls bis zum Ende des Prüfungstermins Gelegenheit, sich durch Erhebung eines Widerspruchs tatsächlich Gehör zu verschaffen und ein gerichtliches Verfahren zur Klärung der Forderungsverität herbeizuführen. Hat der Schuldner den Prüfungstermin ohne Verschulden versäumt, wird dessen Widerspruchsrecht sogar abgesichert, indem § 186 InsO die Möglichkeit einer Wiedereinsetzung in den vorherigen Stand eröffnet. Für Deliktsforderungen sieht § 175 II InsO zudem eine Hinweispflicht des Insolvenzgerichts vor, um den Schuldner vor einer materiell ggf. unberechtigten Nachhaftung trotz gewährter Restschuldbefreiung zu bewahren.

(2) Begreift man die Rechtsfolge der §§ 178 I S. 1, 201 II S. 1 InsO im Falle eines unterbliebenen Schuldnerwiderspruchs als spezielle Ausprägung des Verwirkungsgedankens, der wiederum auf dem Grundsatz von Treu und Glauben fußt,[545] kann die äußere Grenze des sog. Zeitmoments[546] im Ende des Prüfungstermins erblickt werden. Zwar ist zuzugeben, dass das Zeitmoment dann vergleichsweise kurz bemessen ist. Doch hat der Gesetzge-

543 *Braun*, Rechtskraft, S. 94 f.

544 *Gaul*, FS Henckel, S. 266.

545 *Vollkommer*, FS Gaul, S. 776; allgemein: *Schubert*, MüKo-BGB, § 242 Rn. 369 ff. m.w.N.

546 Zum Verhältnis von „Zeitmoment" und „Umstandsmoment" als allgemeine Voraussetzungen der Verwirkung s. *Schubert*, MüKo-BGB, § 242 Rn. 378 ff.

ber ein straffes Anmeldungs- und Prüfungsverfahren offenbar für notwendig erachtet, um eine rasche, allseitige Klärung der offenen Forderungen im Interesse der Gläubiger zu erreichen. Die Schuldnerinteressen werden durch die Wiedereinsetzungsmöglichkeit des § 186 InsO, die ggf. eine Ausdehnung des Zeitmoments bedingt, hinreichend beachtet. Ferner ist die Wechselwirkung zwischen Zeit- und Umstandsmoment[547] zu berücksichtigen: Unterlässt es der Schuldner, zum Prüfungstermin zu erscheinen oder dort zu widersprechen, obwohl ihm der Eröffnungsbeschluss mitsamt Terminbestimmung gesondert zugestellt wurde (vgl. §§ 29 I Nr. 2, 30 II InsO) und ggf. sogar eine Belehrung nach § 175 II InsO erfolgt ist, darf ein Gläubiger regelmäßig darauf vertrauen, dass der Schuldner keine Einwände gegen die angemeldete Forderung erheben will. In diesem Sinne können auch die Motive zur Konkursordnung verstanden werden: „Versäumt er [der Gemeinschuldner] den Termin oder unterläßt er die Abgabe einer Erklärung, so rechtfertigt es sich, der in dem Konkursverfahren erfolgenden Feststellung gegen ihn maßgebende Wirksamkeit zu geben.“[548]

### c) Rechtskraftwirkung mit verminderter Intensität?

#### aa) Konsequenzen der Heranziehung des Verwirkungsgedankens

Eine Rechtskraftwirkung des § 201 II S. 1 InsO an den Verwirkungsgedanken anzuknüpfen, führt zu einer weitergehenden Überlegung, die den Ausführungen *Vollkommers*[549] entlehnt ist: Eine Berufung auf die Verwirkung als Ausprägung von Treu und Glauben scheidet aus, wenn sich der Gläubiger seinerseits rechtsmissbräuchlich verhält, also z.B. das insolvenzrechtliche Feststellungsverfahren bewusst ausnutzt, um eine inexistente oder zumindest zweifelhafte Forderung titulieren zu lassen. Denn in diesem Fall darf er nicht schutzwürdig darauf vertrauen, dass der Schuldner keine materiellen Einwendungen gegen die festgestellte Forderung erhebt. Fehlt es im Einzelfall also an den Voraussetzungen der Verwirkung, vermag allein die „Schlüssigkeitsprüfung“ durch den Insolvenzverwalter als „zweite Säule“ eine vollumfängliche urteilsgleiche Wirkung des § 201 II S. 1 InsO nicht zu tragen. Ob nachträgliche Einwendungen in diesen Fällen nur über den „Umweg“ einer Rechtskraftdurchbrechung nach § 826

547 *Mansel*, Jauernig-BGB, § 242 Rn. 61.
548 Motive zur KO, S. 385.
549 *Vollkommer*, FS Gaul, S. 776.

BGB erhoben werden können oder ob dem Tabelleneintrag von vornherein nur eine verminderte Rechtskraftwirkung zugesprochen und § 767 II ZPO infolgedessen teleologisch reduziert wird, ist dabei nur von sekundärer Bedeutung. So hat auch der BGH[550] im Hinblick auf Vollstreckungsbescheide darauf erkannt, dass schon in der Wahl eines Titulierungsverfahrens ohne gerichtliche Schlüssigkeitsprüfung ein besonderer Umstand liegen kann, der die Vollstreckung aus dem unrichtigen Titel als sittenwidrig erscheinen lässt und damit den Weg für eine Rechtskraftdurchbrechung nach § 826 BGB ebnet.[551] Diesem Gedankengang folgend, modifiziert bzw. verringert also die Wahl eines anderen Titulierungsverfahrens als demjenigen des klassischen Erkenntnisverfahrens ggf. die Anforderungen an eine Restitution auf Grundlage des § 826 BGB. Aufgrund der erleichterten „Durchbrechung" der Rechtskraft entsprechender Titel (im Vergleich zu Urteilen) kann zumindest faktisch von einer leicht verminderten Rechtskraftwirkung gesprochen werden.[552]

#### bb) Parallelwertung zur Bestandskraft von Verwaltungsakten

Ferner könnte sich der Umstand, dass die „Schlüssigkeitsprüfung" im Rahmen des Feststellungsverfahrens nicht durch ein neutrales Gericht, sondern durch den Verwalter vorgenommen wird, ebenfalls auf die Qualität bzw. Intensität der Rechtskraftwirkung gegenüber dem Schuldner auswirken. Zur besseren Veranschaulichung soll im Folgenden eine Parallele zum öffentlichen Recht gezogen werden.

(1) In Bezug auf den Verwaltungsakt ist anerkannt, dass dessen Tenor grundsätzlich nicht in Rechtskraft erwächst.[553] Ein Verwaltungsakt selbst kann (lediglich) bestandskräftig werden.[554] Dass es sich bei den Begriffen

---

550 BGHZ 101, 380 (387); ebenso BGH NJW 2005, 2991 (2994).

551 *Wagner*, MüKo-BGB, § 826 Rn. 235 erkennt ebenfalls an, dass der BGH *„den Besonderheiten von Vollstreckungsbescheiden im Rahmen der Sittenwidrigkeitsprüfung Rechnung getragen* [hat]".

552 Vgl. dazu *Braun*, Rechtskraft, S. 100.

553 *Clausing/Kimmel*, BSS-VwGO, § 121 Rn. 28 m.w.N.; detailliert: *Merten*, NJW 1983, 1993 (1995); etwas anderes gilt freilich, wenn die durch einen Verwaltungsakt getroffene Regelung durch ein Gericht inhaltlich bestätigt wurde (bspw. im Rahmen eines erfolglosen Anfechtungsprozesses).

554 *Sachs*, BS-VwVfG, § 43 Rn. 45 f. m.w.N.; vgl. auch die amtliche Überschrift zum 2. Abschnitt des VwVfG.

„Rechtskraft" und „Bestandskraft" nicht nur um fungible Worthülsen handelt, wurde durch die höchstrichterliche Rechtsprechung mehrfach klargestellt. So hat das BVerwG[555] es ausdrücklich abgelehnt, „die Genehmigungsversagung durch eine Verwaltungsbehörde und das eine Genehmigungsklage abweisende verwaltungsgerichtliche Urteil [...] unter dem Gesichtspunkt der durch sie begründeten Bindung [...] gleichzustellen".[556] Eine solche Gleichstellung würde „die zwischen dem Verwaltungsverfahren und dem verwaltungsgerichtlichen Verfahren grundsätzlich bestehenden Unterschiede"[557] übersehen. Nur in gerichtlichen Verfahren sei aufgrund der vorgeschriebenen „Förmlichkeiten" eine umfassende inhaltliche Auseinandersetzung mit dem Streitgegenstand garantiert, sodass durch die Entscheidung in dem gebotenen Umfang Befriedung eintrete. Das Institut der materiellen Rechtskraft bleibe deshalb gerichtlichen Urteilen vorbehalten. Der BGH pflichtete dieser Rechtsansicht bei: „Mit Rücksicht auf die verschiedenartigen Funktionen des Verwaltungsverfahrens und des gerichtlichen Urteils [bestehen] bedeutsame Unterschiede, die es verbieten, der Bestandskraft eines Verwaltungsaktes auch hinsichtlich seiner Rechtmäßigkeit bindende Wirkung für ein nachfolgendes gerichtliches Verfahren beizumessen."[558]

(2) Die in einem Verwaltungsakt getroffene Regelung hat mit der Feststellung einer Forderung infolge unterbliebenen Widerspruchs gemein, dass sie zunächst keiner richterlichen Kontrolle unterzogen wurde. Dennoch ist eine Behörde gemäß Art. 20 III GG vor Erlass eines Verwaltungsaktes verpflichtet, dessen Inhalt mit den gesetzlichen Vorgaben abzugleichen.[559] Ebenso wie der Insolvenzverwalter die angemeldeten Forderungen auf ihre Schlüssigkeit hin untersucht, überprüft also auch die Verwaltung - unabhängig von politischen Direktiven - eigene Entscheidungen im Rahmen eines vorgegebenen Verfahrens anhand des materiellen Rechts.[560] Entge-

555 BVerwGE 48, 271 = NJW 1976, 340.
556 BVerwGE 48, 271 (276) = NJW 1976, 340 (341).
557 BVerwGE 48, 271 (276) = NJW 1976, 340.
558 BGHZ 113, 17 (20) = NJW 1991, 1168 (1169); so im Ergebnis zuvor schon BGHZ 90, 17 (23) = NJW 1984, 1169 (1170); kritisch dazu *Jeromin*, NVwZ 1991, 543 ff., der diese Rspr. insbesondere vor dem Hintergrund des sog. Nassauskiesungsbeschlusses (BVerfGE 58, 300) für verfehlt erachtet.
559 BVerwGE 48, 271 (276) = NJW 1976, 340 (341).
560 So verweist auch *Nicklisch*, Bindung, S. 55 auf die gesteigerte Rechtmäßigkeitsgewähr von Verwaltungsakten, die schließlich von *„rechtskundigen Behörden"* erlassen würden. *Nicklisch* sieht in diesem Umstand eine zusätzliche Rechtfer-

gen anderslautender Tendenzen in der Literatur[561] zeigt nicht zuletzt die Möglichkeit des Wiederaufgreifens im weiteren Sinne gemäß §§ 51 V, 48 I, 49 I VwVfG, dass zumindest die Hürde zur Beseitigung der materiellen Bestandskraft eines Verwaltungsaktes nicht so hoch ist wie diejenige zur Beseitigung der Rechtskraft von Urteilen (§§ 578 ff. ZPO ggf. i.V.m. § 153 VwGO).[562] Der Gesetzgeber hat gerade im Hinblick auf rechtswidrige Verwaltungsakte eine erleichterte Aufhebung vorgesehen, um im Einzelfall die mit der Bestandskraft bezweckte Rechtssicherheit gegenüber dem Gesetzmäßigkeitsprinzip zurücktreten zu lassen.[563] Der insofern erhöhte Stellenwert der Einzelfallgerechtigkeit mag einerseits daraus resultieren, dass die Verwaltung - anders als die Gegenpartei im Zivilprozess - kein gesteigertes intrinsisches Interesse an der Aufrechterhaltung einer für sie „günstigen", aber zugleich rechtswidrigen Manifestation des Verfahrensgegenstands haben darf.[564] Andererseits ist nicht auszuschließen, dass der Gesetzgeber eine subtile Korrektur rechtswidriger Verwaltungsakte auch für notwendig erachtete, weil er die Fehleranfälligkeit des Verwaltungsverfahrens erkannte und Exekutiventscheidungen deshalb keine starre, rechtskraftgleiche Bindungswirkung zubilligen wollte.[565]

(3) Zwar fußt das Zivil(prozess)recht im Gegensatz zum öffentlichen Recht auf dem Prinzip der Gleichordnung.[566] Die daraus resultierende Verschiedenartigkeit der Rechtsgebiete schließt es jedoch nicht aus, das öffentliche Recht zur Veranschaulichung eines allgemeinen Rechtsgedankens heranzuziehen. Die dargestellten Leitlinien zur materiellen Bestands-

---

tigung für die im Grundsatz fehlerunabhängige Bindungswirkung von Verwaltungsakten.

561 Vgl. *Nierhaus*, JZ 1992, 206 (209).

562 In diesem Sinne auch *Erichsen/Knoke*, NVwZ 1983, 185 (187 f.); *Merten*, NJW 1983, 1993 (1997).

563 *Sachs*, BS-VwVfG, § 48 Rn. 28.

564 Dies folgt zwanglos aus Artt. 1 III, 20 III GG. Nach OVG Lüneburg NVwZ 2013, 584 ff. darf ein Hoheitsträger selbst als Adressat eines rechtswidrigen Verwaltungsaktes wegen Art. 20 III GG nicht schutzwürdig auf dessen Fortbestand vertrauen.

565 In diesem Sinne *Hengstschläger*, Die Verwaltung, Band 12 (1979), 337 (341).

566 Vgl. BGHZ 67, 81 (84); *Säcker*, MüKo-BGB, Einl. Rn. 2 f. verweist auf die fundamentale inhaltliche Bedeutung, die der Unterscheidung zwischen öffentlichem und privatem Recht zukommt; *Maurer/Waldhoff*, Allgemeines Verwaltungsrecht, § 3 Rn. 12 bemerken zutreffend, dass das Kriterium der Gleichordnung (bzw. die Subordination als Gegenbegriff) nicht durchweg zur Abgrenzung der Rechtsgebiete geeignet ist.

kraft von Verwaltungsakten könnten somit als Vorlage dienen, um zu begründen, dass die vollumfängliche Bindung der Beteiligten an ein Verfahrensergebnis prinzipiell eine vorhergehende Prüfung der materiellen Rechtslage durch ein Gericht erfordert. Sofern tatsächlich nur eine gerichtliche Prüfung unter Einbeziehung der Parteien eine ausreichende Richtigkeitsgewähr bietet und den Rechtsstreit hinreichend befriedet, könnte aus § 201 II S. 1 InsO allenfalls eine verminderte materielle Rechtskraftwirkung gegenüber dem Schuldner folgen. Diese (denkbare) Schlussfolgerung reicht inhaltlich sogar über die von *Braun* postulierte Korrelation zwischen Schlüssigkeitsprüfung und materieller Rechtskraft hinaus. Denn sie knüpft nicht spezifisch an die Figur des „Einlassungszwangs" im Zivilprozess an, sondern universell an die Funktion rechtsstaatlicher Verfahren.

#### cc) Rechtssicherheit als Fundament materieller Rechtskraft

Allerdings führt der vorstehende deduktive Schluss bereits mit Blick auf § 178 III InsO zu erheblichen Friktionen. Obwohl die „freiwillige" Forderungsfeststellung kein gerichtliches Erkenntnisverfahren voraussetzt, ordnet § 178 III InsO dennoch eine materielle Rechtskraftwirkung gegenüber den Opponenten an. Gleiches gilt in Bezug auf die in §§ 700 I, 796 II ZPO vorgesehene Rechtskraft des Vollstreckungsbescheids. Das legt den Schluss nahe, dass die materielle Einzelfallgerechtigkeit, die mit dem gerichtlichen Prüfungserfordernis bislang fokussiert wurde, keine konstitutive Grundvoraussetzung einer umfassenden Rechtskraftwirkung darstellt. Stattdessen rückt der Gesichtspunkt der Rechtssicherheit als weiteres „wesentliches Element der Rechtsstaatlichkeit"[567] in den Mittelpunkt der Betrachtung. So sieht das BVerfG die „letztverbindliche" (= rechtskräftige) Entscheidung streitiger Rechtsverhältnisse zwar als primäre Aufgabe der Judikative an.[568] Dennoch gilt „das Erfordernis der Rechtssicherheit [...] nicht minder in anderen Wirkungsbereichen der Rechtsordnung und insbesondere im Vorfeld der möglichen Befassung der Gerichte. Dieses Erfordernis gebietet es auch, daß überall dort, wo Akte mit dem Anspruch rechtlicher Verbindlichkeit gesetzt werden, den Betroffenen möglichst schnell Gewißheit über das für sie Verbindliche zuteilwerde."[569]

---

567 BVerfGE 60, 253 (267).
568 BVerfGE 60, 253 (270).
569 BVerfGE 60, 253 (270).

Daraus folgt im Hinblick auf § 201 II S. 1 InsO: Das Ergebnis des insolvenzrechtlichen Feststellungsverfahrens ist im Verhältnis zwischen Schuldner und Gläubigern mit dem „Anspruch rechtlicher Verbindlichkeit" ausgestattet. Dies folgt schon aus der unzweifelhaften Titulierungsfunktion des Tabelleneintrags. Die Gläubiger haben unter dem Gesichtspunkt der Rechtssicherheit ein schützenswertes Interesse daran, dass dieses Ergebnis beständig ist und nicht durch Gegenangriffe des Schuldners revidiert werden kann. Dieser Umstand spricht dafür, das Ausmaß der „rechtlichen Verbindlichkeit" keiner Einschränkung zu unterwerfen, nur weil es ggf. an einer gerichtlichen Einzelfallprüfung fehlt (unbestrittene Forderung), zumal dem Schuldner der Weg zu den Gerichten aufgrund seiner Widerspruchsmöglichkeit offenstand. Dementsprechend hält das BVerfG auch die urteilsgleiche Wirkung von Vollstreckungsbescheiden für verfassungskonform: Es sei von Verfassungs wegen nicht zu beanstanden, dem Prinzip der Rechtssicherheit bei einer Kollision mit dem Gerechtigkeitsgebot den Vorrang einzuräumen.[570]

In Ansehung der verfassungsgerichtlichen Rechtsprechung wurde vielfach kritisiert, dass Verwaltungsakten nach den oben zitierten Judikaten von BVerwG[571] und BGH[572] keine umfassende Bindungswirkung zukommen soll.[573] Die Entscheidung des BVerwG wurde gar als „Ausnahmerechtsprechung" betitelt, die ausschließlich dem spezifischen Grundrechtseinfluss geschuldet sei.[574] In der Tat mag es im Vertikalverhältnis zwischen Staat und Bürger zum Schutz der Grundrechte im Einzelfall eher geboten sein, die Rechtmäßigkeit höher zu gewichten als die Rechtssicherheit. Die (pauschale) These, wonach prinzipiell ein qualitativer Unterschied zwischen der materiellen Bestandskraft eines Verwaltungsaktes und der materiellen Rechtskraft eines Urteils besteht, dürfte hingegen überholt sein.[575] Dafür spricht auch, dass sich in der jüngeren Judikatur des BGH

---

570 BVerfG NJW-RR 1993, 232.

571 BVerwG (Fn. 555).

572 BGH (Fn. 558).

573 *Jeromin*, NVwZ 1991, 543 (544); *Merten*, NJW 1983, 1993 (1997); vgl. auch *Sachs*, BS-VwVfG, § 43 Rn. 124 ff. m.w.N.

574 *Jeromin*, NVwZ 1991, 543 (544); So hielt das BVerwG in seinem Urteil (Fn. 555) die Entscheidung des Berufungsgerichts, das dem Bescheid über die Versagung einer Baugenehmigung für einen „Schwarzbau" auch hinsichtlich der darauffolgenden Beseitigungsanordnung eine uneingeschränkte präjudizielle Wirkung zugesprochen hatte, für unvereinbar mit Art. 14 I S. 1 GG.

575 So geht *Büscher*, Wieczorek/Schütze, § 322 Rn. 108 von einer vollumfänglichen Bindung der Zivilgerichte an den Tenor bestandskräftiger Verwaltungsakte aus.

nunmehr keine Hinweise auf eine nur eingeschränkte Bindung der Zivilgerichte an die durch einen Verwaltungsakt getroffene Regelung finden.[576]

Demnach zwingt die ggf. fehlende gerichtliche Schlüssigkeitsprüfung im Feststellungsverfahren nicht zur Annahme einer geschmälerten Rechtskraftwirkung des § 201 II S. 1 InsO. Dieser Befund steht im Einklang mit den obigen Ausführungen zu § 178 III InsO, dessen Rechtskraftwirkung im Falle einer „freiwilligen" Feststellung ansonsten ebenso zu mindern wäre.

#### d) Rechtskraftwirkung im Hinblick auf ein deliktisches Forderungsattribut?

Eine Rechtskraftwirkung des § 201 II S. 1 InsO wurde vorstehend unter anderem mit der Pflicht des Verwalters begründet, die angemeldeten Forderungen (auch im Interesse des Schuldners) auf ihre „Schlüssigkeit" hin zu überprüfen und ggf. zu bestreiten. Denn aus der Prüfungspflicht des Verwalters folgt eine erhöhte Gewähr für die Richtigkeit der erfolgreichen Tabelleneintragungen. Die damit verbundene Stärkung der materiellen Gerechtigkeit lässt eine Bindung des Schuldners an die Ergebnisse des Feststellungsverfahrens angemessen erscheinen.

##### aa) Judikatur des BGH

Hinsichtlich der Feststellung eines deliktischen Forderungsattributes[577] ist dieser Begründungsansatz nicht mit der höchstrichterlichen Judikatur in Einklang zu bringen. Mit Urteil vom 12.06.2008 hat der BGH[578] ein „auf den [deliktischen] Rechtsgrund der festgestellten Forderung beschränktes Widerspruchsrecht des Insolvenzverwalters"[579] ausdrücklich verneint: Setze der Bestand des zur Tabelle angemeldeten prozessualen Anspruchs materiell-rechtlich nicht notwendigerweise eine Vorsatztat i.S.d § 175 II InsO voraus, habe das Deliktsattribut keinen Einfluss auf die Verteilung

---

576 BGHZ 158, 19 (22) = NZM 2004, 340 (341); BGH NZI 2006, 249; auch das OLG Koblenz NJW 2019, 2237 (2238) sieht sich an einen bestandskräftigen Bescheid des Kraftfahrtbundesamtes gebunden.

577 S. oben unter C.I.3.a).

578 BGH NZI 2008, 569 f.; so zuvor schon BGH NZI 2008, 250 (252).

579 BGH NZI 2008, 569 (570).

der Insolvenzmasse. Ein erfolgreicher Widerspruch des Verwalters käme sodann allein dem Schuldner zugute (vgl. § 302 Nr. 1 InsO, § 850f II ZPO). Der Aufgabenbereich des Insolvenzverwalters umfasse jedoch nicht die Wahrnehmung der Rechte des Schuldners für die Zeit nach Aufhebung des Insolvenzverfahrens. Der Insolvenzverwalter ist nach Auffassung des BGH also nicht dazu berechtigt, die „Schlüssigkeit" des Gläubigervorbringens zum Deliktscharakter seiner Forderung (vgl. § 174 II InsO) isoliert zu prüfen. Ihm verbleibt danach nur die Möglichkeit eines „Totalwiderspruchs"[580], wenn die Begründetheit der angemeldeten Forderung materiell-rechtlich allein von einem Deliktstatbestand abhängt, der zwingend eine vorsätzliche Begehungsweise voraussetzt (z.B. § 826 BGB).

#### bb) Systematische und teleologische Erwägungen

Ob der Aufgabenbereich des Verwalters derart eng begrenzt ist, erscheint indessen fragwürdig. Schließlich hindert ein erfolgreicher „Totalwiderspruch"[581] des Verwalters zugleich die Titulierung der Forderung gegenüber dem Schuldner; denn § 201 II S. 1 InsO setzt tatbestandlich voraus, dass eine Forderung „festgestellt" wurde. Diese (reflexartige) Verknüpfung zwischen der Nachhaftungsvorschrift des § 201 II S. 1 InsO und der Widerspruchsbefugnis des Verwalters zeigt, dass sich dessen verfahrensspezifische Funktion nicht schematisch im Schutz der Masse vor unberechtigter Inanspruchnahme erschöpft. Ferner wird die Gelegenheit zur Restschuldbefreiung in § 1 S. 2 InsO an prominenter Stelle als eines der Hauptziele des Insolvenzverfahrens hervorgehoben. Diese Maxime erfährt mit Blick auf § 302 Nr. 1 InsO eine Einschränkung, wenn ein deliktisches Forderungsattribut in der Tabelle rechtskräftig ausgewiesen wird, obwohl es im materiellen Recht keine Grundlage findet. Um das Verfahrensziel des § 1 S. 2 InsO zu stärken, ist der Verwalter als „Organ der Rechtspflege"[582] dazu berufen, die fehlerhafte Feststellung einer behaupteten Deliktseigenschaft zu verhindern.

Gegenteiliges folgt nicht zwingend aus der Regelung des § 175 II InsO. Der BGH meint, die dort normierte Hinweispflicht des Insolvenzgerichts bestehe gerade, weil es an einem deliktsbezogenen Widerspruchsrecht des

580 *Eisner*, NZI 2003, 480 (483).
581 *Eisner*, NZI 2003, 480 (483).
582 *Marotzke*, ZInsO 2009, 1929 (1930).

Verwalters fehle.[583] Deshalb müsse der Schuldner durch den Hinweis in die Lage versetzt werden, seine Interessen eigenständig wahrzunehmen.[584] Eine solche Deutung des § 175 II InsO wird dessen Regelungsintention nicht gerecht. Nach den Gesetzgebungsmaterialien ist die gerichtliche Belehrung „Ausdruck der besonderen Fürsorge gegenüber rechtlich wenig informierten Schuldnern, für die das Insolvenzverfahren und die anschließende Restschuldbefreiung existenzielle Bedeutung haben."[585] Aus der bloßen Existenz einer Vorschrift zum Schutz des Schuldners darauf zu schließen, dass dieser eines weitergehenden Schutzes durch eine (zusätzliche) Widerspruchsmöglichkeit des Insolvenzverwalters nicht bedarf, ist kaum einsichtig. Dem Zweck des § 175 II InsO entspricht es vielmehr, die gerichtliche Hinweispflicht als komplementäres, schuldnerschützendes Element neben einer deliktsbezogenen Prüfungspflicht des Verwalters zu begreifen.

### cc) Judikatur des BFH

Die Ablehnung einer „isolierten", deliktsbezogenen Widerspruchsbefugnis des Verwalters durch den BGH steht ferner im Widerspruch zu einem Urteil des BFH vom 30.11.2004[586]. Dort wurde entschieden, dass dem Verwalter das Rechtsschutzbedürfnis für einen Widerspruch nicht abgesprochen werden kann, weil auf die zu bestreitende Forderung voraussichtlich keine Quote entfällt. Wörtlich heißt es: „Aufgrund seiner Stellung und besonderen Verantwortung im Konkursverfahren kann dem Konkursverwalter schwerlich ein Interesse daran abzusprechen sein, im Prüfungstermin Forderungen, deren Rechtmäßigkeit er in Zweifel zieht, auch dann entgegen zu treten, wenn ihre Realisierbarkeit im und nach Beendigung des Konkursverfahrens nahezu aussichtslos erscheint. Nach der Rechtsauffassung des FG müsste er auch eine offensichtlich unbegründete Forderung unwidersprochen lassen und damit "sehenden Auges" die Rechtskraftwirkung des Tabelleneintrags und damit die Schaffung eines Vollstreckungstitels - auch zum Nachteil des Gemeinschuldners - hinnehmen."[587] Demnach ist es dem Verwalter gestattet, eine Forderung allein

583 BGH NZI 2008, 569 (570).
584 BGH NZI 2008, 569 (570).
585 BT-Drs. 14/6468, S. 17 f.
586 BFH ZIP 2005, 954 f.
587 BFH ZIP 2005, 954 (955).

im wirtschaftlichen Interesse des Schuldners zu bestreiten. Indem der BFH solch ein schuldnerbegünstigendes „Totalwiderspruchsrecht" anerkennt, gesteht er dem Verwalter erst recht die Befugnis zu einem isolierten Widerspruch gegen ein angemeldetes Deliktsattribut zu (argumentum a maiore ad minus).

### dd) Zwischenergebnis

Jedenfalls wenn der Schuldner einen Antrag auf Restschuldbefreiung gestellt hat,[588] muss der Verwalter deshalb sogar in der Situation einer (nichtdeliktischen) Anspruchsgrundlagenkonkurrenz ein angemeldetes Deliktsattribut prüfen und ggf. bestreiten.[589] Die „Schlüssigkeitsprüfung" durch den Verwalter kann somit in dem hier behandelten Kontext herangezogen werden, um eine Rechtskraftwirkung des Tabelleneintrags zu legitimieren. Dieser argumentative Ansatz begegnet zugleich einem in der Instanzrechtsprechung geäußerten Vorbehalt: Danach könne der Tabelleneintrag ein deliktisches Forderungsattribut nicht rechtskräftig fixieren, weil „keine Schlüssigkeitsprüfung und keine richterliche Entscheidung über die [materiell-rechtliche] Anspruchsgrundlage"[590] erfolge.[591] Nach der hier vertretenen Auffassung wird eine Schlüssigkeitsprüfung zwar nicht durch einen Richter, aber immerhin durch den Insolvenzverwalter vorgenommen. Wie bereits ausgeführt, erhöht dessen Prüfungspflicht ebenfalls die Gewähr für die Richtigkeit des Tabelleninhalts und bietet daher in der besonderen Situation des insolvenzrechtlichen Feststellungsverfahrens einen hinreichenden Anknüpfungspunkt für die Annahme einer Rechtskraftwirkung.

Auch die rechtskräftige Feststellung eines zur Tabelle angemeldeten Deliktsattributes kann teleologisch auf die vom Verwalter durchzuführende „Schlüssigkeitsprüfung" gestützt werden. Zusätzlich greift der Verwirkungsgedanke, weil die nach § 175 II InsO erforderliche Belehrung das

---

588 Eine entsprechende Differenzierung schlägt *Hain*, VIA 2018, 33 (35) vor.

589 *Heinze*, DZWIR 2002, 369 (370) spricht sich im Ergebnis ebenfalls für ein isoliertes, deliktsbezogenes Widerspruchsrecht des Verwalters aus.

590 LG Koblenz NZI 2018, 569 (570); ähnlich: LG Hildesheim ZVI 2019, 458; AG Zeitz NZI 2019, 435 f.

591 Mit diesem Argument könnte die Rechtskraftwirkung des Tabelleneintrags ganz generell in Frage gestellt werden (s.o.). An der rechtskräftigen Titulierung des zur Tabelle angemeldeten prozessualen Anspruchs auf Basis des § 201 II S. 1 InsO wird in der Instanzrechtsprechung jedoch - soweit ersichtlich - nicht gezweifelt.

Umstandsmoment (unterlassener Schuldnerwiderspruch) besonders ausgeprägt erscheinen lässt. Mithin lässt sich die oben entwickelte Begründung zur veritätsbezogenen Rechtskraftwirkung des § 201 II S. 1 InsO auf die Feststellung eines Deliktsattributes übertragen.

### 2. Exzessive Bindungswirkung in subjektiver Dimension?

Die bisherigen Erkenntnisse decken sich zwar nicht in ihrer Begründung, wohl aber im Ergebnis weitgehend mit der herrschenden Meinung, die eine uneingeschränkte Rechtskraftwirkung des Tabelleneintrags gegenüber dem Schuldner anerkennt.[592] Einzig der rechtsmissbräuchlich agierende Gläubiger kann das Rechtskraftprivileg im Einzelfall nicht vollumfänglich für sich beanspruchen.[593] Dessen ungeachtet ist das Spannungsverhältnis zwischen Einzelfallgerechtigkeit (Rechtmäßigkeit) und Rechtssicherheit deutlich zutage getreten. Nach hier vertretener Auffassung ist es nicht notwendig, eines dieser rechtsstaatlichen Prinzipien völlig hinter das andere zurücktreten zu lassen. Zwar stärkt die Anerkennung einer materiellen Rechtskraftwirkung des § 201 II S. 1 InsO letztlich die Rechtssicherheit. Indes gerät die Einzelfallgerechtigkeit aufgrund der in jedem Fall durch den Verwalter vorzunehmenden „Schlüssigkeitsprüfung" nicht vollständig ins Hintertreffen.[594] Gleichwohl stößt die dargestellte Legitimation einer urteilsgleichen Wirkung wegen der Untergewichtung des Gerechtigkeitsaspekts in den Grenzbereich dessen vor, was verfassungsrechtlich noch tolerabel ist. Umso mehr ist in der Diskussion um eine Ausweitung dieser Bindungswirkung auf Dritte eine gesteigerte Sensibilität angezeigt.

#### a) Zur Reflexwirkung gegenüber Gesellschaftern und Personalsicherheitsgebern

Generell ist zum Problemkreis der Reflexwirkung (bzw. Drittwirkung) des § 201 II S. 1 InsO zu bemerken, dass der oben dargestellte Verwirkungsge-

592 S. oben Fn. 404.

593 S. oben unter C.II.1.c).aa).

594 Laut *Braun*, ZIP 1987, 687 (689) kann zudem in der Haftungsvorschrift des § 60 InsO eine Kompensation der Schuldnerinteressen erblickt werden; zur persönlichen Haftung des Verwalters ggü. dem Schuldner vgl. *Sinz*, Uhlenbruck, § 60 Rn. 46 ff.

danke eine Bindung Dritter nicht in allen Fällen trägt. Nur wer überhaupt die Gelegenheit hat, sich durch Erhebung eines Widerspruchs tatsächlich Gehör zu verschaffen und ein gerichtliches Verfahren zur Klärung der Forderungsverität herbeizuführen, erzeugt durch seine Passivität (Nichtbestreiten) ein Vertrauen darauf, dass er auch zukünftig nicht an der inhaltlichen Berechtigung der festgestellten Forderung zweifeln werde (sog. Umstandsmoment). Damit ergänzt der Verwirkungsgedanke zugleich die mit einer Drittwirkung einhergehende verfassungsrechtliche Problemstellung. Denn gerade die unzureichende Beteiligung des Dritten am Feststellungsverfahren bewirkt ggf. eine Verkürzung des Gebotes rechtlichen Gehörs gemäß Art. 103 I GG.

#### aa) Keine Bindung des Kommanditisten

Eben diesen verfassungsrechtlichen Einwand gegen eine Einbeziehung des Kommanditisten in den Wirkungskreis des § 201 II S. 1 InsO hat der BGH[595] indessen verworfen: Der Kommanditist könne eine unmittelbare Inanspruchnahme durch die Gesellschaftsgläubiger mit einer vollständigen Leistung seiner Hafteinlage unschwer ausschließen. Damit werde seine haftungsrechtliche Situation unabhängig vom (Prozess-) Verhalten der vertretungsberechtigten Gesellschafter. Deshalb sei es unbedenklich, den Kommanditisten an das Ergebnis des Feststellungsverfahrens zu binden, obwohl diesem - anders als dem Komplementär - nicht einmal als Gesellschaftsvertreter eine faktische Widerspruchsmöglichkeit offensteht.

(1) Doch diese Argumentation ist nur vordergründig stichhaltig.[596] Kann die Frage, ob dem Kommanditisten im Prozess mit einem Gesellschaftsgläubiger bzw. Insolvenzverwalter[597] rechtliches Gehör zu gewähren ist, tatsächlich von einer (gesellschafts-) vertraglichen Abrede abhängen, die dem Anspruchsgegner die Stellung eines beschränkt haftenden Gesellschafters einräumt? Oder überspitzt formuliert: Auf welcher rechtlichen Grundlage determiniert eine binnenvertragliche Regelung die vom Grundgesetz vorgegebenen Verfahrensrechte des Beklagten im Außenverhältnis? Als eine solche rechtliche Grundlage kommt zwar § 129 I HGB (i.V.m. §§ 171 I, 161 II HGB) in Betracht. Dessen Wortlaut bildet aber nicht zwin-

595 BGH (Fn. 460), Rn. 32 f.
596 Im Ergebnis ebenso *Klimke*, ZGR 2006, 540 (557).
597 Vgl. § 171 II HGB.

gend die erforderliche „Brücke“ zwischen Innen- und Außenverhältnis. Aus der Norm folgt unmittelbar nur, dass dem Kommanditisten Einwendungen, die nicht in seiner Person begründet sind, nur zustehen, soweit die Einwendungen auch von der Gesellschaft noch erhoben werden können. Das heißt allerdings nicht, dass die Rechtskraftwirkung aus einem Urteil gegen die Gesellschaft automatisch in den Prozess gegen den Kommanditisten zu erstrecken ist. Vielmehr kann die Frage, ob und welche Einwendungen der Gesellschaft (noch) zustehen, in dem Prozess gegen den Kommanditisten einer eigenständigen Prüfung unterzogen werden. Dies gilt zumindest, wenn man der herrschenden prozessualen Rechtskrafttheorie[598] folgt, wonach der Eintritt der materiellen Rechtskraft keine Veränderung der materiellen Rechtslage - hier: den Verlust von Einwendungen - bedingt. Immerhin stünde es dem Kläger frei, das gegen die Gesellschaft ergangene Urteil als Beweismittel zu verwerten. Sodann findet jedoch § 286 I ZPO Anwendung. Eine aus der materiellen Rechtskraft des Urteils folgende Präjudizialität kann daher nur auf einer erweiternden Auslegung des § 129 I HGB beruhen, die der Norm eine prozessuale Komponente beimisst.[599]

(2) Gerade der insolvenzrechtliche Kontext illustriert eindrücklich, welch gravierende Auswirkungen solch eine erweiternde Auslegung des § 129 I HGB als „Scharniernorm“ zeitigt. In Literatur und Rechtsprechung wurde bislang hauptsächlich die Erstreckung der Rechtskraft eines gegen die Gesellschaft ergangenen Urteils auf den Kommanditisten diskutiert: Zwar bezweifeln einige Autoren, dass die §§ 129 I, 171 I, 161 II HGB eine „echte“ Rechtskrafterstreckung tragen.[600] Trotzdem ist die überwiegende Meinung anderer Auffassung.[601] Danach gelten dieselben Grundsätze, die

---

598 Vgl. nur *Gottwald*, MüKo-ZPO, § 322 Rn. 9; *Musielak*, Musielak/Voit, § 322 Rn. 5; die Rechtskrafttheorien wurden unter A.I. dargestellt.

599 Der II. Zivilsenat des BGH (Fn. 460, Rn. 23, 25) versteht den Wortlaut offenbar anders: Er geht im Grundsatz von einem Einwendungsausschluss *„oder“* einer Rechtskrafterstreckung auf den Kommanditisten gemäß §§ 129 I, 161 II HGB aus und prüft sodann, ob im Einzelfall eine *„einschränkende Auslegung“* geboten ist.

600 *Haas/Müller*, DStR 2002, 643 (644); *Klimke*, ZGR 2006, 540 (556 ff.); *ders.*, BeckOK-HGB, § 129 Rn. 11 f.; im Erg. auch *Veil*, ZInsO 2018, 969 (971); *Schack*, NJW 1988, 865 (870) warnt in diesem Zusammenhang vor einer *„prozessuale*[n] *Überhöhung des materiellrechtlichen Einwendungsausschlusses“*.

601 OLG Düsseldorf NZG 2001, 890 (891); LG Köln, Urt. v. 24.06.2008, Az.: 22 O 42/08, BeckRS 2011, 9728; LG Paderborn, Urt. v. 20.08.2007, Az.: 4 O 658/06, BeckRS 2008, 18002; *Kindler*, DKKR-HGB, § 129 Rn. 3; *Schmidt*, MüKo-HGB,

der BGH schon im Hinblick auf persönlich haftende Gesellschafter ausjudiziert hat.[602]

Die Rechtskrafterstreckung[603] auf den Komplementär im Fall eines gegen die Gesellschaft ergangenen Urteils wurde von der höchstrichterlichen Judikatur im Kern mit der Einflussnahmemöglichkeit des Gesellschafters auf die Prozessführung begründet.[604] Nur konsequent ist deshalb die Annahme des BGH, dass sich der Komplementär „ein gegen die Gesellschaft ergangenes rechtskräftiges Urteil jedenfalls dann nicht entgegenhalten zu lassen braucht, wenn er bei Erhebung der Klage bereits aus der Gesellschaft ausgeschieden war."[605] Denn nach seinem Ausscheiden kann der Komplementär die Prozessführung gerade nicht mehr beeinflussen. Vor diesem Hintergrund wäre es folgerichtig, eine Rechtskrafterstreckung auf den Kommanditisten, der gemäß §§ 164, 170 HGB grundsätzlich von der Geschäftsführung und Vertretung der Gesellschaft ausgeschlossen ist, abzulehnen. Die Möglichkeit einer Haftungsbeschränkung des Kommanditisten „hilft [dagegen] für sich betrachtet noch nicht über die fehlende Zurechenbarkeit der Prozessführung hinweg".[606] *Klimke* begründet seine vorstehend zitierte Behauptung treffend mit einem Vergleich zum Bürgschaftsrecht: Obwohl die Haftung des Bürgen der Höhe nach ebenfalls kalkulierbar sei, rechne ihm der BGH die Prozessführung des Hauptschuldners gerade nicht zu.[607] Es bleibt somit festzuhalten, dass die höchstrichterliche Argumentation nicht frei von Widersprüchen ist.

---

§§ 171, 172 Rn. 17; *Schumacher*, MüKo-InsO, § 178 Rn. 73, *von Unger*, MAH-Personengesellschaftsrecht, § 15 Rn. 142; *Wozniak*, jurisPR-InsR 11/2018 Anm. 1.

602 BGHZ 54, 251 (255); bzgl. eines GbR-Gesellschafters auch BGH NZG 2006, 459 (460); vgl. *Schmidt*, MüKo-HGB, § 129 Rn. 13 m.w.N.

603 Zwar ließ der BGH bislang offen, ob § 129 I HGB zu einer Rechtskrafterstreckung oder einem „Einwendungsausschluss ähnlich wie § 767 II ZPO" [BGH NJW 2011, 2048 (2049)] führt. Die Alternativen unterscheiden sich jedoch kaum, da § 767 II ZPO regelmäßig an die zeitliche Grenze der materiellen Rechtskraft anknüpft (*Gottwald*, MüKo-ZPO, § 322 Rn. 139); vgl. auch *Klimke*, ZGR 2006, 540 (549); *Depré*, HK-InsO, § 178 Rn. 10 sowie *Herchen*, HaKo-InsO, § 201 Rn. 24: „Insoweit kommt es zu einer begrenzten Rechtskraft des Tabellenauszugs ggü dem persönlich haftenden Gesellschafter."

604 BGH NJW 1981, 2579; so auch *Schack*, NJW 1988, 865 (870), der den Einwendungsausschluss allerdings materiell-rechtlich deutet.

605 BGHZ 44, 229 (233).

606 *Klimke*, ZGR 2006, 540 (557).

607 *Klimke*, ZGR 2006, 540 (557); eine Rechtskrafterstreckung auf den Bürgen wurde durch den BGH (Fn. 461) zuletzt im Jahr 2016 ausdrücklich abgelehnt.

(3) Der genannte Widerspruch wurde bislang nicht aufgelöst. Die höchstrichterliche Judikatur liefert keine zureichende Begründung, warum der akzessorisch haftende Kommanditist anders zu behandeln ist als der akzessorisch haftende Bürge. Während der Kommanditist zumindest faktisch an die rechtskräftige Titulierung einer Forderung gegen die Gesellschaft gebunden wird, soll die Stellung des Bürgen durch eine rechtskräftige Titulierung der gesicherten Forderung nahezu unberührt bleiben. In einer Entscheidung vom 09.07.1998 verweist der BGH[608] lediglich pauschal auf die strukturellen Unterschiede zwischen Gesellschafter- und Bürgenhaftung. Danach bestimme sich der Rechtscharakter der Bürgschaft „nicht aus der Natur der Hauptschuld". Die Akzessorietät solle nur gewährleisten, „daß der Gläubiger vom Bürgen [nur] das bekommt, was er vom Hauptschuldner nach dem jeweiligen Bestand der Hauptschuld zu bekommen hat." Die Haftung des Gesellschafters sei im Vergleich dazu enger mit der Gesellschaftsschuld verknüpft. Dies folge nicht zuletzt aus dem Umstand, dass sogar „Erweiterungen der Gesellschaftsschuld [...] ohne weiteres zu Lasten des Gesellschafters [gehen]". Dabei übersieht der BGH allerdings, dass die „engere Verbindung" zwischen Gesellschaftsschuld und Gesellschafterhaftung zumindest bei Kommanditisten in Ansehung ihrer begrenzten Haftung[609] gelockert ist. Auch dieser Gesichtspunkt spricht dafür, eine „faktische" Rechtskrafterstreckung auf den Kommanditisten abzulehnen und stattdessen einen Gleichlauf mit der bürgschaftsrechtlichen Judikatur herzustellen.

(4) Eine Rechtskrafterstreckung gegenüber dem Kommanditisten auf Basis der §§ 129 I, 171 I, 161 II HGB verdient daher bereits im Allgemeinen keine Zustimmung. Die Gründe, mit denen die Gegenmeinung eine Verkürzung des Gebotes rechtlichen Gehörs zu legitimieren sucht, tragen nicht. Im Hinblick auf § 201 II S. 1 InsO tritt das Fehlen eines Umstandsmoments erschwerend hinzu, sodass eine Rechtskraftwirkung nicht auf den Verwirkungsgedanken gestützt werden kann.[610] Denn der Komman-

608 BGHZ 139, 214 = NJW 1998, 2972.

609 Die Begrenzung besteht jedenfalls nach Eintragung der Haftsumme in das Handelsregister, vgl. § 176 HGB.

610 Der Verwirkungsgedanke dürfte dagegen für die Legitimation der Rechtskraft von Urteilen (ebenso wie für eine daran anknüpfende Drittwirkung) aufgrund der umfassenden Prüfung des materiellen Rechts und der damit einhergehenden Stärkung der Einzelfallgerechtigkeit - wenn überhaupt - nur von untergeordneter Bedeutung sein.

ditist hat mangels Vertreterstellung von vornherein keine Gelegenheit, seine Einwendungen im Rahmen eines für die Gesellschaft erhobenen Widerspruchs geltend zu machen.

bb) Keine Bindung der Personalsicherheitsgeber

Die maßgeblichen Gesichtspunkte, die eine Drittwirkung des § 201 II S. 1 InsO gegenüber Kommanditisten ausschließen, können in Bezug auf Bürgen ebenso herangezogen werden. Auch dem Bürgen fehlt es an einer Möglichkeit, seine Rechte im Feststellungsverfahren adäquat zu verteidigen. Es wurde bereits dargelegt, dass der Bürge zwar materiell-rechtlich als Insolvenzgläubiger zu qualifizieren ist.[611] Allerdings wird er durch § 44 InsO verfahrensrechtlich daran gehindert, seine Insolvenzforderung - nämlich den Regressanspruch gegen den Schuldner - zur Tabelle anzumelden.[612] Weil erst die (wirksame) Anmeldung der eigenen Forderung zum Widerspruch berechtigt,[613] kann der Bürge die Hauptforderung in den Fällen des § 44 InsO nicht bestreiten. Eine Rechtskrafterstreckung auf den Bürgen wäre daher regelmäßig nicht mit der Gewährleistung rechtlichen Gehörs in Art. 103 I GG vereinbar. Die fehlende Widerspruchsmöglichkeit bewirkt zugleich, dass der Verwirkungsgedanke nicht zur Legitimation einer Rechtskrafterstreckung fruchtbar gemacht werden kann (fehlendes Umstandsmoment). Dieser Befund deckt sich mit der Auffassung des BGH, wonach § 767 I S. 1 BGB als „Scharniernorm" generell nicht dazu taugt, eine prozessuale Bindung des Bürgen an ein stattgebendes Leistungsurteil gegen den Hauptschuldner zu begründen.[614]

Das für den Bürgen gefundene Ergebnis dürfte auf andere akzessorisch haftende Personalsicherheitsgeber zu übertragen sein,[615] zumal es regel-

611 S. oben Fn. 362.

612 S. oben Fn. 398.

613 S. oben Fn. 399.

614 BGH (Fn. 461), Rn. 22, 24; für die „Scharniernorm" des § 768 I S. 1 BGB nahm der BGH in seiner Entscheidung NJW 1970, 279 dagegen eine „sogenannte Rechtskrafterstreckung" im Fall einer rechtskräftigen Aberkennung der Hauptforderung im Prozess zwischen Hauptschuldner und Gläubiger an. Inzwischen spricht sich der BGH (Fn. 461, Rn. 30) jedoch für eine rein materiell-rechtliche Interpretation des § 768 I S. 1 BGB aus. Im Hinblick auf § 201 II S. 1 InsO ist diese Deutungsproblematik ohne Relevanz, weil die Tabelleneintragungen - jedenfalls ggü. dem Schuldner - keine „negative" Rechtskraftwirkung zeitigen.

615 Darauf deuten auch die Ausführungen von *Gottwald*, MüKo-ZPO, § 325 Rn. 85 f. hin.

mäßig an einer expliziten „Scharniernorm“ fehlen dürfte. Etwas anderes könnte gelten, wenn der Sicherungsvertrag eine weitergehende Verknüpfung zwischen der Hauptschuld und der persönlichen Haftung des Sicherungsgebers vorsieht (bspw. bei einer Garantiehaftung im Falle einer rechtskräftigen Titulierung der Hauptschuld). Ein etwaiger Einwendungsverlust des Sicherungsgebers im Verhältnis zum Gläubiger folgt in diesen Fällen jedoch unmittelbar aus der Sicherungsabrede, sodass es einer „echten“ Rechtskrafterstreckung nicht bedarf.[616] *Schack* hat diesen Gedanken prägnant zusammengefasst: „[Die] Akzessorietät wird hinreichend durch die Auslegung der Haftungs- und Regreßvereinbarung und durch materiellrechtliche Einwendungen gesichert, ohne daß man auf die prozessuale Rechtskraftebene ausweichen müßte.“[617] Überdies ist zweifelhaft, ob eine privatrechtliche Vereinbarung ohne gesetzlichen Anknüpfungspunkt überhaupt einen von Amts wegen zu berücksichtigenden[618] „prozessualen“ Rechtskrafteinwand zu begründen vermag.

### cc) Bindung der persönlich haftenden Gesellschafter

Für persönlich unbeschränkt haftende Gesellschafter einer OHG oder KG gelten dagegen andere Maßstäbe. Sie sind zur Vertretung berechtigt und können für die Gesellschaft als Schuldnerin Widerspruch gegen die angemeldeten Forderungen erheben.[619] § 80 I InsO steht dem nicht entgegen.[620] Art. 103 I GG fordert nach seinem Telos nicht, den Widerspruch kraft eigenen Rechts erheben zu können. Denn das „Äußerungsrecht“[621] soll letztlich sicherstellen, dass ein Gericht die Äußerungen des von der Rechtskraft Betroffenen in einem etwaigen Prozess „inhaltlich zum Bestandteil seiner Überlegungen [machen kann]“.[622] Dafür ist jedoch unerheblich, ob der Widerspruch kraft eigenen Rechts oder nur stellvertretend für die Gesellschaft erhoben wird.[623] Es bestehen insoweit keine grundsätzlichen verfassungsrechtlichen Bedenken gegen die Erstreckung der Rechts-

616 *Schack*, NJW 1988, 865 (870 f.).
617 *Schack*, NJW 1988, 865 (872).
618 *Gottwald*, MüKo-ZPO, § 322 Rn. 59.
619 BGH NZI 2018, 442 (444); *Brandes/Gehrlein*, MüKo-InsO, § 93 Rn. 31.
620 So zumindest im Hinblick auf den Geschäftsführer einer GmbH: BFH (Fn. 448, Rn. 39) unter Verweis auf *Uhlenbruck*, GmbHR 2005, 817 f.
621 *Remmert*, Maunz/Dürig, Art. 103 Abs. 1 Rn. 63 ff.
622 *Remmert*, Maunz/Dürig, Art. 103 Abs. 1 Rn. 90.
623 So im Hinblick auf Art. 19 IV GG auch *Krumm*, StuW 2012, 329 (333).

kraft des § 201 II S. 1 InsO auf persönlich haftende Gesellschafter. Das (fremdnützige) Widerspruchsrecht bereitet ferner den Boden für die Heranziehung des Verwirkungsgedankens: Bleibt der persönlich haftende Gesellschafter im Feststellungsverfahren (als Vertreter) passiv, dann lässt ein solches Verhalten durchaus darauf schließen, dass er auch seiner persönlichen Inanspruchnahme - zumindest bezogen auf die nicht in seiner Person bestehenden Einwendungen - nichts entgegenzusetzen hat (Umstandsmoment).

Offen geblieben ist bislang, ob das einfache Recht in Gestalt der „Scharniernorm" des § 129 I HGB generell eine „echte" Rechtskrafterstreckung trägt, wie sie vom BGH im Ergebnis angenommen wurde.[624] Die Kernfrage lautet, ob sich die durch §§ 128 S. 1, 129 I HGB hergestellte Akzessorietät der Gesellschafterhaftung im Prozessrecht fortsetzt. An dieser Stelle kann die vom BGH postulierte enge Verknüpfung der Gesellschaftsschuld mit der Gesellschafterhaftung[625] aufgegriffen werden. Es ist dem Gesellschaftsgläubiger regelmäßig nicht zumutbar, neben der Gesellschaft zugleich „sicherheitshalber" die Gesellschafter zu verklagen, um diese im Haftungsprozess mit Einwendungen auszuschließen, die der Gesellschaft aberkannt wurden. Die Unzumutbarkeit folgt nicht zuletzt aus dem Umstand, dass die persönlich haftenden Gesellschafter bereits im Prozess gegen die Gesellschaft zur Verteidigung ihrer Rechte imstande sind. Ihnen erneut die Berufung auf Einwendungen der Gesellschaft zu gestatten, würde faktisch zu einem „doppelten" Rechtsschutz führen. Dies widerspräche dem Grundsatz der Prozessökonomie. Demnach erscheint eine Erstreckung der Urteilswirkung auf persönlich haftende Gesellschafter unter erweiternder Auslegung[626] des § 129 I HGB geboten. Gleiches gilt in den Fällen der rechtskräftigen Titulierung von Insolvenzforderungen gegenüber der Gesellschaft gemäß § 201 II S. 1 InsO.

#### b) Zur Reflexwirkung gegenüber Haftungsschuldnern im Steuerrecht

Um eine Drittwirkung des § 201 II S. 1 InsO über die „Brücke" des § 166 Alt. 2 AO zu konstruieren, muss zunächst dessen Wortlautgrenze überwunden werden. Denn die Norm setzt eine Steuerfestsetzung durch einen „erlassenen Bescheid" voraus. Der Tabelleneintrag samt Titulierungsfunk-

---

624 BGH (Fn. 602); zur dogmatischen Einordnung vgl. Fn. 603.
625 BGH (Fn. 608).
626 S. oben C.II.2.a).aa).(1).

tion ist - ebenso wie der Steuerbescheid - zwar ein Rechtserkenntnisakt, der eine gesetzlich normierte Steuerschuld im Einzelfall manifestiert. Gleichwohl handelt es sich nicht um einen Bescheid in der Handlungsform eines Verwaltungsaktes. Die Anwendung des § 166 Alt. 2 AO erfordert demzufolge einen Analogieschluss.[627] Dieser setzt voraus, dass die isolierte Anknüpfung an einen Steuerbescheid in § 166 Alt. 2 AO als planwidrige Regelungslücke zu qualifizieren ist und es aufgrund einer vergleichbaren Interessenlage geboten erscheint, den Regelungsgehalt der Norm über ihren Wortlaut hinaus auf die rechtskräftige Tabellenfeststellung bzw. den Tabelleneintrag zu erstrecken.

#### aa) Grundvoraussetzungen der Analogie

Soweit die Eröffnung des Insolvenzverfahrens über das Vermögen der Steuerschuldnerin eine partielle Überlagerung des Steuerverfahrensrechts durch die Regelungen der InsO bedingt,[628] brächte es dem Haftungsschuldner einen rechtfertigungsbedürftigen Vorteil, wenn der (rechtskräftige) Tabelleneintrag - anders als ein Steuerbescheid - ihm gegenüber keine Wirkung zeitigte. Laut BFH will § 166 AO verhindern, „dass das gegen den Steuerpflichtigen durchgeführte Verfahren nochmals aufgerollt und dadurch das Haftungsverfahren unnötig verzögert wird."[629] Besteht demnach der Hauptzweck der Regelung darin, die Inanspruchnahme des Haftungsschuldners formell an einen gegenüber dem Steuerschuldner bindenden Rechtserkenntnisakt zu koppeln und so gewissermaßen eine „materielle Verfahrenskonzentration" herzustellen, so entspricht es diesem Telos unzweifelhaft, den Tabelleneintrag als weiteren Bezugspunkt der Drittwirkung anzuerkennen. Im Ausgangspunkt ist die Interessenlage also vergleichbar.

#### bb) Kein Ausschluss durch Verfassungsrecht

Eine Analogie könnte jedoch von Verfassungs wegen ausgeschlossen sein. (1) Zum einen wirkt die anvisierte Analogie zu Lasten des Bürgers und

---

627 *Krumm*, StuW 2012, 329 (340).

628 Vgl. insofern §§ 87 InsO, 251 II AO; allgemein zum „Vorrang" des Insolvenzrechts vor dem Steuerrecht *Fritsch*, Koenig-AO, § 251 Rn. 17.

629 BFHE 257, 515 (519, Rn. 10).

könnte daher am Vorbehalt des Gesetzes scheitern. (2) Zum anderen ist zu erwägen, ob § 166 Alt. 2 AO ausschließlich an Steuerbescheide anknüpft, weil nur diese in einem besonders ausgestalteten Verfahren ergehen, das es auch dem Haftungsschuldner ermöglicht, effektiven Rechtsschutz i.S.v. Art. 19 IV GG[630] zu erlangen (2).

(1) Die umstrittene Frage, ob eine Analogiebildung zu Lasten des Bürgers im öffentlichen Recht zulässig ist, kann an dieser Stelle nicht umfassend behandelt werden. Das diesbezügliche Meinungsspektrum in Literatur und Rechtsprechung ist kaum überschaubar.[631] Zwar hat das BVerfG in einem Einzelfall einen belastenden Analogieschluss abgelehnt.[632] Die Entscheidung enthält allerdings kein obiter dictum. Das BVerfG betont vielmehr generelle rechtsstaatliche Grundsätze: „Ermächtigungen der Exekutive zur Vornahme belastender Verwaltungsakte [müssen] durch das ermächtigende Gesetz nach Inhalt, Gegenstand, Zweck und Ausmaß hinreichend bestimmt und begrenzt [sein], so daß die Eingriffe [...] voraussehbar und berechenbar werden."[633] Diesen Vorgaben mag im Einzelfall auch ein Analogieschluss genügen, soweit insbesondere der Gesetzeszweck klar aus dem Wortlaut ersichtlich ist und die von der Analogie erfassten Sachverhalte nur in Nuancen von den unmittelbar geregelten Sachverhalten abweichen.[634] Weil zwischen dem originären und dem analogen Anwendungsbereich des § 166 Alt. 2 AO eine hinreichende Homogenität besteht, steht das Rechtsstaatsprinzip einer Analogiebildung nicht entgegen. Wegen der Homogenität kann sogar der Gleichheitsgrundsatz des Art. 3 I GG für eine Analogie starkgemacht werden.[635] Andernfalls würde eine inhaltliche Bindung des Haftungsschuldners von dem ggf. zufälligen

---

630 An dieser Stelle ist die verfassungsrechtliche Dimension der Drittwirkung am Maßstab des Art. 19 IV GG zu messen, der für Exekutiventscheidungen im Bereich des Steuerrechts grds. eine volle gerichtliche Kontrolle fordert. Art. 103 I GG garantiert demgegenüber nur ein „Mindeststandard an Verfahrensqualität" (*Schmidt-Aßmann*, Maunz/Dürig, Art. 19 IV Rn. 19), sodass aus dem allgemeinen Gebot rechtlichen Gehörs für die hier interessierende Konstellation keine weitergehenden Rechte des Haftungsschuldners folgen. Zum Konkurrenzverhältnis zwischen Art. 19 IV GG und Art. 103 I GG s. *Schmidt-Aßmann*, ebd.

631 Einen Überblick verschafft *Beaucamp*, AöR 134 (2009), 83 (89 f.).

632 BVerfG NJW 1996, 3146.

633 BVerfG NJW 1996, 3146.

634 Ähnlich *Gern*, NVwZ 1995, 1145 (1147) sowie *Krumm*, StuW 2012, 329 (340).

635 Den Gleichheitssatz zieht auch *Gern*, NVwZ 1995, 1145 (1148) zur Rechtfertigung belastender Analogien im Abgabenrecht heran; a.A. *Beaucamp*, AöR 134 (2009), 83 (92 f.).

Umstand abhängen, ob die ursprüngliche Steuerschuld durch einen Verwaltungsakt oder nur durch den Tabelleneintrag „festgesetzt" wurde.

(2) Das Konfliktpotential zwischen Art. 19 IV GG und der drittgerichteten Wirkung des § 166 Alt. 2 AO hat der Gesetzgeber durchaus erkannt. Es ist gerade Ausdruck des verfassungsrechtlich verbürgten Rechtsschutzanspruchs des Haftungsschuldners, die Drittwirkung tatbestandlich unter den Vorbehalt einer Anfechtungsmöglichkeit kraft eigenen Rechts oder kraft Stellvertretung zu stellen. Nach Auffassung des BFH muss die Anfechtungsbefugnis gar während der gesamten Dauer der Anfechtungsfrist fortbestehen.[636] Die Forderungsanmeldung der Finanzbehörde kann zwar nicht unmittelbar angefochten werden. Stattdessen eröffnet § 184 I InsO dem Schuldner die Möglichkeit eines Widerspruchs, die ggf. in einem Feststellungsprozess mündet. Wenn es dem Haftungsschuldner also möglich ist, als Stellvertreter des Schuldners zu bestreiten und sodann ein gerichtliches Verfahren zu initiieren, steht ihm insofern der Rechtsweg i.S.v. Art. 19 IV GG offen und dem Gebot rechtlichen Gehörs wird genügt. Dass er dabei nicht aus eigenem Recht vorgeht, ist für die Frage der Analogiebildung unerheblich. Denn im direkten Anwendungsbereich des § 166 Alt. 2 AO hat der Gesetzgeber eine Anfechtungsbefugnis kraft eigenen Rechts ebenso wenig für notwendig erachtet. Wer also an der fremdnützigen Ausrichtung des Bestreitens im Feststellungsverfahren Anstoß nimmt, stellt damit generell die Verfassungskonformität des § 166 Alt. 2 AO in Frage, nicht jedoch den hier thematisierten Analogieschluss.

Gleichwohl bleibt zu prüfen, ob das Rechtsschutzverfahren gegen die Tabelleneintragung mit demjenigen gegen Steuerbescheide qualitativ vergleichbar ist und damit den inhaltlichen Anforderungen genügt, die § 166 Alt. 2 AO in seinem direkten Anwendungsbereich aufstellt.

Gegen eine Vergleichbarkeit der Rechtsschutzverfahren spricht insbesondere der relativ kurze Zeitraum, währenddessen der Widerspruch für den Schuldner erhoben werden muss (bis zum Ende des Prüfungstermins). Demgegenüber ist etwa die Aufhebung oder Änderung einer Steuerfestsetzung unter dem Vorbehalt der Nachprüfung möglich, solange der Vorbehalt wirksam ist. Dies betrifft indessen einen Sonderfall. Regelmäßig kann gegen Steuerbescheide nur innerhalb der Monatsfrist des § 355 I

636 BFH GmbHR 2001, 786 (788); dabei legt der BFH den Begriff der „Anfechtungsbefugnis" i.S.d § 166 Alt. 2 AO sehr weit aus fordert demgemäß, dass die Vertretungsmacht ggf. fortbestehen muss, solange noch ein Antrag nach § 164 II S. 2 AO für den Vertretenen gestellt werden kann.

S. 1 AO Einspruch eingelegt werden. Allerdings ist der Steuerschuldner gemäß § 157 I S. 3 AO über die zulässigen Rechtsbehelfe samt Frist zu belehren. Diese Belehrung wird zumeist auch den Haftungsschuldner als (Empfangs-)Vertreter erreichen. Eine vergleichbare „Warnung" ist im insolvenzrechtlichen Feststellungsverfahren zwar grundsätzlich nicht vorgesehen. Es besteht aber immerhin eine Wiedereinsetzungsmöglichkeit nach § 186 InsO, wenn der Schuldner den Prüfungstermin schuldlos versäumt.

Im Übrigen verläuft das Rechtsschutzverfahren nach Erhebung des Schuldnerwiderspruchs sogar weitgehend parallel zum Anfechtungsverfahren gegen einen Festsetzungsbescheid. Ist bspw. der Steueranspruch bei Eröffnung des Insolvenzverfahrens noch nicht durch Bescheid festgesetzt und erhebt der Schuldner sodann Widerspruch gegen die zur Tabelle angemeldete Steuerforderung, dann erlässt die Finanzbehörde einen Feststellungsbescheid nach § 251 III AO (i.V.m. § 185 S. 1, 2 InsO).[637] Gegen ihn ist der Einspruch gemäß § 347 I S. 1 AO innerhalb der o.g. Monatsfrist statthaft.[638] Gegen die Einspruchsentscheidung kann wiederum die Klage beim FG erhoben werden.[639] Es zeigt sich, dass der Rechtsschutz des Schuldners im insolvenzrechtlichen Feststellungsverfahren gegenüber dem regulären Anfechtungsverfahren nach den Regelungen der AO bzw. FGO keine Defizite aufweist. Die mit der tatbestandlichen Ausgestaltung des § 166 Alt. 2 AO primär bezweckte Wahrung des Rechtsschutzanspruchs gegen Hoheitsakte (Art. 19 IV GG) wird auch bei einer Rechtskrafterstreckung der Einträge in der Insolvenztabelle nicht gefährdet.

#### cc) Ergebnis

Die Artt. 19 IV, 103 I GG stehen einer analogen Anwendung des § 166 Alt. 2 AO demnach nicht entgegen. Darüber hinaus bestehen keine Anhaltspunkte für eine bewusste Beschränkung des von § 166 AO erfassten Wirkungskreises auf Verwaltungsakte.[640] Vielmehr zeigt die unspezifische Verweisung des § 251 II S. 1 AO auf die Vorschriften der InsO, dass der Gesetzgeber die multidimensionalen Wechselwirkungen zwischen Insolvenz-

---

637 *Becker*, DStR 2016, 919 (920); *Gerhardt*, Jaeger-InsO, § 185 Rn. 17; *Schumacher*, MüKo-InsO, § 185 Rn. 16.

638 *Fritsch*, Koenig-AO, § 251 Rn. 55; *Sinz*, Uhlenbruck, § 184 Rn. 10.

639 *Sinz*, Uhlenbruck, § 184 Rn. 10.

640 *Krumm*, StuW 2012, 329 (341).

und Steuerverfahrensrecht erkannt und gebilligt hat. Die aufgezeigte Regelungslücke ist mithin planwidrig; die Analogievoraussetzungen liegen vor.

In der Literatur[641] haben einige Autoren Einwände gegen die oben dargestellten Entscheidungen des BFH[642] erhoben, wonach die rechtskräftige Feststellung einer Steuerforderung gemäß § 201 II S. 1 InsO zugleich den GmbH-Geschäftsführer als Haftungsschuldner an die formelle Rechtslage (Tabelleneintrag) bindet.

*Kahlert* bemängelt, dass der Geschäftsführer die Kosten der (gerichtlichen) Verfolgung eines für die GmbH erhobenen Widerspruchs ggf. aus eigenem Vermögen bestreiten müsse, was gegen den Grundsatz effektiven Rechtsschutzes verstoße.[643] Indessen erfordert Art. 19 IV GG keinen kostenfreien Rechtsschutz,[644] zumal ein Vorgehen gegen die angemeldete Steuerforderung häufig primär den Interessen des akzessorisch haftenden Geschäftsführers dienen dürfte. Ihm ist es deshalb durchaus zumutbar, Rechtsverfolgungskosten aufzuwenden. Selbst wenn der Geschäftsführer über § 166 Alt. 2 AO nicht an das Ergebnis des insolvenzrechtlichen Feststellungsverfahrens gebunden würde, müsste er seine Einwendungen gegen den Bestand der haftungsauslösenden Steuerforderung stattdessen im Anfechtungsverfahren gegen den an ihn gerichteten Haftungsbescheid vorbringen. Die Kosten dieses Anfechtungsverfahrens hätte der Geschäftsführer (bei Erfolglosigkeit) aber ohnehin selbst zu tragen.

Auch *Engels* kritisiert die „beiläufige" Fixierung der Geschäftsführerhaftung im Rahmen des Insolvenzverfahrens über das Vermögen der schuldnerischen GmbH. Die Haftungsprozesse würden nicht mehr bilateral zwischen den betroffenen Parteien geführt, sondern in den Kreis aller Beteiligten des Insolvenzverfahrens eingebettet.[645] Gerade für die konkurrierenden Insolvenzgläubiger sei es aber meist irrelevant, ob der Geschäftsführer ergänzende Zahlungen an die Finanzverwaltung auf seine Haftungsschuld zu leisten habe.[646] Damit impliziert *Engels* eine Überfrachtung des Feststellungsverfahrens mit sekundären Haftungsfragen, die nicht mehr die Hauptfunktion des Insolvenzverfahrens betreffen. Dem ist entgegenzuhalten, dass der Schuldnerwiderspruch, den der Geschäftsführer als Vertreter der GmbH erheben kann, die Feststellung der Steuerforderung zum Zwe-

641 *Dahl/Engels*, NZI 2018, 100 (103); *Engels*, NZI 2018, 855 (857); *Kahlert*, DStRK 2018, 22; *Kahlert*, EWiR 2017, 555 (556).
642 BFH (Fn. 444); BFH (Fn. 448).
643 *Kahlert*, DStRK 2018, 22; *Kahlert*, EWiR 2017, 555 (556).
644 *Schmidt-Aßmann*, Maunz/Dürig, Art. 19 IV Rn. 242.
645 *Engels*, NZI 2018, 855 (857).
646 *Engels*, NZI 2018, 855 (858).

cke der Masseverteilung nicht hindert. Weil der Schuldnerwiderspruch die Quotenaussichten der übrigen Insolvenzgläubiger nicht berührt, dürfte ihnen der (bilaterale) Streit zwischen Finanzbehörde und Schuldner um dessen Beseitigung gleichgültig sein. Dieser Streit ist im Übrigen außerhalb des Kerninsolvenzverfahrens auszutragen (vgl. § 185 InsO). Von einer funktionsbeeinträchtigenden Überfrachtung des Insolvenzverfahrens mit Nebenfragen kann daher nicht die Rede sein.

Insgesamt erweisen sich die anlässlich der BFH-Judikatur zur Geschäftsführerhaftung vorgebrachten Einwände gegen eine analoge Anwendung des § 166 Alt. 2 AO als nicht stichhaltig. Eine Bindung des Haftungsschuldners an das Ergebnis des Feststellungsverfahrens auf der Basis von § 166 Alt. 2 AO als „Scharniernorm" begegnet auch ansonsten keinen durchgreifenden Bedenken. Insbesondere ein Verstoß gegen Art. 19 IV GG scheidet aus, weil § 166 Alt. 2 AO die Drittwirkung tatbestandlich unter den Vorbehalt einer Rechtsschutzmöglichkeit des Haftungsschuldners stellt.

# D. Abschließende Betrachtung

Der Schlussteil dieser Arbeit dient nicht nur dazu, die bereits gefundenen Ergebnisse zusammenzufassen (II.). Vielmehr sollen die bisherigen Überlegungen zunächst in einen größeren Gesamtkontext eingeordnet werden (I.).

## I. Grundrechtliche und völkerrechtliche Determinanten des Feststellungsverfahrens

Die grundlegenden rechtsstaatlichen Anforderungen an das insolvenzrechtliche Feststellungsverfahren waren an verschiedenen Stellen zu berücksichtigen. So überlagert der allgemeine Justizgewährleistungsanspruch die Ausführungen zur Begrenzung des Anspruchsgrundes nach Maßgabe der SKL-M-Rechtsprechung (S. 30 ff.). Ferner verbieten die Vorgaben des Art. 103 I GG in bestimmten Fallkonstellationen die Annahme einer „Folgewirkung" des § 178 III InsO (S. 100 ff.). Das verfassungsrechtliche Spannungsverhältnis zwischen dem Gebot der Rechtssicherheit und dem Streben nach Einzelfallgerechtigkeit hat sich für die Frage nach der Legitimität einer aus § 201 II S. 1 InsO folgenden Rechtskraftwirkung als Dreh- und Angelpunkt herauskristallisiert (S. 121 ff.). Auch bei der Beurteilung der Drittwirkung von Tabelleneintragungen auf Grundlage von „Scharniernormen" war der Maßstab des Art. 103 I GG anzulegen (S. 145 ff.). Die Wahrung der verfassungsrechtlichen Garantien konnte in Bezug auf den Untersuchungsgegenstand dieser Arbeit demnach als „Querschnittsproblem" identifiziert werden.

Doch die verfahrensrechtlichen Voraussetzungen an einen mit Rechtskraft ausgestatteten Erkenntnisakt werden nicht allein durch das nationale Verfassungsrecht spezifiziert. Die EMRK statuiert in Art. 6 I S. 1 zusätzlich für jede Person das Recht auf ein faires Verfahren. Dieses Recht gilt ausweislich des Normtextes für Streitigkeiten über „zivilrechtliche Ansprüche und Verpflichtungen". Nach der Rechtsprechung des EGMR fällt in den Anwendungsbereich des Art. 6 I S. 1 EMRK daher jedes Verfahren, dessen Ergebnis „die unmittelbare Wirkung hat, zivilrechtliche Rechte oder Pflichten zu begründen, zu ändern oder aufzuheben."[647] Die unmittelbare Begründung, Änderung und Aufhebung von Rechten durch ein (Erkenntnis-) Verfahren ist mit dem in Deutschland vorherrschenden prozessualen Verständnis der materiellen Rechtskraft nur schwer in Einklang zu bringen. Indessen ist die Formulierung des EGMR einer autonomen Auslegung des Art. 6 I EMRK geschuldet.[648] Das ändert nichts daran, dass das insolvenzrechtliche Feststellungsverfahren in seiner Gesamtheit unter die Definition des EGMR subsumiert werden kann, soweit die Ergebnisse des Verfahrens in Rechtskraft erwachsen. Das in Art. 6 I S. 1 EMRK vorgesehene Recht auf eine Verhandlung vor einem „unparteiischen, auf Gesetz beruhenden Gericht" findet seine Entsprechung insbesondere in §§ 179, 184, 185 InsO, die den Weg zur Individualklage ebnen. Der Gewährleistungsgehalt dieses Rechts wird jedoch verkürzt, wenn einem von der Rechtskraft Betroffenen die Individualklage verwehrt wird, also keine Gelegenheit besteht, sich zu allen erheblichen Rechtsfragen und Tatsachen in einem gerichtlichen Verfahren zu äußern und ggf. Beweise anzubieten.[649] Die Judikatur des BGH zur Bindung des Kommanditisten an die Ergebnisse des Feststellungsverfahrens[650] trotz fehlender Widerspruchsmöglichkeit genügt daher weder den Anforderungen des Grundgesetzes (S. 146 ff.) noch denen des Art. 6 I S. 1 EMRK. Ergänzend sei an dieser Stelle auf die Ausführungen des EGMR zur Tragweite des „fair trial"-Grundsatzes verwiesen: „Die Konvention will nicht Rechte gewährleisten, die [nur] theoretisch oder illusorisch sind, sondern Rechte, die praktisch und effektiv sind […]. Dies gilt in besonderem Maße für das Recht auf Zugang zu Gericht angesichts des hohen Ranges, den das Recht auf ein faires Verfahren in einer demokratischen Gesellschaft einnimmt."[651]

## II. Zusammenfassung der wesentlichen Ergebnisse

Im ersten Hauptteil dieser Arbeit wird die von *Spellenberg* und *Henckel* aufgestellte These bestätigt, wonach die objektive Rechtskraftdimension des § 178 III InsO ausschließlich den Bestand eines insolvenzspezi-

647 EGMR, Entsch. v. 20.03.2003, 65607/01 (Karayiannis vs. Griechenland); EGMR, Entsch. v. 13.7.2006, 31273/04, Rn. 26 (Nikas u. Nika vs. Griechenland).

648 *Harrendorf/König/Meyer-Ladewig*, MNR-EMRK, Art. 6 Rn. 9.

649 *Harrendorf/König/Meyer-Ladewig*, MNR-EMRK, Art. 6 Rn. 96; *Grabenwarter/Pabel*, EMRK, § 24 Rn. 51.

650 BGH (Fn. 460).

651 EGMR, Entsch. v. 09.10.1979, 6289/73, Rn. 24 (Airey vs. Irland).

fischen Haftungsrechts umfasst (S. 23 ff.). Auf Basis des zweigliedrigen Streitgegenstandsbegriffs erfolgt daraufhin eine Bestimmung des im Anmeldungs- und Prüfungsverfahren maßgeblichen Lebenssachverhalts (Anspruchsgrund) unter besonderer Würdigung der insolvenzrechtlichen Verfahrensstrukturen (S. 30 ff.). Eine insolvenzspezifische Modifikation des Anspruchsgrundes ist im Ergebnis nur geboten, wenn den opponierenden Gläubigern andernfalls anspruchsspezifische Einwendungen faktisch abgeschnitten würden. Im Übrigen sind auch im Feststellungsverfahren die allgemeinen zivilprozessualen Grundsätze zum Klagegrund heranzuziehen.

Die gewonnenen Erkenntnisse über die objektive Rechtskraftdimension dienen sodann als dogmatischer Unterbau für die weiteren Ausführungen zur Feststellung des Rangs (S. 48 ff.) sowie zur subjektiven Rechtskraftdimension (S. 61 ff.). Aufgrund des eng umgrenzten Verfahrensgegenstands (Haftungsrecht) taugt der Tabelleneintrag nicht als Anknüpfungspunkt für eine Präjudizialität der Forderungsfeststellung hinsichtlich nachträglicher „Rangänderungen" sowie akzessorischer Rechtsverhältnisse. Obwohl der Wirkungskreis des § 178 III InsO demnach ausschließlich das Kerninsolvenzverfahren erfasst, befürworten einige Literaturstimmen eine weitergehende teleologische Reduktion der Norm. Eine solche Einschränkung findet im Wortlaut und in der Entstehungsgeschichte des § 178 III InsO indes keine Stütze; systematische Gesichtspunkte tragen ein enges Normverständnis ebenso wenig (S. 70 ff., S. 80 f., S. 83 f.).

Der zweite Hauptteil beginnt mit einer Bestandsaufnahme der Literatur und Rechtsprechung zur vorherrschenden Deutung von § 201 II S. 1 InsO (S. 103 ff.). Im Zuge dessen wird die höchstrichterliche Judikatur zur sog. „Drittwirkung" eingehend erläutert (S. 109 ff.). Die Analyse der Rechtsprechung offenbart eine bemerkenswerte Entwicklung: Während eine Bindung von Dritten an die Ergebnisse des Feststellungsverfahrens noch zu Beginn des letzten Jahrhunderts aus übergeordneten Gesichtspunkten abgelehnt wurde (S. 114 f.), wird eine solche Bindung - angeknüpft an § 201 II S. 1 InsO - mittlerweile zunehmend akzeptiert (S. 111 ff., 117 ff.). Grundvoraussetzung einer „Drittwirkung" ist freilich, dass aus § 201 II S. 1 InsO überhaupt eine materielle Rechtskraftwirkung abgeleitet werden kann.

Da der Wortlaut der Norm eine materielle Bindungswirkung nicht explizit bestimmt, erfolgt zunächst eine vertiefte Untersuchung des Regelungsgehalts (S. 122 ff.). Die hergebrachten Begründungsansätze genügen nach hier vertretener Auffassung jedenfalls nicht, um die Forderungstitulierung gemäß § 201 II S. 1 InsO gegenüber dem Schuldner mit materieller Rechtskraft auszustatten. Das Kernproblem liegt darin begründet, dass das insolvenzrechtliche Feststellungsverfahren bezüglich der angemeldeten Ansprüche keine obligatorische Schlüssigkeitsprüfung durch ein Gericht vorsieht (S. 128 ff.). Der grundsätzlich bestehende Zusammenhang zwischen gerichtlicher Schlüssigkeitsprüfung und materieller Rechtskraft ist indessen nicht unauflösbar. Vollstreckungsbescheide und Verwaltungsakte beruhen ebenso wenig auf einer richterlichen Prüfung der materiellen Rechtslage und bewirken nach Eintritt der Rechts- bzw. Bestandskraft dennoch eine inhaltliche Bindung des Adressaten (S. 136 ff.). Rücksichtlich dieser Erkenntnis bietet der ursprünglich zur Rechtfertigung der Rechtskraft von Vollstreckungsbescheiden entwickelte „Verwirkungsgedanke" auch der Rechtskraft des Tabelleneintrags ein tragfähiges Fundament (S. 133 ff.). Gleichwohl erscheint die vorbehaltlose Annahme einer materiellen Rechtskraftwirkung bedenklich, weil die Einzelfallgerechtigkeit als Verfassungsprinzip und Bestandteil der *Radbruchschen* Rechtsidee[652] ohne gerichtliche Schlüssigkeitsprüfung zu verkümmern droht. Bei näherer Betrachtung wird dieses Defizit im insolvenzrechtlichen Feststellungsverfahren jedoch ansatzweise durch die Prüfungspflicht des Verwalters kompensiert (S. 130 f., 145 f.). Im Einklang mit der Judikatur des BVerfG ist es daher im Ergebnis gerechtfertigt, der Rechtssicherheit gegenüber der Einzelfallgerechtigkeit den Vorrang einzuräumen und aus § 201 II S. 1 InsO eine materielle Rechtskraftwirkung abzuleiten (S. 139 ff.). Entgegen dem BGH besteht eine auch deliktsbezogene Prüfungspflicht des Verwalters, die den „Verwirkungsgedanken" ergänzt und zur Legitimation einer erweiterten Rechtskraftwirkung herangezogen werden kann (S. 141 ff.). Der Tabelleneintrag ist demnach dazu geeignet, ein deliktisches Forderungsattribut gegenüber dem Schuldner rechtskräftig festzustellen. Diese Annahme entspricht zumindest im Ergebnis einer jüngst ergangenen Entscheidung des BGH.

Auf dieser Erkenntnisgrundlage wird schließlich die Legitimität einer „Drittwirkung" des § 201 II S. 1 InsO fallgruppenorientiert untersucht (S. 145 ff.). Eine Rechtskrafterstreckung auf persönlich haftende Gesellschafter und Gesellschaftsvertreter als Haftungsschuldner i.S.d. § 69 AO begegnet keinen durchgreifenden Bedenken, weil in beiden Fällen eine hinreichende Möglichkeit zur Einflussnahme auf das Feststellungsverfahren besteht (S. 151 ff.). Insbesondere wegen des Fehlens einer solchen Einflussnahmemöglichkeit ist eine Rechtskrafterstreckung auf Kommanditisten und Bürgen (ebenso wie auf andere Personalsicherheitsgeber) dagegen abzulehnen (S. 146 ff.).

652 *Radbruch*, Rechtsphilosophie, S. 70.

Die Wirkungen des § 201 II S. 1 InsO bilden einen zentralen Kristallisationspunkt dieser Arbeit. Die Vorschrift ermöglicht keinen Zugriff auf die Insolvenzmasse i.S.v. § 35 I InsO, sondern nur auf das nicht von der insolvenzbedingten Vermögenssonderung betroffene Schuldnervermögen. Sie dient damit nicht mehr der Gesamtvollstreckung, sondern bezieht sich allein auf die in § 201 I InsO vorgesehene Nachhaftung. Diese Besonderheit ist schon in den Motiven zur Konkursordnung thematisiert worden.

„Obwohl das Theilnahmerecht auf dem Forderungsrecht des Gläubigers gegen den Schuldner beruht [...], hat die Feststellung lediglich Bezug auf die Konkursmasse als solche [...]. Darum mußte [...] der Tabelle rücksichtlich der unstreitigen Forderungen die Kraft eines rechtskräftigen Urtheils [...] gegenüber allen Konkursgläubigern beigelegt [werden]; und ebendarum müßte dies gegenüber dem früheren Gemeinschuldner nach Aufhebung des Verfahrens an und für sich verneint werden.“[653]

Dass die Konkursordnung gleichwohl eine Erstreckung der „ergangenen Feststellungen“ auf den Gemeinschuldner vorsah, war weniger der „juristischen Konsequenz“ als den „praktischen Bedürfnissen“ geschuldet.[654] Der Blick in die Vergangenheit verdeutlicht insofern den verfahrensfremden Charakter des § 201 II S. 1 InsO. Die höchstrichterliche Judikatur berücksichtigt diesen Charakter kaum. Stattdessen dehnt sie die Rechtskraftwirkung des § 201 II S. 1 InsO zunehmend aus und sieht keine Veranlassung, diese Wirkung auf das insolvenzbeschlagsfreie Schuldnervermögen zu begrenzen. Dies mag - nach Maßgabe der obigen Ausführungen - verfassungsrechtlich zulässig sein. Es führt allerdings dazu, dass der Einflussbereich des insolvenzrechtlichen Feststellungsverfahrens - weit über die Person bzw. das Vermögen des Schuldners hinaus - faktisch auf das Vermögen Dritter erstreckt wird. Für die Gläubiger ergibt sich daraus eine durchaus komfortable Position. Dagegen kommt es für Dritte bisweilen zu einem „Überraschungseffekt“, sofern sie etwa als Haftungsschuldner akzessorisch für Steuerverbindlichkeiten der schuldnerischen Gesellschaft einzustehen haben. Sie werden an das Ergebnis des Feststellungsverfahrens gebunden, obwohl sie in dem zugrundeliegenden Insolvenzverfahren nicht als Verfahrenssubjekt beteiligt waren. Insbesondere werden sie nicht durch eine formelle Verfahrensbeteiligung (vgl. § 30 II InsO) darauf hingewiesen, dass das Insolvenzverfahren auch ihre Rechtsstellung zu beeinflussen vermag. Ein derart weitgehendes Verständnis des § 201 II S. 1 InsO erfordern auch die „praktischen Bedürfnisse“ nach hiesigem Dafürhalten nicht.

653 Motive zur KO, S. 384.

654 Zitate jeweils: Motive zur KO, S. 384.

# Literaturverzeichnis


*Ahrens, Martin/Gehrlein, Markus/Ringstmeier, Andreas* (Hrsg.), Insolvenzrecht - Kommentar, 3. Auflage Köln 2017 (zit.: *Bearbeiter*, AGR-InsO)

*Ahrens, Martin*, Insolvenztabelle als qualifizierter Forderungsnachweis, in: NJW-Spezial 2019, S. 725-726

*Andres, Dirk/Dahl, Michael/Leithaus, Rolf*, Insolvenzordnung - Kommentar, 4. Auflage München 2018 (zit.: *Bearbeiter*, AL-InsO)

*Arbeitskreis für Insolvenzwesen Köln e.V.* (Hrsg.), Kölner Schrift zur Insolvenzordnung, 3 Auflage Münster 2009 (zit.: *Bearbeiter*, KS-InsO)

*Bartels, Klaus*, Die Sicherungsgesamtschuld als akzessorische Kreditsicherheit, in: JZ 2000, S. 608-613

*Baur, Fritz* (Begr.)/*Baur, Jürgen/Stürner, Rolf*, Sachenrecht, 18. Auflage München 2009 (zit.: *Baur/Stürner*, Sachenrecht)

*Beaucamp, Guy*, Zum Analogieverbot im öffentlichen Recht, in: AöR, Band 134 (2009), S. 83-105

*Beck, Siegfried/Depré, Peter* (Hrsg.), Praxis der Insolvenz - Ein Handbuch für die Beteiligten und ihre Berater, 3. Auflage München 2017 (zit.: *Bearbeiter*, Praxis der Insolvenz)

*Becker, Axel*, Die Anmeldung und Prüfung von Steuerforderungen im Insolvenzverfahren, in: DStR 2016, S. 919-923

*Becker, Michael*, Gestaltungsrecht und Gestaltungsgrund, in: AcP 188 (1988), S. 24-68

*Bender, Rolf*, Nochmals: Zur Rechtskraft des Vollstreckungsbescheids - Eine Erwiderung auf Grunsky JZ 1986, 626 ff., in: JZ 1987, S. 503-506

*Berger, Christian/Jauernig, Othmar*, Zwangsvollstreckungs- und Insolvenzrecht, 23. Auflage München 2010 (zit.: *Jauernig/Berger*, ZwangsvollstreckungsR)

*Berner, Hans-Joachim/Willmer, Christian*, Die Änderung von Insolvenztabelle und Schlussverzeichnis - Ein Beitrag zur Relativierung der Diskrepanz zwischen Theorie und Praxis, in: NZI 2015, S. 877-884

*Berner, Hans-Joachim/Willmer, Christian*, Anm. zu BGH, Urteil v. 11.4.2019 - IX ZR 79/18, in: NZI 2019, S. 231-234

*Bier, Wolfgang/Schneider, Jens-Peter/Schoch, Friedrich* (Hrsg.), Verwaltungsgerichtsordnung - Kommentar, München Stand: 39. Lieferung Juli 2020 (zit.: *Bearbeiter*, BSS-VwGO)

*Binder, Julius*, Prozeß und Recht, Leipzig 1927

*Birnbreier, Friedrich/Schreiber, Werner*, Die Berichtigung der Insolvenztabelle, in: ZInsO 2009, S. 2377-2384

*Blersch, Jürgen/Goetsch, Hans-W./Haas, Ulrich* (Hrsg.), Berliner Kommentar Insolvenzrecht, Band II, §§ 148-359 InsO, Köln Stand: 70. Lieferung Juli 2019 (zit.: *Bearbeiter*, BK-InsO)

*Bonk, Heinz Joachim/Stelkens, Paul* (Begr.), Verwaltungsverfahrensgesetz - Kommentar, 9. Auflage München 2018 (zit.: *Bearbeiter*, BS-VwVfG)

*Braun, Eberhard* (Hrsg.), Insolvenzordnung - Kommentar, 8. Auflage München 2020 (zit.: *Bearbeiter*, Braun-InsO)

*Braun, Johann*, Rechtskraft und Rechtskraftdurchbrechung von Titeln über sittenwidrige Ratenkreditverträge, Köln/Berlin 1986 (zit.: *Braun*, Rechtskraft)

*Braun, Johann*, Rechtskraftdurchbrechung bei rechtskräftigen Vollstreckungsbescheiden, in: ZIP 1987, S. 687 - 690

*Braun, Johann*, Ungeschriebene Voraussetzungen uneingeschränkter Rechtskraft, in: JZ 1987, S. 789-795

*Brinkmann, Moritz*, Die Einrede der Verjährung der Hauptschuld im Bürgschaftsprozess, in: ZZP 130 (2017), S. 345-356

*Brox, Hans/Walker, Wolf-Dietrich*, Allgemeines Schuldrecht, 44. Auflage München 2020 (zit.: *Brox/Walker*, SchuldR AT)

*Canaris, Claus-Wilhelm/Larenz, Karl (Begr.)*, Methodenlehre der Rechtswissenschaft, 3. Auflage Berlin 1995 (zit.: *Canaris/Larenz*, Methodenlehre)

*Cranshaw, Friedrich*, Konkurrenzen zwischen Gesellschafts-, Insolvenz- und Gemeinschaftsrecht bei der Rückforderung rechtswidriger Beihilfen in der jüngsten Rechtsprechung des Bundesgerichtshofs, in: DZWIR 2008, S. 89-98

*Dahl, Michael/Engels, Arne*, Aktuelle Entscheidungen des BFH zur Haftung des Geschäftsführers aus steuerrechtlicher Sicht, in: NZI 2018, S. 100-103

*Dies.*, Die Rechtskraftwirkung der widerspruchslos erfolgten Feststellung von Forderungen zur Insolvenztabelle, in: NZI 2018, S. 435-437

*Dürig, Günter/Maunz, Theodor* (Begr.), Grundgesetz - Kommentar, München Stand: 92. Lieferung August 2020 (zit.: *Bearbeiter*, Maunz/Dürig)

*Drüen, Klaus-Dieter/Kindler, Peter/Koller, Ingo/Roth, Wulf-Henning*, Handelsgesetzbuch - Kommentar, 9. Auflage München 2019 (zit.: *Bearbeiter*, DKKR-HGB)

*Eckardt, Diederich*, „Unanmeldbare" Forderungen im Konkursfeststellungsverfahren nach §§ 138 ff. KO, in: ZIP 1993, S. 1765-1775

*Eisner, Helmut*, Der isolierte Widerspruch des Schuldners gegen eine Forderung aus unerlaubter Handlung, in: NZI 2003, S. 480-486

*Engels, Arne*, Anm. zu BFH, Beschl. v. 05.07.2018 - XI B 17/18, in: NZI 2018, S. 855-858

*Engels, Arne*, Anm. zu BFH, Urteil v. 29.08.2018 - XI R 57/17, in: NZI 2019, S. 89-95

*Erichsen, Hans-Uwe/Knoke, Ulrich*, Bestandskraft von Verwaltungsakten, in: NVwZ 1983, S. 185-192

*Frege, Michael/Keller, Ulrich/Riedel, Ernst*, Handbuch der Rechtspraxis - Band 3 - Insolvenzrecht, 8. Auflage München 2015 (zit.: *Frege/Keller/Riedel*, Insolvenzrecht)

*Fridgen, Alexander/Geiwitz, Arndt/Göpfert, Burkard* (Hrsg.), Beck'scher Online-Kommentar zur Insolvenzordnung, 21. Edition München Stand: 15.01.2020 (zit.: *Bearbeiter*, BeckOK-InsO)

*Fuchs, Felix/Masarwah, Tariq*, Einmal Rechtskraft, immer Rechtskraft? Die Bedeutung des Tabelleneintrags nach § 178 III InsO für Folgeprozesse, in: NZI 2019, S. 401-404

*Gaul, Hans-Friedhelm*, Rechtskraft und Verwirkung, in: Festschrift für Wolfram Henckel zum 70. Geburtstag, Berlin/New York 1995, S. 235-271 (zit.: *Gaul*, FS Henckel)

*Gern, Alfons*, Aktuelle Probleme des Kommunalabgabenrechts - Analogie im Abgabenrecht - Begründungspflicht von Abgabensatzungen - Die Zulässigkeit von Sozialtarifen, in: NVwZ 1995, S. 1145-1155

*Grabenwarter, Christoph/Pabel, Katharina*, Europäische Menschenrechtskonvention - Ein Studienbuch, 6. Auflage München 2016 (zit.: *Grabenwarter/Pabel*, EMRK)

*Graf-Schlicker, Marie Luise* (Hrsg.), Kommentar zur Insolvenzordnung, 5. Auflage Köln 2020 (zit.: *Bearbeiter*, GS-InsO)

*Graf-Schlicker, Marie Luise/Remmert, Andreas*, Das Unternehmensinsolvenzrecht unter der Lupe: Änderungen und Zukunftsperspektiven, in: NZI 2001, S. 569-574

*Grün, Beate*, BGH und Zwangsvollstreckung aus „wucherähnlichem Vollstreckungsbescheid" - Zugleich Besprechung von BGH MDR 1991, 148, in: MDR 1991, S. 122-123

*Grün, Beate*, Notwendigkeit und Zulässigkeit der Rechtskraftbeschränkung beim Vollstreckungsbescheid - Ein Beitrag anläßlich der sittenwidrigen Ratenkredite, in: NJW 1991, S. 2860-2864

*Grunsky, Wolfgang*, Voraussetzungen und Umfang der Rechtskraftdurchbrechung nach § 826 BGB bei sittenwidrigen Ratenkreditverträgen, in: ZIP 1986, S. 1361-1374

*Gsell, Beate/Krüger, Wolfgang/Lorenz, Stephan/Reymann, Christoph* (Hrsg.), Beck-Online Großkommentar zum BGB, München Stand: 15.12.2020 (zit.: *Bearbeiter*, OGK-BGB)

*Gummert, Hans* (Hrsg.), Münchener Anwalts-Handbuch Personengesellschaftsrecht, 3. Auflage München 2019 (zit.: *Bearbeiter*, MAH-Personengesellschaftsrecht)

*Gummert, Hans/Weipert, Lutz* (Hrsg.), Münchener Handbuch des Gesellschaftsrechts - Band 1, 5. Auflage München 2019 (zit.: *Bearbeiter*, Hdb. Gesellschaftsrecht)

*Haas, Ulrich/Gottwald, Peter* (Hrsg.), Insolvenzrechts-Handbuch, 6. Auflage München 2020 (zit.: *Bearbeiter*, InsO-Hdb)

*Haas, Ulrich/Müller, Henning*, Anm. zu OLG Düsseldorf, Urteil v. 27.04.2001 - 17 U 180/00, in: DStR 2002, S. 643-644

*Häsemeyer, Ludwig*, Die Gleichbehandlung der Konkursgläubiger, in: KTS 1982, S. 507-575

*Häsemeyer, Ludwig*, Insolvenzrecht, 4. Auflage Köln/München 2007 (zit.: *Häsemeyer*, Insolvenzrecht)

*Häsemeyer, Ludwig*, Prozeßrechtliche Rahmenbedingungen für die Entwicklung des materiellen Privatrechts - Zur Unvertauschbarkeit materieller und formeller Rechtssätze, in: AcP 188 (1988), S. 140-167

*Häuberlein, Martin/Hoffmann-Theinert, Roland* (Hrsg.), Beck'scher Online-Kommentar zum HGB, 31. Edition München Stand: 15.01.2021 (zit.: *Bearbeiter*, BeckOK-HGB)

*Hain, Ansgar*, Die vorsätzlich unerlaubte Handlung im Insolvenzverfahren ohne Restschuldbefreiung und in der privilegierten Vollstreckung, in: VIA 2018, S. 33-35

*Heinze, Harald*, Behandlung von Forderungen aus Vorsatzdelikt im Insolvenzverfahren über das Vermögen natürlicher Personen, in: DZWIR 2002, S. 369-371

*Hellwig, Konrad*, Anspruch und Klagerecht, Jena 1900 (zit.: *Hellwig*, Anspruch)

*Hellwig, Konrad*, System des Deutschen Zivilprozeßrechts - Erster Teil. Ordentliches Verfahren, ausschließlich besondere Prozeßarten und Zwangsvollstreckung, Leipzig 1912 (zit.: *Hellwig*, System des Zivilprozeßrechts)

*Henckel, Wolfram*, Der Gegenstand des Verfahrens zur Feststellung von Konkursforderungen, in: Festschrift für Karl Michaelis zum 70. Geburtstag, Göttingen 1972, S. 151-172 (zit.: *Henckel*, FS Michaelis)

*Hengstschläger, Johannes*, Materielle Rechtskraft bzw. Bestandskraft im deutschen und österreichischen Verwaltungsverfahren, in: Die Verwaltung, Band 12 (1979), S. 337-369

*Holznagel, Daniel*, Vollstreckungsverzicht, insbesondere des Unterhaltsgläubigers: Entfällt das Rechtsschutzbedürfnis für Vollstreckungsgegenklage und Abänderungsantrag?, in: NZFam 2014, S. 58-63

*Jaeger, Ernst* (Begr.), Insolvenzordnung - Großkommentar,

– Erster Band: §§ 1-55, Berlin 2004

– Zweiter Band: §§ 56-102, Berlin 2007

– Sechster Band: §§ 174-216, Berlin 2010 (zit.: *Bearbeiter*, Jaeger-InsO)

*Jaeger, Ernst* (Begr.), Konkursordnung mit Einführungsgesetzen - Großkommentar, Zweiter Band, 1. Halbband: §§ 71-206 KO, 8. Auflage Berlin 1973 (zit.: *Bearbeiter*, Jaeger-KO)

*Jaeschke, Mark*, Anmeldung und Feststellung von Forderungen im Insolvenzverfahren, Göttingen 2011 (zit.: *Jaeschke*, Anmeldung und Feststellung)

*Jauernig, Othmar* (Begr.), Bürgerliches Gesetzbuch - Kommentar, 18. Auflage München 2021 (zit.: *Bearbeiter*, Jauernig-BGB)

*Jeromin, Curt*, Die Bestandskraft von Verwaltungsakten im Amtshaftungsprozeß, in: NVwZ 1991, S. 543-545

*Jungmann, Carsten*, Anm. zu BGH, Beschl. v. 12.11.2015 - IX ZR 313/14, in: WuB 2016, S. 231-234

*Kahle, Holger/Prinz, Ulrich* (Hrsg.), Beck'sches Handbuch der Personengesellschaften, 5. Auflage München 2020 (zit.: *Bearbeiter*, Personengesellschaften)

*Kahlert, Günter*, Anm. zu BFH, Urt. v. 16.05.2017 - VII R 25/16, in: EWiR 2017, S. 555-556

*Kahlert, Günter*, Anm. zu BFH, Urt. v. 27.09.2018 - XI R 9/16, in: DStRK 2018, S. 22

*Kayser, Godehard/Thole, Christoph* (Hrsg.), Heidelberger Kommentar - Insolvenzordnung, 10. Auflage Heidelberg 2020 (zit.: *Bearbeiter*, HK-InsO)

*Kiesbye, Levke*, Die Hemmung der Verjährung durch Anmeldung einer Forderung im Insolvenzverfahren, Baden-Baden 2012 (zit.: *Kiesbye*, Verjährungshemmung)

*Klimke, Dominik*, Einwendungsverzicht und Rechtskrafterstreckung bei Personengesellschaften - Zum Anwendungsbereich des § 129 Abs. 1 HGB, in: ZGR 2006, S. 540-562

Kölner Kommentar zur Insolvenzordnung,

– Band 1: §§ 1-55 InsO, 1. Auflage Köln 2016

– Band 3: §§ 129-216 InsO, 1. Auflage Köln 2017 (zit.: *Bearbeiter*, KK-InsO)

*Koenig, Ulrich*, Abgabenordnung - Kommentar, 3. Auflage München 2014 (zit.: *Bearbeiter*, Koenig-AO)

*Kohler, Josef*, Lehrbuch des Konkursrechts, Stuttgart 1891 (zit.: *Kohler*, Konkursrecht)

*Kohler, Josef*, Der Prozeß als Rechtsverhältnis: Prolegomena zu einem System des Civilprozesses, Mannheim 1888 (zit.: *Kohler*, Prozeß als Rechtsverhältnis)

*Krumm, Marcel*, Die Drittwirkung eines Rechtserkenntnisaktes gegenüber dem Haftungsschuldner, in: StuW 2012, S. 329-347

*Kübler, Bruno/Prütting, Hans/Bork, Reinhard* (Hrsg.), InsO - Kommentar zur Insolvenzordnung, Köln Stand: 82. Lieferung Oktober 2019 (zit.: *Bearbeiter*, KPB-InsO)

*Kübler, Bruno*, Zur Abgrenzung der Zuständigkeit von Gesamtvollstreckungsgericht und Verwalter bei der Feststellung der Schuldenmasse, in: Festschrift für Wolfram Henckel zum 70. Geburtstag, Berlin/New York 1995, S. 495-514 (zit.: *Kübler*, FS Henckel)

*Langheineken, Paul*, Der Urteilsanspruch - Ein Beitrag zur Lehre vom Klagerecht, Leipzig 1899 (zit.: *Langheineken*, Urteilsanspruch)

*Larenz, Karl*, Lehrbuch des Schuldrechts, Erster Band, Allgemeiner Teil, 14. Auflage München 1987 (zit.: *Larenz*, SchuldR I)

*Leitmeier, Lorenz*, Rechtskraft der Hauptschuld und Verjährungseinrede des Bürgen, in: NJW 2017, S. 1273-1276

*Lissner, Stefan*, Die Erteilung eines vollstreckbaren Tabellenauszugs im Insolvenzverfahren - Betrachtungen zur aktuellen Rechtsprechung zum isolierten Widerspruch bei Forderungen gemäß § 302 InsO, in: ZVI 2014, S. 368-372

*Lorenz, Stephan*, Schwebende Unwirksamkeit und Präklusion im Zwangsvollstreckungsrecht, in: NJW 1995, S. 2258-2263

*Lüke, Gerhardt*, Bindungswirkung im Zivilprozess, in: JuS 2000, S. 1042-1046

*Marotzke, Wolfgang*, Die Rechtsstellung des Insolvenzverwalters - Ein Zwischenruf zu einer aktuellen Diskussion, in: ZInsO 2009, S. 1929-1933

*Maurer, Hartmut/Waldhoff, Christian*, Allgemeines Verwaltungsrecht, 20. Auflage München 2020

*von Mangoldt, Hermann* (Begr.), Grundgesetz - Kommentar,

– Band 2: Artt. 20-82 GG, 7. Auflage München 2018

– Band 3: Artt. 83-146 GG, 7. Auflage München 2018 (zit.: *Bearbeiter*, MKS-GG)

*Mayer, Claudia*, Anm. zu BGH, Urt. v. 14.06.2016 - XI ZR 242/15, in: JZ 2017, S. 317-320

*Mentzel, Franz*, Kommentar zur Reichskonkursordnung, 4. Auflage Mannheim/Berlin/Leipzig 1932 (zit.: *Mentzel*, Kommentar zur KO)

*Merten, Detlef*, Bestandskraft von Verwaltungsakten, in: NJW 1983, S. 1993-1998

*Meyer-Ladewig, Jens/Nettesheim, Martin/von Raumer, Stefan* (Hrsg.), Europäische Menschenrechtskonvention - Handkommentar, 4. Auflage Baden-Baden/Wien 2017 (zit.: *Bearbeiter*, MNR-EMRK)

*Motive zu dem Entwurf einer Konkursordnung*, Berlin 1875 (zit.: Motive zur KO)

*Mühlhausen, Karl-Heinz*, Grenzen der Vollstreckung aus sittenwidrigen Ratenkreditverträgen, in: MDR 1995, S. 770-772

*Müller, Udo/Rautmann, Heiko*, Blick ins Insolvenzrecht, in: DStR 2016, S. 757-760

Münchener Kommentar zum Bürgerlichen Gesetzbuch,

– Band 1: §§ 1-240 BGB, 8. Auflage München 2018

– Band 2: §§ 241-310 BGB, 8. Auflage München 2019

– Band 3: §§ 311-432 BGB, 8. Auflage München 2019

– Band 6: §§ 705-853 BGB, 8. Auflage München 2020

– Band 8: §§ 854-1296 BGB, WEG, ErbbauRG, 8. Auflage München 2020

– Band 11: §§ 1922-2385 BGB, §§ 27-35 BeurkG, 8. Auflage München 2020 (zit.: *Bearbeiter*, MüKo-BGB)

Münchener Kommentar zum Handelsgesetzbuch,

– Band 1: §§ 1-104a HGB, 5. Auflage München 2021

– Band 2: §§ 105-160 HGB, 4. Auflage München 2016

– Band 3: §§ 161-237 HGB, 4. Auflage München 2019 (zit.: *Bearbeiter*, MüKo-HGB)

Münchener Kommentar zur Insolvenzordnung,

– Band 1: §§ 1-79 InsO, 4. Auflage München 2019

– Band 2: §§ 80-216 InsO, 4. Auflage München 2019

– Band 3: §§ 217-359 InsO, 4. Auflage München 2020 (zit.: *Bearbeiter*, MüKo-InsO)

Münchener Kommentar zur Zivilprozessordnung,

– Band 1: §§ 1-354 ZPO, 6. Auflage München 2020

– Band 2: §§ 355-945b, 6. Auflage München 2020 (zit.: *Bearbeiter*, MüKo-ZPO)

*Münzberg, Wolfgang*, Die materielle Rechtskraft der Vollstreckungsbescheide, in: JZ 1987, S. 477-484

*Musielak, Hans-Joachim*, Der rechtskräftig entschiedene Lebenssachverhalt - Versuch einer Abgrenzung, in: NJW 2000, S. 3593-3599

*Musielak, Hans-Joachim/Voit, Wolfgang* (Hrsg.), Zivilprozessordnung mit Gerichtsverfassungsgesetzt - Kommentar, 17. Auflage München 2020 (zit.: *Bearbeiter*, Musielak/Voit)

*Nerlich, Jörg/Kreplin, Georg* (Hrsg.), Münchener Anwaltshandbuch Insolvenz und Sanierung, 3. Auflage München 2019 (zit.: *Bearbeiter*, Anwaltshandbuch)

*Nerlich, Jörg/Römermann, Volker* (Hrsg.), Insolvenzordnung - Kommentar, München Stand: 38. Ergänzungslieferung 2019 (zit.: *Bearbeiter*, NR-InsO)

*Nicklisch, Fritz*, Die Bindung der Gerichte an gestaltende Gerichtsentscheidungen und Verwaltungsakte, Bielefeld 1965 (zit.: *Nicklisch*, Bindung)

*Nierhaus, Michael*, Anm. zu BGH, Urt. v. 15.11.1990 - III ZR 302/89, in: JZ 1992, S. 206-211

*Oetker, Hartmut* (Hrsg.), Handelsgesetzbuch - Kommentar, 6. Auflage München 2019 (zit.: *Bearbeiter*, Oetker-HGB)

*Pagenstecher, Max*, Zur Lehre von der materiellen Rechtskraft, Berlin 1904

*Pape, Gerhard/Uhländer, Christoph* (Hrsg.), NWB-Kommentar zum Insolvenzrecht, Herne 2013 (zit.: *Bearbeiter*, PU-InsO)

*Pape, Gerhard*, Erteilung vollstreckbarer Ausfertigung während der Wohlverhaltensphase und nach erteilter Restschuldbefreiung, in: ZVI 2014, S. 1-7

*Paulus, Christoph*, Überlegungen zur Anmeldung bei mehreren Forderungen des Gläubigers, in: Beilage zu ZIP Heft 22/2016, S. 54-57

*Pohle, Rudolf*, Besprechung der 8. Auflage des Jäger´schen Kommentars zur Konkursordnung, in: MDR 1966, S. 181-182

*Preuß, Nicola*, Zivilrechtspflege durch externe Funktionsträger: das Justizverfassungsrecht der Notare und Verwalter, Tübingen 2005 (zit.: *Preuß*, Zivilrechtspflege durch externe Funktionsträger)

*Prütting, Hanns/Weth, Stephan*, Rechtskraftdurchbrechung bei unrichtigen Titeln - Die neuere Rechtsprechung zu sittenwidrigen Vollstreckungsbescheiden und ihre Folgen für die Praxis, Köln/Berlin 1988 (zit.: *Prütting/Weth*, Rechtskraftdurchbrechung)

*Radbruch, Gustav*, Rechtsphilosophie, 3. Auflage Leipzig 1932

*Rattunde, Rolf/Smid, Stefan/Zeuner, Mark* (Hrsg.), Insolvenzordnung, Kommentar, Band 2: §§ 148-359 InsO, 4. Auflage Stuttgart 2018 (zit.: *Bearbeiter*, RSZ-InsO)

*Riedemann, Susanne/Smid, Stefan*, Insolvenzverfahren bei Massearmut und Masseunzulänglichkeit: Chancen der Betriebsfortführung, Optimierung der Verfahrensergebnisse, Haftungsrisiken, Berlin 2019 (zit.: *Riedemann/Smid*, Massearmut und Masseunzulänglichkeit)

*Rimmelspacher, Bruno*, Materielle Rechtskraft und Gestaltungsrechte, in: JuS 2004, S. 560-565

*Rosenberg, Leo* (Begr.)/*Schwab, Heinz/Gottwald, Peter* Zivilprozessrecht, 18. Auflage München 2018 (zit.: *Rosenberg/Schwab/Gottwald*, Zivilprozessrecht)

*Roth, Herbert*, Die Einrede des Bürgerlichen Rechts, München 1988 (zit.: *Roth*, Einrede)

*Roth, Herbert*, Materielle und prozessuale Rechtskrafttheorien, in: R.L.R, International Edition, No. 33 (2016), S. 83-96

*Rosenkranz, Frank*, Die Auslegung von „Ausnahmevorschriften", in: JA 2015, S. 783-788

*Roth, Jan*, Strafbarkeit von Geschäftsführer, vorläufigem Sachwalter und vorläufigem Insolvenzverwalter nach § 266a StGB - und ein vergessenes Kleinod: Masseforderungen sind doch anfechtbar!, in: ZInsO 2017, S. 617-622

*Rümpker, Nils*, Forderungs- und Grundschuldzession nach dem Risikobegrenzungsgesetz, Baden-Baden 2010 (zit.: *Rümpker*, Forderungs- und Grundschuldzession)

*Runkel, Hans/Schnurbusch, Wolfram*, Rechtsfolgen der Masseunzulänglichkeit, in: NZI 2000, S. 49-57

*Saenger, Ingo* (Hrsg.), Zivilprozessordnung, 8. Auflage Baden-Baden 2019 (zit.: *Bearbeiter*, Saenger-ZPO)

*Schack, Haimo*, Drittwirkung der Rechtskraft?, in: NJW 1988, S. 865-873

*Schick, Walter*, Der Konkursverwalter - berufsrechtliche und steuerrechtliche Aspekte, in: NJW 1991, S. 1328-1332

*Schmerbach, Ulrich*, „Rücknahme" einer festgestellten Forderung - rechtliche Einordnung und praktische Umsetzung - Anmerkung zu AG Köln, Beschl. v. 08.01.2016 - 71 IN 20/13, in: ZInsO 2016 S. 375-376

*Schmidt, Andreas* (Hrsg.), Hamburger Kommentar zu Insolvenzrecht, 7. Auflage Köln 2019 (zit.: *Bearbeiter*, HaKo-InsO)

*Schmidt, Karsten* (Hrsg.), Insolvenzordnung, 19. Auflage München 2016 (zit.: *Bearbeiter*, Schmidt-InsO)

*Schoppmeyer, Heinrich*, Rechtskraftwirkungen im Insolvenzverfahren, in: ZInsO 2016, S. 2157-2164

*Schwab, Karl Heinz*, Der Streitgegenstand im Zivilprozess, München/Berlin 1954 (zit.: *Schwab*, Streitgegenstand)

*Seuffert, Lothar*, Deutsches Konkursprozessrecht, Leipzig 1899 (zit.: *Seuffert*, Konkursprozessrecht)

*Smid, Stefan*, Forderungen in der Insolvenz, Berlin 2017 (zit.: *Smid*, Forderungen)

*Smid, Stefan*, Verjährungshemmung durch Forderungsanmeldung, in: DZWIR 2012, S. 267-281

*Smid, Stefan*, Welche Voraussetzungen hat die Zulässigkeit der Tabellenfeststellungsklage?, in: ZInsO 2016, S. 781-786

*Smid, Stefan*, Zur Reichweite der rechtlichen Wirkungen der Forderungsfeststellung - kritische Fragen zu § 178 Abs. 3 InsO, in: Festschrift für Siegfried Beck zum 70. Geburtstag, München, 2016, S. 483-508 (zit.: *Smid*, FS Beck)

*Spellenberg, Ulrich*, Zum Gegenstand des Konkursfeststellungsverfahrens, Göttingen 1973 (zit.: *Spellenberg*, Gegenstand)

*Staudinger, Julius von* (Begr.), J. von Staudingers Kommentar zum Bürgerlichen Gesetzbuch mit Einführungsgesetz und Nebengesetzen,

- Buch 1: Allgemeiner Teil §§ 90-124 BGB; §§ 130-133 BGB, Berlin Neubearbeitung 2017
- Buch 2: Recht der Schuldverhältnisse §§ 241-243 BGB, Berlin Neubearbeitung 2019
- Buch 2: Recht der Schuldverhältnisse §§ 765-778 BGB, Berlin Neubearbeitung 2020 (zit.: *Bearbeiter*, Staudinger)

*Stein, Friedrich/Jonas, Martin* (Begr.)/*Bork, Reinhard/Roth, Herbert* (Hrsg.), Kommentar zur Zivilprozessordnung,

– Band 3: §§ 148-270 ZPO, 23. Auflage Tübingen 2016

– Band 4: §§ 271-327 ZPO, 23. Auflage Tübingen 2018 (zit.: *Bearbeiter*, Stein/Jonas)

*Stieper, Malte*, Klagehäufung im Gewerblichen Rechtsschutz - alternativ, kumulativ, eventuell?, in: GRUR 2012, S. 5-16

*Thole, Christoph*, Die Wirkungen der Feststellung von Gläubigerforderungen zur Insolvenztabelle gegenüber dem nach §§ 171, 172 Abs. 4 HGB haftenden Kommanditisten, in: ZGR 2019, S. 301-323

*Uhlenbruck, Wilhelm* (Begr.)/*Hirte, Heribert/Vallender, Heinz* (Hrsg.), Insolvenzordnung - Kommentar - Band 1, 15. Auflage München 2019 (zit.: *Bearbeiter*, Uhlenbruck)

*Uhlenbruck, Wilhelm*, Die Rechtsstellung des Geschäftsführers in der GmbH-Insolvenz, in: GmbHR 2005, S. 817-832

*Vallender, Heinz*, Die bevorstehenden Änderungen des Verbraucherinsolvenz- und Restschuldbefreiungsverfahrens auf Grund des InsOÄndG 2001 und ihre Auswirkungen auf die Praxis, in: NZI 2001, S. 561-568

*Veil, Ralph*, Rückforderungen von Ausschüttungen in Publikums-Kommanditgesellschaften - Anmerkung zu BGH, Urteil v. 20.02.2018 - II ZR 272/16, in: ZInsO 2018, S. 969-974

*Vollkommer, Max*, Anm. zu BGH, Urt. v. 03.07.1990 - XI ZR 302/89, in: NJW 1991, S. 30-32

*Vollkommer, Max*, Neuere Tendenzen im Streit um die „geminderte" Rechtskraft des Vollstreckungsbescheids, in: Festschrift für Hans Friedhelm Gaul zum 70. Geburtstag, Bielefeld 1997, S. 759-777 (zit.: *Vollkommer*, FS Gaul)

*Vorwerk, Volker/Wolf, Christian* (Hrsg.), Beck´scher Online-Kommentar zur ZPO, 39. Edition München Stand: 01.12.2020 (zit.: *Bearbeiter*, BeckOK-ZPO)

*Wach, Adolf*, Handbuch des Deutschen Civilprozessrechts - Erster Band, Leipzig 1885 (zit.: *Wach*, Handbuch)

*Wellensiek, Jobst*, Die Fachanwaltschaft für Insolvenzrecht, in: NZI 1999, S. 169-172

*Wieczorek, Bernhard* (Begr.)/*Schütze, Rolf* (Hrsg.), Zivilprozessordnung und Nebengesetze - Fünfter Band, Teilband 1: §§ 300-329 ZPO, 4. Auflage Berlin/Boston 2015 (zit.: *Bearbeiter*, Wieczorek/Schütze)

*Willmer, Christian*, Anm. zu AG Köln, Beschl. v. 8.1.2016 - 71 IN 20/13, in: NZI 2019, S. 168-170

*Wimmer, Klaus*, Frankfurter Kommentar zur Insolvenzordnung, 9. Auflage Köln 2018 (zit.: *Bearbeiter*, in; FK-InsO)

*Wozniak, Daniel*, Anm. zu BGH, Urt. v. 20.02.2018 - II ZR 272/16, in: juris PraxisReport Insolvenzrecht 11/2018 Anm. 1

*Zöller, Richard* (Begr.), Zivilprozessordnung - Kommentar, 33. Auflage Köln 2020 (zit.: *Bearbeiter*, Zöller-ZPO)

FSC
www.fsc.org
MIX
Papier | Fördert gute Waldnutzung
FSC® C083411

Kolibri 360 GmbH
Ferdinand-Jühlke-Straße 7
99095 Erfurt, Deutschland
produktsicherheit@kolibri360.de